本书属于国家社科基金项目"行政问责法治化研究"(13BFX041)的结项成果

国家社科基金丛书

从规制走向法治
——行政问责法治化研究

From Regulation to Rule of Law
Research on the Rule of Law of Administrative Accountability

张华民　著

人民出版社

前　言

规制的要义在于设置规定进行限制,法治的要义在于制定良法实现善治,行政问责法治化的要义在于从规制走向法治。

行政问责从规制走向法治是现代国家治理的必然趋势。因我国行政问责实践和研究起步相对较晚,行政问责法治化在我国仍比较缺乏理论基础、也尚未形成基本事实,当前的研究多集中于制度规范的内容和监管制约的形式等规制层面的论述,在挖掘我国行政问责存在不足的法治根源、结合我国体制特征去系统构建符合我国国情的法治化行政问责实现机制方面存在欠缺。因此以现代法治理念为指导,将现代法治原理与我国体制特征和法治现实紧密结合起来,积极探索其内在联系,突破行政问责法治化就是制度化或西方化的惯性思维,努力构建符合中国国情的法治化的行政问责实现机制,从而进一步发挥行政问责功能、提高行政问责效果就显得十分必要。

一、深入阐释现代法治理论是开展行政问责法治化研究的逻辑前提

通过"现代法治主义的理论范式"来深入阐释现代法治理论,既为整个研究的重要关键词"法治化"做理论铺垫,也为"行政问责法治化研究"得以展开提供逻辑前提。法治主义即法治必须成为推进国家治理体系和治理能力走向

现代化所秉持的主导理论和观点;法治的核心要义是良法善治(制定体现多数人意志和利益的法律,且执行法律使多数人的意志和利益真正得以实现)。法治主义的基本属性包括两个方面即法治具有根本性和普遍性。法治主义的现代内涵集中表现为以体现多数人意志和利益的"众人之治"为主导的国家治理理念和模式;法治主义的现代要求主要包括两个方面:生产良法和落实良法,这是本书对法治化路径的最简洁的概括、最实用的表述,是本书的一个独特之处,其贯穿整个研究论文的始终,之所以如此阐述,就在于力争避免当下我国法治建设的美好蓝图,有时会因为晦涩的论说与烦琐的设计而使之得之于理而失之于践、成之于论而败之于行。

基于以上分析,再结合我国国情和我国法治建设现状设计法治主义理论研究范式,使行政问责法治化研究更具有针对性和实践性。以生产良法为横坐标、以落实良法为纵坐标,以法治主义基本要求(生产良法、落实良法)、基本要素(生产良法离不开两个基本要素:权利本位、法制完备,落实良法也离不开两个基本要素:权力制约、全面守法)、基本因素(权利本位中的群体性与个体性、法制完备中的形式性与实质性、权力制约中的同体性与异体性、全面守法中的被动性与主动性)、关键路径的自身发展及其相互间关联发展的理论逻辑为基础设计出现代中国法治化进程理论研究范式的坐标系,为行政问责法治化研究提供体系化、直观性的理论框架和逻辑思路的指导。(附"全面推进法治化建设理论范式图")

二、紧密结合法治实践是构建行政问责法治化理想模式的内在要求

通过对"行政问责法治化的理想模式"的研究为分析推进我国行政问责法治化建设提供理论依据和实践思路。结合现代民主意识和法治观念,认为行政问责法治化是指由代表公共利益或关联利益的相关主体、通过特定机关、根据多数人的意志、对不履行或不正确履行职责而损害公众权利或公民权利

前 言

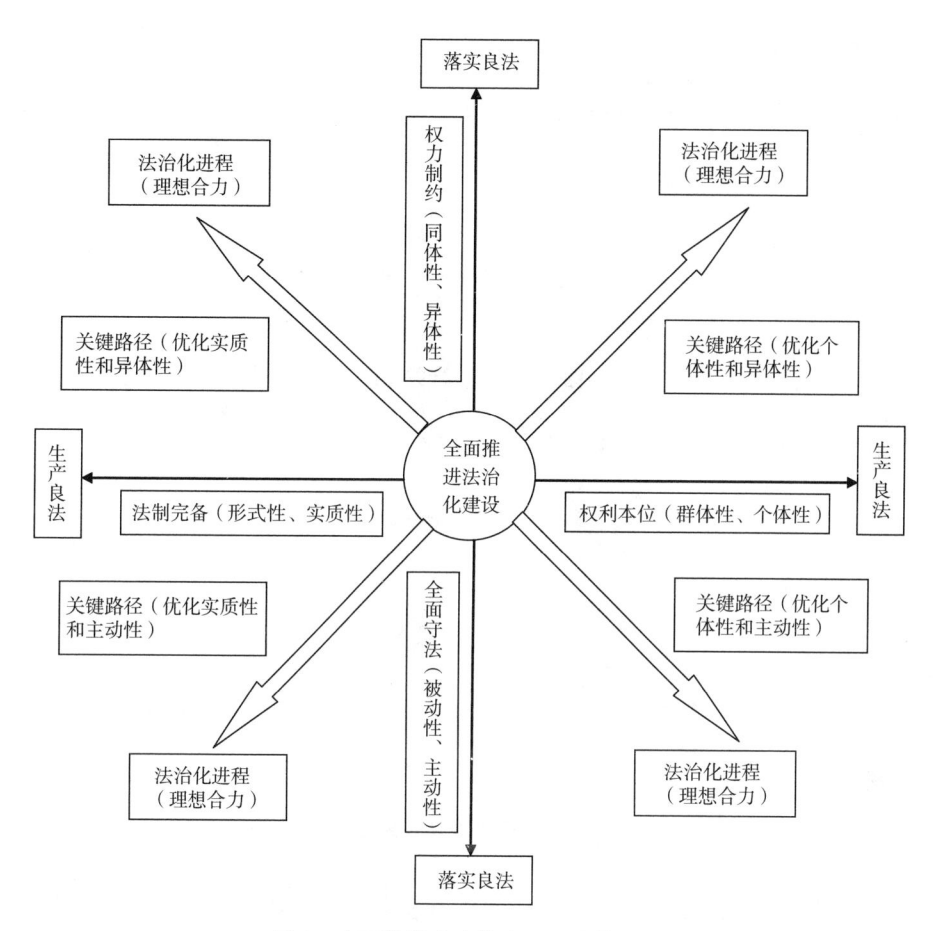

图 1 全面推进法治化建设理论范式图

的行政工作人员追究责任、并使受损公众权利或公民权利得以最大程度恢复的过程以及该过程的规范化;因此,行政问责法治化的价值追求在于公众权利或公民权利的实现和保障、根本动力在于公众广泛而有效地参与。

行政问责构成要素可分为结构要素和规则要素两类:结构要素涉及问责主体、问责客体、问责机关及其界定和设立,体现三角结构,其基本逻辑在于防止特权的存在和保障权力的运行,要求强化问责的异体性。(附"结构要素关系图")规则要素涉及问责条件、问责方式、问责规范及其设计和规定,体现协调统一,其基本逻辑在于保证标准的统一和实现规范的执行,要求强化问责的

```
        ┌─────────┐           ┌─────────┐
        │ 问责主体 │───────────│ 问责客体 │
        └─────────┘           └─────────┘
             \                   /
              \                 /
               \   ┌─────────┐ /
                \─ │ 问责机关 │ ─/
                   └─────────┘
```

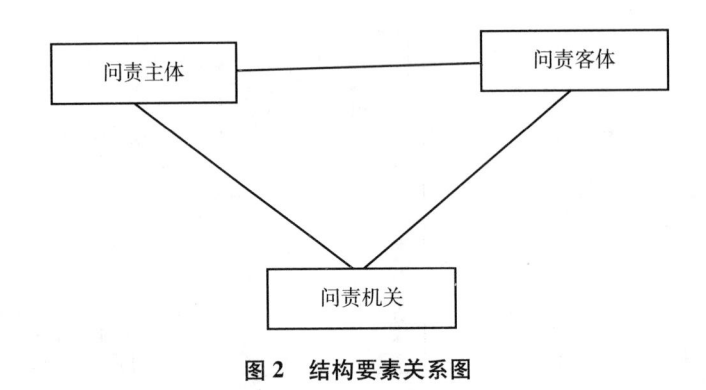

图 2　结构要素关系图

主动性。（附"规则要素关系图"）

```
         ╭─────────────────────────────╮
        ╱                               ╲
       │    ╭────────╮     ╭────────╮    │
       │    │问责条件│     │问责方式│    │
       │    ╰────────╯     ╰────────╯    │
       │           问责规范              │
        ╲                               ╱
         ╰─────────────────────────────╯
```

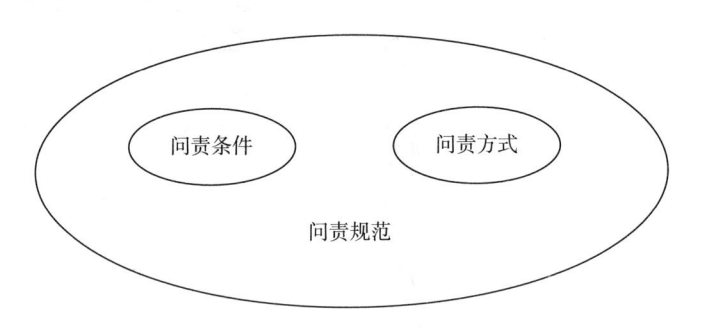

图 3　规则要素关系图

　　行政问责实现要件可分为形式要件和实质要件两类：形式要件涉及体系完备与制度健全及其辨析和构建，其基本逻辑在于防止理论脱离实际和形式大于内容，要求强化问责的实质性；实质要件涉及主权在民与权责统一及其倡导和确立，其基本逻辑在于突出权利中心地位和规范权利救济路径，要求强化问责的个体性。

　　基于以上分析，再结合行政问责建设的实际状况与法治主义理念下推进法治建设的理论范式，以生产良法和落实良法为坐标轴，构建逻辑严密、结构合理、符合实际的行政问责法治化理想模式，直接运用于我国行政问责法治化理论和实践的进一步完善和发展。（附"行政问责法治化建设理想模式图"）

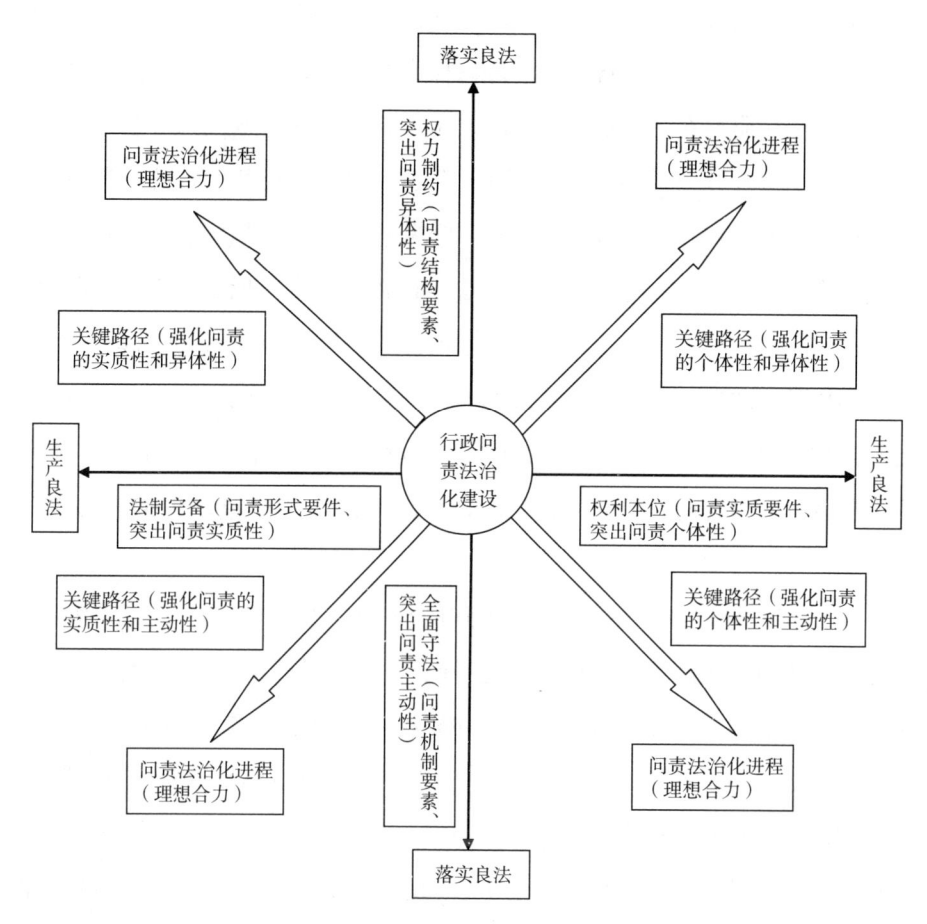

图4 行政问责法治化建设理想模式图

三、总结经验突出国情是完善行政问责法治化实现机制的现实需要

通过对我国行政问责法治化的积极探索、行政问责法治化的多维困境的研究,结合行政问责法治化理想模式的坐标架构和逻辑思路,分析我国行政问责法治化在规制体制上的要求,从而全面阐释我国进一步推进行政问责法治化的实现机制的构建。

(一)针对我国在开展行政问责以来取得的丰富经验和依赖的本土资源

进行辩证分析,总结其中有利于行政问责进一步推进的因素和规律,为下一步行政问责法治化建设提供营养。对理论探索的分析,从辩证的角度为我国行政问责法治化研究在进一步处理好形式性与本质性、实用性与规律性、制度本身与主体本性等方面提供借鉴;对实践探索的分析,从行政问责的发展过程、制度建设、理念更新等方面进行归纳总结,为进一步推进我国行政问责法治化实践提供现实依据。在得出行政问责法治化必须逐步体现公众参与、规范统一、程序公正、权责一致的现代法治要求的经验的同时,重点强调行政问责法治化实质是行政法治化的重要组成部分,行政问责法治化进程必须以行政法治化进程为前提和基础,所以对我国行政法治化进程的本土资源的汲取和把握,既是我国行政问责法治化已有实践的基本经验,也是进一步推进的必然要求。

(二)基于行政问责法治化理想模式的基本框架,对行政问责实践中长期存在而又难以解决的重点难点问题进行剖析,为推进我国行政问责法治化进程找准关键点和着力点。从生产良法的权利本位的角度看,行政问责法治化存在本质认识上的不充分,如问责文化较为缺失、问责理念存在一定的错位,这就要求在行政问责法治化推进过程中,必须强化对其实现要件中的实质要件的培育和倡导;从生产良法的法制完备的角度看,存在体制构成上的不完善,如问责体制的不够通畅、问责制度的相对滞后,要求必须强化对实现要件中的形式要件的改进和完善;从落实良法的权力制约的角度看,存在规制形式上的不到位,如问责私权较为缺失、问责公权的力度有待加强,要求必须强化对构成要素中的规则要素的重构和改进;从落实良法的全面守法的角度看,存在基本结构上的不平衡,如问责主体相对保守、问责客体相对强势,要求必须强化对构成要素中的结构要素的界定和规范。

(三)结合我国现实国情针对性分析我国行政问责法治化蕴含的认识机理与功能机理,并阐述路径选择:以突出权利本位为核心塑造问责文化,以保障公众参与为根本更新问责理念,以强化权力制约为关键健全问责体制,以加快统一立法为重点完善问责制度,以促进权利救济为基础提升问责文明。在此基础上参照行政问责法治化的理想模式,从行政问责法治化结构要素的科学界定、规则要素的理性设置、行政内部问责机制的调整完善、行政外部问责机制的优化变革等四个方面进行机制缕析和构建,最后总结描述为行政问责法治化实现机制的现实图景,借助图景阐明我国行政问责法治化实现机制构建的过程:通过行政问责法治化构成要素即结构要素和规则要素的理性运作,同时通过行政问责法治化实现要件即形式要件和实质要件的全面规范,从而促进现代法治主义两大基本要求即生产良法和落实良法的实现,进而推动我国行政问责法治化进程中四个理想合力的实现。(附"行政问责法治化实现机制构建图")

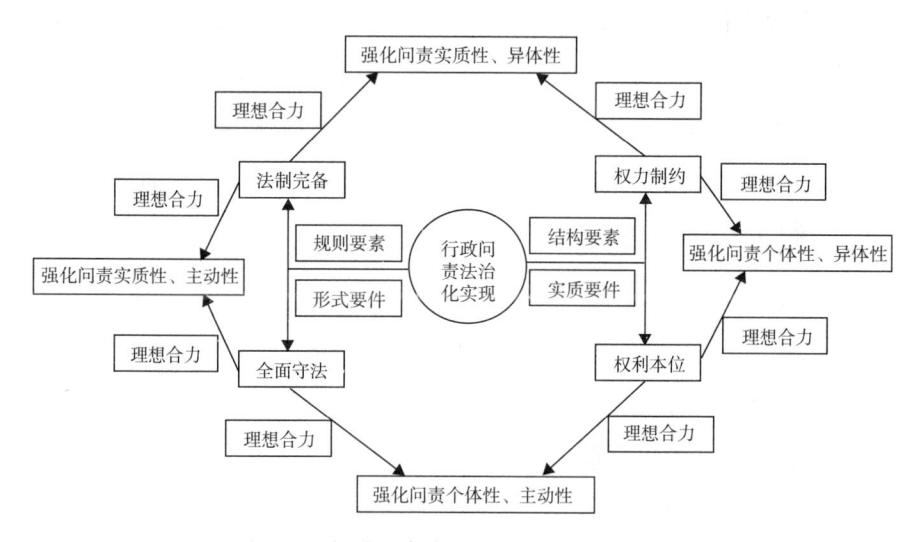

图5 行政问责法治化实现机制构建图

四、疏通协调关联机制是促进行政问责法治化功能发挥的重要保证

为促进我国行政问责法治化实现机制功能的发挥,具体分析其与党群系统问责的衔接、与其他关联机制的协调非常有必要。在我国问责实践中,事实

上存在着双轨或是多轨的问责形式,从而使问责无论从程序、内容还是处理结果上都体现了各自特色,尤其是政府机关对公务人员进行的行政问责与执政党对党员干部进行的组织问责之间的差异性对问责效果的发挥产生诸多影响,所以促进党群系统问责与行政问责相协调、建立起二者之间的衔接机制就成为我国问责取得实质性进展、整体性突破的关键环节。本书从法治主义普遍性的基本要求、党群组织行为的公权属性、党群职能经费的财政属性三个维度对二者的衔接都必须实行法治化进行了法理分析;参照行政问责法治化的理想模式,从问责结构要素、问责规则要素以及内部问责、外部问责等方面对衔接的机制进行了逻辑构建;在坚持权责一致、公众参与、程序正当等问责法治化一般性原则的同时,提出党群系统问责与行政问责二者衔接还必须强调三个原则:民主化规范化问责、多重身份多重问责、一举多犯择重问责。基于现代法治基本要求、行政问责法治化的理想模式以及我国现有处理纠纷机制的具体实践,着重从实践操作层面即问责主体、问责客体、问责机关三个方面发现和构建行政问责法治化实现机制与其他关联机制相应机构的协调关系,因为无论哪种矛盾纠纷处理机制都必然有类似于主体、客体、执行机关等的实体机构的存在,而且无论何种协调关系的建立和发展都必须依赖主体、客体、执行机关这些实体机构的现实运作才可能真正实现,所以不同纠纷处理机制之间主体、客体、执行机关等的实体机构的协调机制的建立是其他一切协调机制建立和发展的基础和载体。

综上所述,就行政问责法治化及其在我国的实现而言,以上研究成果既有理论价值也有实践意义。本书中总结出的现代法治主义的理论范式及其模型建构为推进法治化研究和实践提供了一种视角和理路;基于现代法治主义的理论范式而构建的行政问责法治化的理想模式可以直接作为衡量我国行政问责法治化建设进步与不足的一种可操作的参照体系,尤其其中提到的行政问责法治化三个结构要素之间的三角结构关系、三个规则要素之间的协调统一关系可以作为重要参考,且随着我国监察体制改革的推进,其参考的现实性将更加明显。本书针对行政问责法治化实现机制与党群系统问责的衔接、与其他关联机制的协调的研究和设计,对完善我国行政问责乃至更广义的问责都具有直接的借鉴意义。

目 录

前　言 …………………………………………………………… 001

绪　论 …………………………………………………………… 001

第一章　现代法治主义的理论范式 ……………………………… 011
第一节　法治主义的基本界定和基本属性 …………………… 011
第二节　法治主义的现代内涵和现代要求 …………………… 014
第三节　我国国情下的法治主义理论范式 …………………… 027
小　结 ………………………………………………………… 046

第二章　行政问责法治化的理想模式 …………………………… 048
第一节　行政问责法治化的本质意蕴 ………………………… 048
第二节　行政问责法治化的构成要素 ………………………… 053
第三节　行政问责法治化的实现要件 ………………………… 072
第四节　行政问责法治化的理想模式 ………………………… 083
小　结 ………………………………………………………… 086

第三章　我国行政问责法治化的积极探索 …… 088
  第一节　我国行政问责法治化的理论探索 …… 088
  第二节　我国行政问责法治化的实践探索 …… 095
  第三节　我国行政问责法治化的经验分析 …… 106
  第四节　我国行政问责法治化的本土资源 …… 113
  小　结 …… 125

第四章　我国行政问责法治化存在的不足 …… 127
  第一节　我国行政问责法治化本质认识上的不充分 …… 129
  第二节　我国行政问责法治化体制机制上的不完善 …… 133
  第三节　我国行政问责法治化规制形式上的不到位 …… 136
  第四节　我国行政问责法治化基本结构上的不均衡 …… 140
  小　结 …… 144

第五章　我国行政问责法治化的实现机制 …… 145
  第一节　我国行政问责法治化的认识机理 …… 147
  第二节　我国行政问责法治化的功能机理 …… 152
  第三节　我国行政问责法治化的机制路径 …… 159
  第四节　我国行政问责法治化的机制构建 …… 169
  小　结 …… 204

第六章　我国党群系统问责与行政问责法治化实现机制的衔接 …… 207
  第一节　衔接的法理分析 …… 208
  第二节　衔接的机制构建 …… 212
  第三节　衔接的主要原则 …… 226

小　结 ………………………………………………… 228

第七章　我国行政问责法治化实现机制与其他关联机制的协调 ……………………………………………………… 230
　　第一节　现代法治基本要求是各关联机制协调的基本遵循 …… 230
　　第二节　行政问责法治化实现机制与行政诉讼机制的协调 … 233
　　第三节　行政问责法治化实现机制与行政复议机制的协调 … 236
　　第四节　行政问责法治化实现机制与国家信访机制的协调 … 239
　　第五节　行政问责法治化实现机制与党的纪检机制的协调 … 242
　　小　结 ………………………………………………… 245

结　语 ……………………………………………………… 247

参考文献 …………………………………………………… 250

绪　　论

一、研究目的与意义

(一)研究目的

行政问责从规制走向法治是现代国家的必然趋势。我国行政问责实践和研究起步相对较晚,直到2003年非典事件以后才取得快速发展,在实践上从地方到中央已经颁布施行了相当数量关于问责的规范性文件并取得一定社会效果,理论上对问责的意义、主体、内容、责任等都有多方面的阐释并形成一定共识。行政问责法治化在我国仍比较缺乏理论基础、也尚未形成基本事实,研究多集中于制度规范的内容和监管制约的形式等规制层面的论述,在挖掘我国行政问责存在弊端的法治根源、结合我国体制特征去系统构建符合我国国情的法治化行政问责实现机制方面存在欠缺,本书即试图在这些方面做一些努力。

(二)研究意义

1. 进入21世纪以来,我国党和政府多次明确提出要健全问责制度,这对促进政治文明具有重要的现实意义。当前,我国行政问责制的制度功能在实践中并没有得到充分的发挥。法治是现代对公权力进行监督和制约的重要基础,行政问责法治化是克服我国行政问责弊端的必然选择、是健全我国行政问责制度的内在要求。

2. 阐述行政问责法治化的科学内涵,论证法治化在行政问责过程中所具有的根本性、普遍性作用,从而修正一直以来广泛存在的法制(治)在行政问责过程中主要起制度性、保障性作用的片面认识,促进人们从更高层面去理解和重视行政问责法治化的理论价值和实践意义。

3. 将现代法治原理与我国体制特征和法治现实紧密结合起来,积极探索其内在联系,努力构建符合中国国情的法治化的行政问责实现机制,突破行政问责法治化就是制度化或西方化的惯性思维,以期对完善行政问责机制、提高行政问责效果提供理念路径上的启发和机制构建上的建议。

二、研究现状与述评

(一)研究现状

洛克的权利本位和有限政府的思想、卢梭对社会契约的论述是行政权必须履行第一性义务(分内之事)的理论基础,孟德斯鸠对三权分立的发展和完善使行政权必须承担第二性义务(不利后果)成为现实。正因为行政问责法治化的逻辑力量深深蕴含于行政问责法治化的实践力量之中,所以现代西方学者专门从法治化的角度阐述行政问责机制、责任政府构建的论述并不多见,更多的是以政治学、公共管理学、行政伦理学为视角,但法治精神均贯穿其始终,如:罗斯和休斯等从代议制角度揭示了问责制度的内在逻辑,欧文·休斯依据"新公共管理理论"阐述问责过程的强制性,罗美泽克主要从管理学角度研究了四个方面的行政问责内容及实现机制,库伯从行政伦理学角度探讨了政府的主观责任和客观责任,等等。

国内学者对行政问责的研究起步较晚。2003年非典事件后,我国行政问责实践和研究都取得了快速发展,如,实践上从地方到中央已经颁布施行了相当数量关于问责的规范性文件并取得一定社会效果,理论上对问责的意义、主体、内容、责任等都有多方面的阐释并形成一定共识。总体来说,当前我国行政问责研究也主要以政治学、公共管理学、行政伦理学为视角,但行政问责法治化在我国仍比较缺乏理论基础、也尚未形成基本事实,因而,学者研究中现代法治理论的相对缺失决定其难以满足从根本上完善我国行政问责建设的现实需要。主要著作如:张贤明的《论政治责任——民主理论的一个视角》、周亚越的《行政问责制研究》、张康之的《寻找公共行政的伦理视角》等,主要论文如:唐铁汉的《我国开展行政问责制的理论与实践》、姜晓萍的《行政问责的体系构建与制度保障》等。尽管也有一些学者从法制角度论述了行政问责,如陈党的著作《问责法律制度研究》等,但多集中于制度规范的内容和监管制约的形式等规制层面的论述,没有进一步挖掘我国行政问责存在弊端的法治根源,也没有结合我国体制特征去系统构建符合我国国情的法治化的行政问责实现机制。具体说,现有研究主要表现在以下几方面。

首先,注重行政问责的内涵和概念的阐释。对"行政问责"概念十分关注且从不同的角度进行了分析和归纳。学者高梵认为行政问责制,主要是专门针对国家各级行政人员在所辖范围内因过失或故意,导致工作贻误或损害公民合法权益,给国家行政机关造成不良影响,而在国家行政体系内部实行监督和责任追究的制度体系。[①] 薛瑞汉则进一步提出,行政问责就是一种对行政责任的追究,符合民主政治和责任政府的相关要求,是指问责主体按照法定程序,对于行政机关的人员违规操作或者没有正确履行相应义务而必须承担的责任和后果,即通过特定的问责主体对问责客体责任的监督,从而有效地防止政府机关人员权力的滥用。[②]

其次,注重行政问责的价值和功用的分析。"问责缘由"涉及行政问责的正当性来源问题。赵素卿基于人民本位的层面,将问责制视为彰显人民主权、

---

① 胡洪彬:《国内问责制研究的定量定性分析与评价》,《湖北社会科学》2016年第3期。
② 卢智增:《现代行政问责制研究述评》,《中共山西省委党校学报》2016年第10期。

推进民主政治建设的重要途径;①胡洪彬认为问责制的合法性在于"权为民所授",我国的问责制根本上是在人民主导下展开的政治行为,意味着人民群众作为国家主人对各级党政官员的监督制约,在推进民主政治建设中起积极作用;②"现实功用"指的是我国开展行政问责对促进国家治理现代化的现实作用。唐铁汉基于治理主体的层面,将问责制视为转变治理职能,提升执行力和公信力的必然要求,认为问责制的建构就是要对部分党政机构有令不行和推诿扯皮现象进行责任追究,并通过积极转变职能为建设责任政府提供载体,因而对提升国家治理的执行力和公信力具有积极意义。③

再次,注重行政问责的建构和路径的论述。制度建设研究上,一是制度体系建设的研究。张贤明认为制度是根本性的因素,实现问责制与问责实践的协同发展,关键还是要推进问责实践中配套制度体系的完善;④胡洪彬认为当前在高度重视政治问责机制、行政问责机制和党内问责机制建设的同时,还要建构全方位的监督机制和独立的司法制度,为问责过程的具体运行提供良好的制度环境。⑤ 二是问责程序制度的强调。毛寿龙在《引咎辞职、问责制与治道变革》一文认为中国政府的问责举措基本上还停留于行政性操作的层面,要推进中国的治道变革,就必须在制度上重视从行政性问责走向程序性问责。在完善路径上看,一是异体问责研究。宋涛认为必须扩大政府机关以外的问责主体,建立异体问责模式,以增强问责效果;⑥卢智增认为特别要加强以公民参与为主体的社会问责,以实现良政治理。⑦ 二是问责文化的塑造。周亚越论证了行政问责制的软件条件,她认为在行政问责制中,即便有了制度"硬

---

① 赵素卿:《问责制:民主执政的重要方式》,《中共山西省委党校学报》2014年第6期。
② 胡洪彬:《国内问责制研究的定量定性分析与评价》,《湖北社会科学》2016年第3期。
③ 唐铁汉:《我国开展行政问责制的理论与实践》,《中国行政管理》2007年第1期。
④ 张贤明:《当代中国问责制度建设及实践的问题与对策》,《政治学研究》2012年第1期。
⑤ 胡洪彬:《国内问责制研究的定量定性分析与评价》,《湖北社会科学》2016年第3期。
⑥ 宋涛:《行政问责模式与中国的可行性选择》,《中国行政管理》2007年第2期。
⑦ 卢智增:《现代行政问责制研究述评》,《中共山西省委党校学报》2016年第10期。

件",但也需要"软件"的补充,即行政问责的柔性机制,其核心和灵魂就是行政问责文化。①

(二) 研究述评

首先,关于内涵概念阐释形式性大于本质性。关于行政问责的内涵当然要说明问责主体、问责客体、问责条件等要素性内容,也必须分析政治责任、法律责任、道德责任等责任类型或责任范围,但这些毕竟是行政问责表面存在的技术性的构成要素,而为什么构成行政问责的主体、对象、条件等要素只能是这些而不能是那些,为什么行政问责的责任可以从政治的、道德的、法律的等角度去分类或概括,这些问题的回答才是行政问责得以存在和发展的内在的本源含义、本质属性。现代民主政治实质上就是众人之治,任何公权力的行使都要体现和保障众人的意志和利益,即多数人的意志和利益,这是行政问责得以存在和发展的缘由和根据,其他一切技术性的构成要素的存在和分析都必须以此为基础,否则就会失去灵魂。我们不能以多数人问责在实际操作中难以实现为由而否定这一本质属性,相反,这一本质属性与实然操作之间的贯通纽带就是现代法治。

其次,关于价值功用分析实用性大于规律性。行政问责缘起于现代民主思想,但民主在中西方文化中的内涵和外延是有明显差别的。西方过于关注个人权利的表达与实现,而我国自古有之的集体观念无论在民主理论还是在民主实践乃至国家治理结构中都有显而易见的体现。所以,行政问责在我国存在和发展的价值意义就不是仅仅解决政府或政府官员不当或失职行为的追责这样简单,而是使现代民主观念和制度借助行政问责这样的形式并与我国特定国情相结合最终促进我国国家治理体系和治理能力现代化的形成,这种结合的结果必然是法治,即通过多数人的意志将政府的权力与责任、公民的权

---

① 周亚越:《行政问责制研究》,中国监察出版社2006年版,第109页。

利与义务等以制度的形式加以规范,再通过对制度的严格履行从而达到政府责任的承担和公民权利的保障,这些过程和结果都不是除去民主法治架构下形成的法律制度之外的所谓行政问责制能够真正实现的。

再次,关于建构路径论述重制度轻主体。行政问责的发展和完善面临着诸多现实问题,必须在制度完善的基础上系统化地解决,但就制度本身的瑕疵来考虑制度的完善,难免头痛医头、脚痛医脚,很难有实质性的突破,所以必须通过主体本性的分析来完善制度存在的问题,才能标本兼治。现代行政问责体现的是多数人的意志,其价值追求在于公众权利或公民权利的实现和保障,[①]其根本动力在于公众广泛而有效的参与,这些理念如何变为现实,基于"绝对的权力产生绝对的腐败"的认识,在我国应该重点意识到行政问责法治化建设,而保证问责参与各方之间既相互监督、又循环制约,避免绝对问责权力的存在,是构建行政问责法治化实现机制的关键,这尤其要突出问责主体、问责客体、问责执行机关之间的监督制约关系的设置。从对策层面探索,基于具体国情和权力制约的现实需要,还必须正确处理我国行政问责法治化实现机制与党群系统问责衔接、与其他关联机制协调的有效路径。

三、研究思路与观点

(一)研究思路

整体思路是:由理论到实践、由一般到特殊。

1. 基本理论分析。从法治基本属性的现代诠释切入,结合法治现代化对本土资源的需求,论述符合我国国情的法治主义理论研究范式;再依据研究范式,以生产良法和落实良法为坐标、以构成要素和实现要件为关键从理论上构建行政问责法治化的理想模式。

2. 一般实践分析。基于我国行政问责现状,参照行政问责法治化理想模

---

① 张华民:《论行政问责法治化在我国的实现》,《天府新论》2011年第5期。

式,结合我国行政问责的有益经验,针对存在的多维困境,以内在要求和外在规制为视角,强调我国行政问责法治化的价值源流、现实必然、路径选择,再从我国行政问责法治化结构要素的科学界定、规则要素的理性设置、行政内部问责法治化机制的调整完善、外部问责法治化机制的优化变革等方面描述行政问责法治化的现实图景,从而构建我国行政问责法治化的实现机制。

3. 特殊问题分析。针对我国体制的特殊性,遵循法治的根本性和普遍性,探索我国党群系统问责法治化及其与我国行政问责法治化实现机制的衔接;针对我国已有的矛盾解决机制体系,依据现代法治的基本要求,分析我国行政问责法治化实现机制与其他关联机制的协调关系。

简要内容如下:

1. 现代法治主义的理论范式研究。以社会主义法治的基本理论为逻辑起点,阐释法治主义的基本属性:根本性(人民意志)和普遍性(法律至上),解读"良法善治"的现代内涵和现代要求(生产良法与落实良法),结合"法治现代化"的本土资源,探索并构建符合我国国情的法治主义理论范式。

2. 行政问责法治化的理想模式研究。借助现代法治主义理论范式,分析行政问责法治化的本质意蕴(内涵辨析、价值追求、根本动力)、构成要素(结构要素、规则要素)、实现要件(形式要件、实质要件),分别以生产良法和落实良法为横坐标和纵坐标,从整体上构建逻辑严密、结构合理、符合实际的"行政问责法治化理想模式"。

3. 我国行政问责法治化的有益探索研究。回顾我国行政问责制的发展历程尤其是2003年非典以后行政问责制理论与实践上的成功经验,从理论上、实践上归纳我国行政问责制建设中法治化探索的经验和成长发展中依赖的本土资源。

4. 我国行政问责法治化存在的不足。参照行政问责法治化的理想模式,重点分析我国行政问责法治化面临的诸多不足,主要包括四个方面:本质认识上的不充分、体制构成上的不完善、规制形式上的不到位、基本结构上的不均衡等。

5. 我国行政问责法治化的实现机制研究。依据以上研究范式和理想模式,针对面临的诸多不足,构建我国行政问责法治化的实现机制:突出我国行政问责法治化的认识机理和功能机理,并基于经验和不足分析路径选择,再从行政问责法治化结构要素的科学界定、规则要素的理性设置、行政内部问责法治化机制的调整完善、行政外部问责法治化机制的优化变革等方面进行阐释,同时描述我国行政问责法治化实现机制的现实图景。

6. 我国党群系统问责与行政问责法治化实现机制的衔接研究。衔接的法理学分析(法治主义普遍性的基本要求、党群系统组织行为的公权属性、党群系统职能经费的财政属性)、衔接的机制构建(问责结构要素和规则要素上的衔接、行政内部问责机制的衔接、行政外部问责机制的衔接)、衔接的主要原则(民主化规范化问责、多重身份多重问责、一举多犯择重问责)。

7. 我国行政问责法治化实现机制与其他关联机制的协调研究。主要包括:与行政诉讼机制的协调、与行政复议机制的协调、与信访机制的协调、与党的纪律检查机制的协调,协调的基础是生产良法和落实良法,协调的主要形式包括问责主体、问责客体、问责执行机关之间的协调。

现代法治主义的理论范式	行政问责法治化的理想模式	我国行政问责法治化的探索与不足	我国行政问责法治化的实现机制	我国党群系统问责与行政问责法治化实现机制的衔接
从法治属性、良法善治、生产和落实良法及法治现代化的本土资源等层面论述	从行政问责法治化的本质意蕴、构成要素、实现要件、理想模式四个方面论述	从本质认识的不充分、体制机制的不完善、规制形式的不到位、基本结构的不平衡四方面分析困境	针对国情,从我国法治化问责的认识机理、功能机理、机制路径、机制构建四方面具体论述	我国行政问责法治化实现机制与其他关联机制的协调
基本理论分析		一般实践分析		特殊问题分析

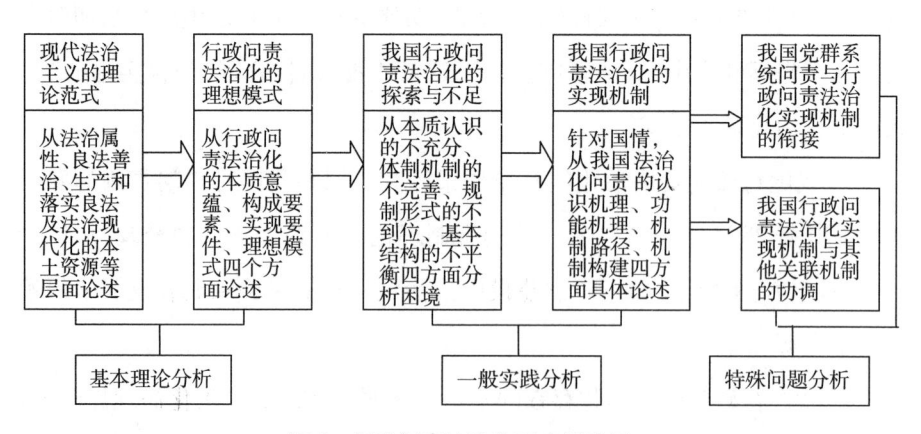

图 6 行政问责法治化研究思路图

绪　论

（二）主要观点

1. 现代法治主义的基本属性包括根本性（人民意志）和普遍性（法律至上），其基本要求在于生产良法与落实良法，这是法治主义理论研究范式的逻辑主线，也是研究行政问责法治化的根本遵循。

2. 法治主义理论范式功能的发挥，离不开其具体的实践环境，我国行政问责法治化研究必须以符合中国国情的法治主义理论范式为指导，即以中国特色的生产良法和落实良法为基本思路和主要架构。

3. 行政问责法治化是我国行政问责发展的必然趋势，行政问责法治化建设的缺位和滞后是我国行政问责弊端重重的根本原因。

4. 行政问责法治化不等于行政问责制度化或西方化，行政问责法治化的核心在于体现多数人的意志，行政问责法治化的特征在于其是公众充分参与、权利不断实现的过程。

5. 保证问责参与各方之间既相互监督、又循环制约，避免绝对问责权力的存在，是构建行政问责法治化实现机制的关键，这主要通过问责主体、问责客体、问责执行机关之间三角结构的监督制约关系的设置来实现。

6. 我国行政问责法治化的实现机制是一个立体系统，必须突出：以理论范式和理想模式为参照，以中国特有的认识机理、功能机理为依托，以文化塑造、理念更新、体制健全、制度完善、文明提升为主要路径，以结构要素、规则要素、行政内部问责、行政外部问责为基本架构。

7. 实现党群系统问责与行政问责法治化实现机制的衔接是提升我国行政问责公信力的必然要求。

四、研究方法与创新

（一）研究方法

1. 学科交叉研究法。本书主题涉及法学、政治学、公共管理学等多个领域,需要借鉴相关领域研究的最新成果,因此以法学为主,结合相关学科共同研究。

2. 规范体系研究法。以法治为坐标系,设计行政问责法治化的理想模式,进而构建符合我国国情的行政问责法治化实现机制。

3. 实证分析研究法。对问责机制进行实证调研和材料收集,通过比较分析,掌握我国面临的困境及其破解的事实根据。

4. 系统分析研究法。综合考察行政问责法治化实现机制的内部系统构成和外部系统环境,探索其他关联机制与之协调的路径。

(二)主要创新

1. 研究方式上的创新:基于现代法治基本属性和法治现代化理论,构建符合中国国情的法治主义理论范式,作为本书的指导;以现代法治主义的基本要求即生产良法与落实良法分别为横坐标和纵坐标构建坐标系,以行政问责法治化的理想模式为参照系,系统分析并构建我国行政问责法治化及其实现机制,而不是仅仅局限于制度层面的研究。

2. 研究内容上的创新:从理论层面廓清符合我国现代国情的法治主义理论范式,而且构建行政问责法治化的理想模式。行政问责法治化体现的是多数人的意志,其价值追求在于公众权利或公民权利的实现和保障,其根本动力在于公众广泛而有效地参与。基于"绝对的权力产生绝对的腐败"的认识,认为保证问责参与各方之间既相互监督、又循环制约,避免绝对问责权力的存在,是构建我国行政问责法治化实现机制的关键,这主要通过问责主体、问责客体、问责执行机关之间三角结构的监督制约关系的设置来实现。

第一章　现代法治主义的理论范式

第一节　法治主义的基本界定和基本属性

在我国,"法治"一词很早就出现在古书中。《晏子春秋·谏上九》:"昔者先君桓公之地狭于今,修法治,广政教,以霸诸侯。"《淮南子·氾论训》:"知法治所由生,则应时而变;不知法治之源,虽循古终乱。"我国古代对"法治"的理解和运用囿于特定历史的专制环境而更多指向的是"以法而治"之意,"法"指的是以皇权意志为依归的"王法",是统治者管控国家的"工具",缺乏民主的内在含义和程序要求,不能体现现代法治的核心要义。作为管理国家和民众的各种事务的一种价值理念和治理结构,现代法治思想与我国古代法治思想的不同之处在于其建立在民主理念和机制的基础之上。法治观念源于古希腊,是古希腊思想家们关于法律与贤人在国家政治运行中的作用的争论的产物。亚里士多德在人类历史上首次论述了法治的理由,其在名著《政治学》一书中阐明了法治的核心含义:法治应该包含两重含义,已成立的法律获得普遍的服从,而大家所服从的法律又应该是本身制定得良好的法律。亚里士多德对法治的这一基本诠释,建立了后世法治的基本逻辑结构,确定了西方法治思想的大致走向。

亚里士多德对法治的精辟阐释契合了我国社会主义法治的内在要求,反映了我国全面推进依法治国所必须秉持的现代法治的基本内容。法律"应该是本身制定得良好的法律",即亚里士多德认为法治的前提首先是必须有"良法",何谓"良法"？在崇尚民主的现代社会中,"主权在民"在法律上的最直接要求就是集中民智、反映民意,即"良法"应该是能够体现和保障绝大多数人意志和利益的法律;"已成立的法律获得普遍的服从",在亚里士多德看来,即便有了"良法",也未必出现"法治",因为只有"良法"被遵守才会使绝大多数人的意志和利益真正得到体现和保障,从而实现公平正义,达到良法所要达到的良好效果,即"善治"。可见,亚里士多德的法治阐释与现代民主社会发展相适应的核心要义就是"良法善治",这也正是现代法治的核心要义。

这里所谓的法治主义,即法治必须成为推进国家治理体系和治理能力走向现代化所秉持的主导理论和观点。现代法治的核心要义是"良法善治",社会主义法治的内在要求也是"良法善治",所以在我国,法治主义的基本属性就是在我国现代化建设中落实"良法善治"所要秉持的根本原则和基本遵循。在我国,"良法"是最广大人民根本利益的体现,这是前提,是国家治理体系和治理能力现代化的逻辑起点,具有根本性;"善治"是良法被一体遵守从而使最广大人民根本利益得以实现的过程,是国家治理体系和治理能力现代化的根本路径,具有普遍性。所以以"良法善治"为核心要义的法治主义的基本属性在我国国家治理体系和治理能力现代化中的集中表现就是法治的"根本性"和法治的"普遍性"。

所谓法治的根本性,是就法治主义的本质而言的,现代民主政治提倡的法治应该是体现多数人意志的众人之治,而且多数人意志的表达是自由的、真实的,多数人意志的实现是理性的、规范的,法治作为国家治理体系和治理能力现代化的逻辑起点,其根本宗旨在于体现多数人的意志、保障多数人的权益,追求的是人类治理的根本价值,可见,法治的根本性意味着肯定法治的公益性、权威性。

所谓法治的普遍性,是就法治主义的范围和对象而言的,即对社会某一领域、某一现象落实法治是指对涉及这一领域、产生这一现象的所有主体、行为、过程实行最大程度的法治,法治作为国家治理体系和治理能力现代化的根本路径,就必须避免对部分主体、行为、过程实行法治,同时对其他主体、行为、过程实行他治现象的存在,可见,法治的普遍性意味着推崇法治的主导性、排他性。①

法治主义的基本属性"根本性"和"普遍性"在依法治国的实践中要真正得以体现和遵循,离不开一个共同的前提条件——法律至上。法律至上的原则要求一切体现多数人意志和利益的法律(包括宪法法律)在其所涉及的治理领域内都具有至高无上的效力,排斥一切高于法律效力的其他治理规则的存在。马克思曾指出:在民主的国家里,法律就是国王;在专制的国家里,国王就是法律。法律至上既是现代国家治理运行的手段,也是现代国家治理追求的目标。从现代国家治理追求的目标看,法律之所以至高无上,就是因为法律是多数人意志和利益的体现,即具有人民意志性,是民主社会公平正义所在,是人类社会向往的终极理念,带有"根本性",离开了这一目标,法治主义就会失去灵魂、失去方向,走向管制甚至专制就不可避免,所以法治主义的"根本性"离不开法律之上原则。从现代国家治理运行的手段看,法律之所以至高无上,是因为法律是一种制度设计,其生命力在于实施,正是由于法律具有其他规则所不能始终具有的特质即多数人意志和利益的体现,所以法律在实施过程中相比较其他规则具有天然的优势性、优先性,必须被普遍遵守,即带有"普遍性",离开了这一手段,法治主义就会失去标准、失去公正,走向无序甚至倒退就不可避免,所以法治主义的"普遍性"离不开法律之上原则。

法治主义的基本属性"根本性"和"普遍性"的前提条件——法律至上原则是我国国家治理走向现代化的内在要求。党的十九大报告指出:"树立宪法法律至上、法律面前人人平等的法治理念",明确了法律(即宪法法律)至上

---

① 张华民:《法治中国建设的科学内涵与实践理路》,《重庆社会科学》2017年第9期。

的现实定位。在我国,党的事业、人民利益、宪法法律实质上是统一的,即统一于都是从根本上为了体现多数人的意志和利益,只是从治理实践的角度看更应该突出法律至上原则,因为党的事业、人民利益更多的是从党的性质、任务和宗旨的角度来表述的,是一个相对抽象的政治性概念,作为国家治理实践的规范化标准不易被把握、不易被执行;而宪法法律是一种制度化设计,是一个相对具体的法律性概念,作为国家治理实践的规范化标准易于被把握、易于被执行。所以从治理实践的角度看弘扬和践行法律至上原则就是我国国家治理走向现代化的内在要求,即党的事业、人民利益、宪法法律实质上的统一,就必须通过党领导人民通过人民代表大会的形式把党的事业和人民利益这些相对抽象的概念转变成写在宪法法律里的看得见、摸得着的具体规范和标准,从而使国家治理在遵循宪法法律具体规范和标准的前提下有步骤、有预见地不断推进、不断发展,在这一过程中,宪法法律具体规范和标准严格执行的过程就是党的事业、人民利益得到逐步实现的过程。其实这一科学内涵在我国法律中有明确的规定,譬如,现行《宪法》规定:"全国各族人民、一切国家机关和武装力量、各政党和各社会团体、各企业事业组织,都必须以宪法为根本的活动准则,并且负有维护宪法尊严、保证宪法实施的职责"、"一切国家机关和武装力量、各政党和各社会团体、各企业事业组织都必须遵守宪法和法律。一切违反宪法和法律的行为,必须予以追究。任何组织或者个人都不得有超越宪法和法律的特权。"党的十八届四中全会《决定》更有非常明晰的表述:"各级党组织和领导干部要深刻认识到,维护宪法法律权威就是维护党和人民共同意志的权威,捍卫宪法法律尊严就是捍卫党和人民共同意志的尊严,保证宪法法律实施就是保证党和人民共同意志的实现。"

第二节　法治主义的现代内涵和现代要求

　　法治主义的现代内涵集中表现为以体现多数人意志和利益的"众人之

治"为主导的国家治理理念和模式。运用法律进行国家统治古今中外早已有之,只是从民主这一古老理念在经过孟德斯鸠"表达民主"的设想和卢梭"人民主权"的升华后[1],随着民主在现实社会的不断实践,运用法律统治国家的内容和形式都发生了质的变化,并逐步走向现代化。在当今社会,"人民主权"原则是一切现代国家运行必须遵守的基本原则,它不仅决定着一个国家的权力来源、权力运行、权力效果,也决定着一个国家的权利分配、权利维护、权利实现。但"人民主权"由理念变为现实,离不开对权力、权利的制度性安排、机制性建构,而且这种制度性安排、机制性建构必须是多数人意志和利益的体现,运行的结果也必须是多数人意志和利益得到最充分的实现,可见"人民主权"由理念变为现实的过程实质上就是科学有效地落实"众人之治"的过程。

"众人之治"如何体现?"众人之治"如何实现?这是法治主义在现代社会避免陷入"空想"和"空转"必须要解决的基本问题,即法治主义的现代要求。从现代法治理论与实践看,"众人之治"如何体现实质就是如何"生产良法"的问题,"众人之治"如何实现实质就是如何"落实良法"的问题。所以,法治主义的现代要求主要包括两个方面:生产良法和落实良法。

一、生产良法

在现代社会,良法指的是能够体现和保障绝大多数人意志和利益的法律。[2] 现代法治社会的前提条件就是要有良法,这也是现代法治社会与传统专制社会相区别的主要依据之一。历史上各种类型的专制社会并不缺少法律的存在,也不乏于法律的执行,缺少的是能够体现和保障绝大多数人意志和利益

---

[1] 张康之、张乾友:《现代民主理论的兴起及其演进历程》,《中国人民大学学报》2011年第5期。

[2] 张华民:《现代法治视域下良法善治的基本要求及其在我国的实现》,《南京社会科学》2018年第5期。

的良法的存在和执行,因为专制的社会法律体现和保障的是个别家族、个别集团甚至个别人的意志和利益。从意愿上说,专制的社会之所以缺少良法的主要原因在于拥有统治权的个别家族、个别集团或个别人从思想上就没有代表多数人的意志和利益的内心愿望和思维方式,君权神授更符合专制的需要而成为统治者的根本信条和思想基础;从实践上说,专制的社会之所以缺少良法的主要原因在于即便是拥有统治权的个别家族、个别集团或个别人有眷顾多数人意志和利益的意愿,但专制的社会没有相应民意表达机制的构建和运行,这种意愿也不可能得出有实质意义的结果。在现代社会之所以能够生产良法,是因为现代社会在思想上有权利本位理念的指导、在实践上有创制完备法律的机制。

(一)权利本位

生产良法的前提和基础是生产者应当明晰现代法治发展和法律制定的根本理念和要求,从立法角度看尤其是对权利本位的认知和认同。所谓权利本位,主要指在国家权力与公民权利的关系中,公民权利是决定性的、根本的;在法律权利与法律义务之间,法律权利是决定性的、起主导作用的。

权利是人类文明社会所具有的一种实质性要素,它既是人的基本价值追求,也是社会文明演化进取的不可缺少的力量。在历史上,人类对权利的探求可谓是一个艰苦而富有成效的过程,这其中三位启蒙思想家洛克、孟德斯鸠和卢梭对人类认识自己的权利作出了巨大的贡献。

洛克是以"自然法"作为分析权利的逻辑起点,认为每个人生来就有追求生命、自由和财产的权利,或者说自由、平等和所有权,是人的不可剥夺的自然权利。因为"自然状态有一种为人人所应遵守的自然法对它起支配作用;而理性,也就是自然法,教导着有意遵从理性的全人类;人们既然都是平等和独立的,任何人就不得侵害他人的生命、健康、自由或财产"。[①] 然而,处于这种

---

① 洛克:《政府论》(下篇),商务印书馆1964年版,第6页。

自然权利状态之中,每个人都有自己的权利,如果每个人的自然权利都能全部得到实现,就不可避免地要侵犯他人的权利,为了解决这个矛盾,于是需要政府和社会。因此,从这个意义上说,政府和社会的存在就在于维护和保障个人自然权利的实现,避免某些人在实现其权利时侵犯他人的权利。① 而政府出面干预的方法就是运用政府权力和法律,然而政府的权力和法律的来源又是什么呢?洛克认为这就是"社会契约",人们为了更好地实现自己的权利而把部分权利让渡给了政府。然而政府既然拥有了权力,那么如何保证政府不运用自身权力来侵犯自然权利呢?洛克似乎没有给出理想的答案。

孟德斯鸠在《论法的精神》中认为,"一切有权力的人都容易滥用权力,这是万古不易的一条经验。"②人们既然通过"社会契约"而组成了政府,并给予了政府权力,那么政府也就有滥用权力的危险和倾向,一旦政府滥用权力,人们的自然权利就会被肆意践踏和侵犯。因为,当"立法权和行政权集中在同一个人或同一个机关之手,自由便不复存在了;因为人们将要害怕这个国王或议会制定暴虐的法律,并且执行这些法律。……如果司法权同立法权合而为一,则将对公民的生命和自由施行专断的权力,因为法官就是立法者。如果司法权同行政权合而为一,法官便将握有压迫者的力量"。③ 正是基于这种认识和顾虑,孟德斯鸠提出了"三权分立"的理论,即立法权、行政权和司法权分属不同的国家机关行使,国家立法机关行使立法权,行政机关行使行政权,司法机关行使司法权,通过权力限制权力、权力约束权力,实现三个机关权力的彼此制衡,从而使国家权力不会轻易剥夺和限制公民的权利,这样孟德斯鸠就解决了洛克所没有解决的问题。

卢梭对权利的理解有自己的特色。他既主张人的权利来自于自然法,根据自然法每个人都是自由和平等的。他认为,权利不仅是每个人生存的主要

---

① 蓝俏彦:《中国传统司法理念的现代转型》,中南民族大学硕士论文,2007年5月。
② 孟德斯鸠:《论法的精神》(上册),商务印书馆1961年版,第154页。
③ 孟德斯鸠:《论法的精神》(上册),商务印书馆1961年版,第156页。

手段,而且是人的一切能力中最崇高的能力,是人区别于其他动物的主要特点。同时他也主张,为了权利的实现,人们就得签订一个契约,建立社会与政府。不过,卢梭更看重国家的作用,在他看来在这种社会契约中,"每个结合者及其自身的一切权利全部都转让给整个集体"。① 他把国家实质上看做是一个种公意,其代表的是公共利益,不可能侵犯个人权利,因为"公益永远是公正的,而且永远以公共利益为依归"。② 当然,卢梭的这种论点过于绝对,实践中是有害的,因为一个缺乏制约的绝对至上的国家权力(或公意)往往更容易催生专制。③

上述启蒙思想家对权利的深刻阐述,不仅揭示了权利的科学内涵,也说明了随着人类社会的发展在法治理念上由"权利本位"取代"义务本位"的内在规律。张文显教授认为"义务本位法"存在于前资本主义法中,并有其深刻的经济基础、政治背景和伦理支撑。前资本主义是一种自然经济的社会,处于完全封闭的状态之中,在这样的社会中,皇帝握有无限的权力,居于至高无上的地位,口含天宪,言出法随,在这样的社会中,法律必定道德化或宗教化,重伦理轻法理,大量的道德规范或宗教规范被统治阶级的国家化为法律规范,道德原则和宗教信条亦被奉为法的精神。④ 在"义务本位法"的社会中,法的主要作用是社会控制,强调的是一种服从,不平等、不自由是其显著的特征,法律也根本不以平等、自由、民主等作为其价值取向,而仅仅是作为一种统治的工具,是一种镇压公民反抗的工具。"权利本位"是"法以(应当以)权利为其起点、轴心或重点"的简明说法;在整个社会中,社会成员皆为权利主体,都平等地享有各种权利,在权利和义务的关系上,权利是目的,义务是手段,权利是第一性因素,义务是第二性因素,权利是国家通过法律予以承认和保护的利益及权

---

① 卢梭:《社会契约论》,商务印书馆1980年版,第23页。
② 卢梭:《社会契约论》,商务印书馆1980年版,第39页。
③ 蓝俏彦:《中国传统司法理念的现代转型》,中南民族大学硕士论文,2007年5月。
④ 张文显:《从义务本位到权利本位是法的发展规律》,《法学》1990年第3期。

利主体根据法律作出选择以实现其利益的一种能动手段,而义务是国家通过法律规定的,权利相对人应当适应权利主体的合法要求而作为或不作为的约束,即主体的权利通常是通过权利相对人履行义务而实现的。① 可见,"权利本位"强调了两个互相联系的问题:一是根据现代的价值准则,在权利和义务关系中,合乎理解的法律应当以权利而不是以义务作为其本位;二是现代法律应当以对权利的确认和保护为宗旨去设定和分配义务。其实,在实践中,由于权利义务的不同属性和人们对于权利义务的不同心态,从权利本位和义务本位出发得来的法治实践效果也是迥然有别的,因为权利对于其主体具有有利、有益的特性,能够调动权利主体享有权利或者实现权利的主动性与积极性,而与之相反的义务,却不具有权利的这种特性。总之,义务本位和权利本位存在显著的差别,在当今逐步走向法治的社会中,选择权利本位法作为国家治理现代化的法律模式已成必然;从历史发展的角度看,也可以肯定地得出结论:从义务本位到权利本位是现代法治的发展规律。

我们正处于社会主义国家中,社会主义法是以权利为本位的法。这是一种人类最新类型的法,是建立在社会主义生产资料公有制经济基础和民主政治基础之上的法。这种法从本质上应该说反映了公民的平等、自由和民主。这种法也在一定程度上反映了法的一般发展规律,即取代了资本主义的权利本位法而建立了一种新类型的社会主义权利本位法。当然,我们也必须承认,社会主义从确立法的权利本位原则到完善权利本位立法需要一个过程。新中国从成立之初到十一届三中全会以前,尽管确立了法的权利本位原则,但是由于生产力发展比较滞后,封建专制思想一定层面上还严重存在等原因,这种权利本位原则受到了严重冲击乃至取消,国家权力过于膨胀,官僚主义泛滥,个人迷信严重,法律变成了虚无主义,对国家权力的限制和约束起不到应有的作用。只是到十一届三中全会以后,这种现象才有了根本的改变,社会主义权利

---

① 蓝俏彦:《中国传统司法理念的现代转型》,中南民族大学硕士论文,2007年5月。

本位原则法重新确立,并积极地加以贯彻,人民当家作主的意识不断强化,社会主义民主不断深入人心,广大人民群众的自主性、自由权利和尊严不断得到充分反映和实现。当然,我们还有很长的路要走,这就要求我们应当考察法从义务本位到权利本位的规律,探索社会主义权利本位价值,不断完善权利理论。①

(二)法制完备

如果说"权利本位"是生产良法者必须秉持的思想基础,则"法制完备"就是生产良法者必须塑造的躯体架构。法制完备是指一个国家法律体系的健全、完善、规范、系统、协调和统一。

法制完备的意义主要表现在:首先,法律制度是法治的基础,完备的法律制度是法治建设的重要先决条件。无论是"权利本位"思想由应然法的逻辑存在走向实然法的客观实践,还是纷繁复杂的社会矛盾通过规范路径的有效化解,其共同的前提都是要以客观存在的、切实可行的法律制度为条件,即"有法可依",否则一切都会沦为空谈。其次,法制完备是法治国家的重要标志,是法治国家建设的首要目标。形式必须为内容服务,同时内容有赖于形式表达。法治国家建设是社会实践,实践是具体的、生动的,法治国家建设的结果必须通过法律制度的制定和运行才能得以体现、才能具体完善,尤其在法治处于起步的国家和领域,法制完备不仅是基础工作、也是实现其他法治目标的首要目标。

法制完备包括两个方面,即形式意义上的完备和实质意义上的完备。

法制完备首先是指形式意义上的完备,即法律制度的类别齐全、规范系统、内在统一。要建立一个门类齐全、结构严谨、内部和谐、体例科学的法律体系,做到上下(上位法与下位法)、左右(此部门法与彼部门法)、前后(前法与

---

① 转引自法的权利本位与义务本位,中国法院网(www.chinacourt.org/article/detail/2004/08/id/128092.shtml),2004年8月11日。

后法)、内外(国内法与国际法)彼此之间统一、协调,不相互矛盾和彼此脱节。形式意义上的完备看上去是文本与文本之间的统一与协调,实质上要求的是法治理念、立法宗旨的统一与坚持。

实质意义上的完备则指法律制度适应社会发展的需要,符合社会发展的客观规律,同时体现公平正义的价值要求。美国法学家霍姆斯认为:法律的生命不是逻辑而是经验。① 而经验是丰富多彩的,所以法律制度也应是五彩斑斓的。实质上任何一个国家的法律制度都不可避免地打上这个国家历史传统与现实国情等的烙印,即便是英美法系中的英国和美国的法治也不例外:英国至今没有一部成文的宪法,而美国诞生了世界上第一部成文宪法。当然,无论法律制度因为适应社会发展的需要而变得怎样精彩纷呈,但有一点是所有法律制度追求自身完备都必须遵循的基本准则,那就是必须符合社会发展的客观规律和公平正义的价值追求。实施依法治国、建设社会主义法治国家,所要求的法制完备,既是形式上完备的法律体系,又是适应我国社会发展需要、符合社会发展客观规律和公平正义价值追求的法律制度。为了达到这样的法治目标,实现法制完备就必须认真制定和实施立法规划,坚持科学立法、民主立法,提高立法质量。

二、落实良法

"徒法不足以自行",中共十八届四中全会指出:法律的生命力在于实施,法律的权威也在于实施。法律的实施不仅是一个理论问题,更是一个实践问题。法治发展的历程显示,良法的颁布未必产生预期的善治,因为文本性制度到实践性结果之间存在着复杂的机制的、主体的等变量因素的作用,从而使结果的优劣存在变数。从机制上讲,有执法主体和执法对象,实质对应的是权力与权利的关系;从主体上讲,有全面守法和个体守法,都包含有外在与内在的

---

① [美]霍姆斯:《普通法》,冉昊、姚中秋译,中国政法大学出版社2006年版,第72页。

成分。在推进法治建设由不成熟走向成熟的过程中,在机制层面上起关键作用的应该是权力制约,在主体层面上处主导地位的应该是全面守法。

(一)权力制约

权力制约原则是指国家权力的各部分之间相互监督、彼此牵制,同时国家权力接受公民权利的监督和约束,以保障公民权利的原则。可见,权力制约既包括国家权力对国家权力的制约,也包括公民权利对国家权力的制约。权力制约之所以是现代法治的基本原则,主要决定于现代法治的逻辑起点和基本内涵。尽管导致现代法治产生的根本原因是商品经济的普遍化发展,但从政治的层面而言,则是国家权力所有者的转换。也就是说当国家权力从过去由少数人所有转变为至少在形式上由多数人所有,亦即人民主权出现后,由于各种主客观原因,导致国家权力的所有者与国家权力的行使者相互分离。① 为了保障国家权力所有者应有的地位和作用,并使这种保障机制具有足够的权威,确认权力制约权力、权利制约权力的现代法治理念和机制也就应运而生。就现代法治的基本内涵来说,不仅保障公民权利始终处于核心、主导地位,而且对国家权力不同部分之间的制约机制也有明确建立。在资本主义国家的法治实践中,权力制约原则主要表现为分权原则;在社会主义国家的法治实践中,权力制约原则主要表现为监督原则。②

国家权力必须得到制约这一理念已经被现代社会普遍接受,但不同的制约机制产生的实践效果是存在差别的,所以,在当下从实践层面完善权力制约机制是实现公民权利有效保障的关键。从权力制约的实践看,最普遍、最主要的有分权机制和监督机制两种。分权机制是指把国家权力分为几部分,分别由几个国家机关独立行使,而且这几个国家机关在行使权力的过程中,保持一种互相牵制和互相平衡的关系。分权机制以近代分权思想为基础,它为资产阶级

---

① 郭勇平:《弘扬宪法精神推进和谐税收执法》,《税收经济研究》2012年第6期。
② 转引自2011司法考试教材—宪法,互联网文档资源(http://www.docin.com)。

革命以后建立资产阶级民主制度以代替封建专制制度提供了实践模式。1787年美国宪法就按照典型的分权原则,确立了国家的政权体制。法国《人权宣言》则称:"凡权利无保障和分权未确立的社会,就没有宪法"。受美、法等国的影响,各资本主义国家的宪法均以不同形式确认了分权原则、建立了分权机制。从资本主义各国政治实践看,分权机制对于确立和巩固资产阶级民主制度起了非常重要的作用。随着资本主义国家行政权的日益扩大和立法权的日益缩小,分权机制也正在日益发生转变。监督机制是由第一个无产阶级专政政权巴黎公社所首创的,在社会主义国家得到了较普遍的实践。马克思指出:公社是由巴黎各区普选选出的城市代表组成的。这些代表对选民负责,随时可以撤换。恩格斯也指出:公社一开始就宣布它自己所有的代表和官吏毫不例外地可以随时撤换,来保证自己有可能防范他们。我国现行宪法就有监督机制的相关规定,"全国人民代表大会和地方各级人民代表大会都由民主选举产生,对人民负责,受人民监督","国家行政机关、审判机关、检察机关都由人民代表大会产生,对它负责,受它监督","中华人民共和国公民对于任何国家机关和国家工作人员,有提出批评和建议的权利"、"人民法院、人民检察院和公安机关办理刑事案件,应当分工负责,互相配合,互相制约,以保证准确有效地执行法律",等等。尽管如此,但由于监督理念,特别是监督机制还有待加强,因此,在社会主义国家的法治实践中,权力制约原则的贯彻落实还有许多工作可做。①

  无论是分权机制还是监督机制,其共同的目标都是使国家权力的行使不能背离其合法存在的初衷,因为"一切有权力的人都容易滥用权力,这是万古不易的一条经验。有权力的人们使用权力一直到遇有界限的地方才休止"。②这个权力的界限如何划定和有效遵守,通过现代国家治理的长期实践表明,这既离不开分权、也离不开监督,关键是对分权和监督的主体、范围和运作的侧重点或者说最佳效用范畴应该有一个更加切合实际、更加富有理性的分析和

---

① 转引自2011司法考试教材—宪法,互联网文档资源(http://www.docin.com)。
② 孟德斯鸠:《论法的精神》(上册),商务印书馆1961年版,第114页。

设计。随着社会的进一步发展,公权与私权的界限和运行方式也进一步趋于分化,无论从制度乃至法律的界定还是现实生活中无处不在的表现,这都是一个再明晰不过的事实,否则现代复杂社会中的复杂利益调整和平衡就失去了基本的逻辑理路和操作标准,社会混乱就不可避免。从权力制约的角度来说,分权与监督因为其制约性质和运作路径的不同,其主体范围和机制构建也必然有所不同。公权是一种国家强制力予以保证实施的权力,体现的是集体的、组织的行为,运作起来刚性、程序性较强而灵活性、覆盖度较弱,且有强大的自我保护能力,所以通过公权达到权力制约的目的,最有效的方式应该是分权,使不同部门拥有的公权力之间相互分立、彼此制衡,借助势均力敌而达到平等博弈和理性用权的效果,在宏观上构建起权力制约的网络架构,使权力滥用在整体上有一个坚实的制约机制。私权(主要是公民权利)是一种受法律认可的依赖公权得以保障的权利,体现的是个体的、自我的行为,[①]运作起来灵活性、覆盖度较强而刚性、程序性较弱,且缺乏有力的自我保护能力,所以通过私权达到权力制约的目的,最有效的方式应该是监督,赋予广大的私权利主体以充分的、有效的监督路径,建立切实的私权监督保护机制,使无处不在、无时不在的私权利主体通过丰富的监督路径对公权的行使进行全天候的监督,在微观上造就出权力制约的"人民战争",使权力滥用在时空上有一个坚实的制约基础。以上分析可以得出,分权机制和监督机制作为加强权力制约的两种重要手段,是可以同时存在、共同作用的,从性质和效果看,要实现公权力对公权力的制约更应该强调分权机制,而要达到私权利对公权力的制约更应该强调监督机制。

(二)全面守法

全面守法从广义上说应该包括立法者依法立法、执法者依法执法、司法者依法司法、全社会依法办事,狭义上的全面守法更多指的是全民守法,本文是

[①] 张华民:《现代法治视域下良法善治的基本要求及其在我国的实现》,《南京社会科学》2018年第5期。

第一章 现代法治主义的理论范式

从广义上理解的。所以,全面守法从守法的领域看可以分为公权守法、私权守法,从守法的主体看可以分为组织守法、个人守法,从守法的缘由看可以分为外在守法、内在守法。当然这些范畴的分别并非绝对的,但无论哪种形式的守法,在法治实践中其共同的准则都是"有法可依、有法必依"。

公权守法与私权守法。"对于公权力,法不授权即禁止;对于私权利,法不禁止即自由"。公权守法指的是拥有公权力的机关或个人在行使公权力时必须严格依据法律规定;私权守法指的是拥有私权利的单位或个人在享有私权利时不得违反法律的明确规定。公权依于私权而生、私权依于公权而存,本质上说,公权守法与私权守法应该是相互作用、相互促进的良性互动关系。但在人类发展的已有历史过程中,公权与私权的关系中公权居于优势地位一直是国家结构的主导性表现,尽管现代社会的发展使私权意识和私权保护有了长足的进步,但无处不在、无时不在的以人为运行载体的公权再加之国家强制的属性,从而使公权的傲慢甚至狂妄及其可能带来的灾难也无处不在、无时不在,所以从这个意义上说,现代法治的重心依然是限制公权力、保护私权利。我国是一个封建专制历史漫长、集权文化影响深远的国家,"官本位"思想根深蒂固,表现在守法的示范力上,"官员"守法的示范效果要远远大于普通民众的示范效果,"官府"守法的示范效果也远远大于社会组织的示范效果,因此,尽管公权守法与私权守法是相互作用、相互促进的,但在我国推进全面守法过程中尤其要突出:公权守法是关键,私权守法是基础,以公权守法推动私权守法。

组织守法与个人守法。组织守法指的是由多人组成的社会组织体在从事一切事务时都必须严格依法办事;个人守法指的是公民个人在从事一切事务时都不得违反法律的明确规定。尽管组织是由个人组成的,个人守法是组织守法的基础,而且组织守法与个人守法是相互作用、相互促进的,但组织的利益趋向并非是每一个个人的利益需求的简单叠加,所以有时候个人守法并不必然导致组织相应守法,尤其在法治尚未成熟的社会。另外,从推进法治建设的社会效应看,一般情况下,组织的集体性和开放性使组织守法比个人守法产生的正面社会效应无论在关注度还是在关注面上都要大得多。我国当下正处在全面依法治国的阶段，法治相对不成熟，所以在我们承认组织守法与个人守法相互作用、相互促进的同时尤其要突出：组织守法是关键，个人守法是基础，以组织守法推动个人守法。

外在守法与内在守法。外在守法指的是公民个人主要是基于对法律的强制性规定而被动地遵守法律；内在守法指的是公民个人主要是基于对法律规范内容与价值的认可而主动地遵守法律。外在守法和内在守法在公民个体身上的体现往往并不是绝对分开的，可以说外在守法与内在守法也具有相互作用、相互促进的关系。但在不同的法治实践环境中，外在守法与内在守法表现的程度和范围是有差别的，这主要取决于三个因素：法律本身的"良""恶"、个人的法治素养、国家强制力的大小。如果考虑到现代良法内涵的相对确定性和现代法治素养高的标准的相对确定性，以及恶法内涵的不确定性和法治素养低的标准的不确定性，要形成全面守法的局面，应该面临以下多种选择：良法的实践环境，个人法治素养越高，内在守法越盛行，国家强制力影响越小；良法的实践环境，个人法治素养越低，外在守法越盛行，国家强制力影响越大；恶法的实践环境，个人法治素养越高，外在守法越盛行，国家强制力影响越大；恶法的实践环境，个人法治素养越越低，外在守法越盛行（因为恶法的内涵与法治素养低的标准都具有不确定性，二者很难契合以造就内心认同的内在守法），国家强制力影响越大。我国当前的法治建设，无论从法律本身性质还是从公民个人素质来看，都处在由不完善走向完善的阶段，在这个阶段中不能忽视国家强制力的作用、不能否定外在守法存在的必然性和重要性。所以针对推进全面守法来说，我们在看到外在守法与内在守法相互作用、相互促进的同时尤其要突出：外在守法是关键，内在守法是基础，以外在守法推动内在守法。

可见，全面守法是由多方面、多层次的因素共同作用的结果，在不同的国度、不同的时段其实现的因素和效果都会有显著的差别，所以根据不同国情、采取不同方式去务实推进才能取得全面守法的理想效果。

综上所述,法治主义的现代要求主要包括两个方面:生产良法和落实良法。真正做到生产良法就必须践行权利本位、法制完备的理念,真正做到落实良法就必须践行权力制约、全面守法的理念。若用一坐标来表示法治主义的现代要求,如图7所示。

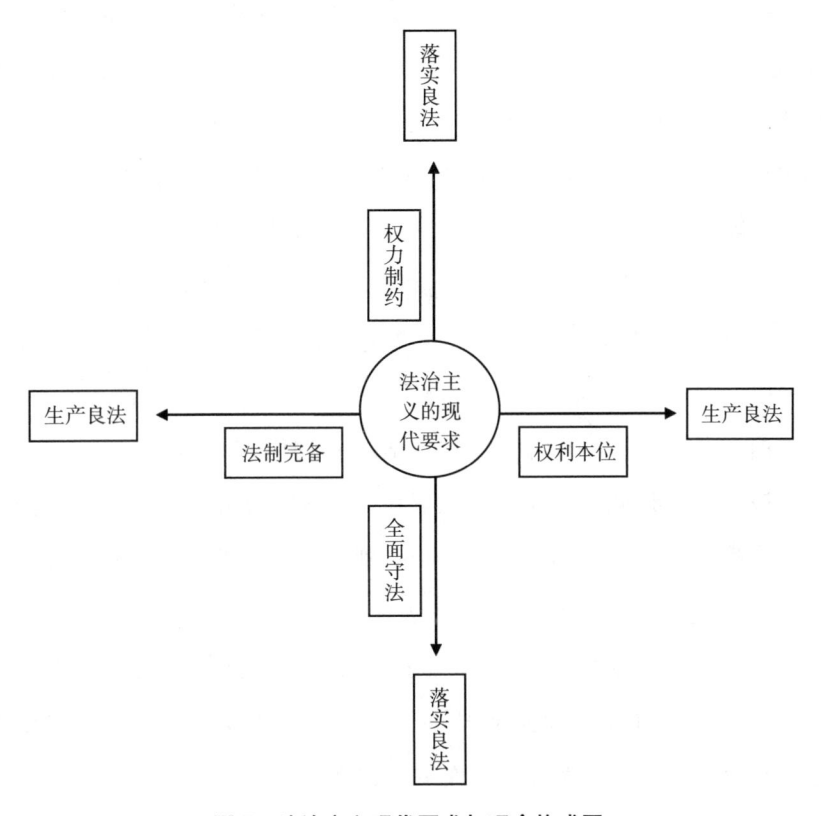

图7 法治主义现代要求与理念构成图

第三节 我国国情下的法治主义理论范式

一、法治主义与我国社会主义法治的内在一致性

在当今中国社会,"法治"这个词对每个人来说应该是既熟悉又陌生。说

熟悉是因为自从中国共产党第十五次全国代表大会提出"依法治国、建设社会主义法治国家"这一党领导人民治理国家的基本方略以来，不仅从文字上大家原来所习惯的"法制"已主导性地被"法治"所取代，而且大家对"法制"与"法治"的联系与区别也在一番辨析之后有了更多的领悟，再加之文件、媒体、书籍、影视等对"法治"的载播和展演，大家不可谓不熟悉；说陌生是因为现代"法治"说到底是个西方舶来品，而中国是一个有着数千年封建专制历史再加之一段计划经济时代的国度，不是西方式"法治"的天然领地，所以大家若简单地用对"法治"的西方式理解去对照"法治"的中国式实践，往往会有不合拍、不顺畅的印象，甚至产生疑惑，于是对身边的"法治"又有了陌生的感觉。其实这是一个理论如何联系实际的问题，解决这一问题的前提是要寻找到一个既能反映实践需要又能指导实践进步的理论。对"法治"的理解就成为解决以上"熟悉"与"陌生"取得内在统一的前提。

如前文所述，亚里士多德在《政治学》一书中阐明了法治的核心含义，即法治应该包含两重含义：已成立的法律获得普遍的服从，而大家所服从的法律又应该是本身制定得良好的法律。可见，亚里士多德的法治阐释与现代民主社会发展相适应的核心要义就是"良法善治"，这也是现代法治的核心要义，而且与我国社会主义法治的内在要求是一致的。我国《宪法》第一条就规定"社会主义制度是中华人民共和国的根本制度"。社会主义法治的内在要求是必须坚持"党的领导、人民当家作主、依法治国有机统一"。中国共产党在中国的长期执政地位从根本上说是由其"先进性"决定的，而此"先进性"的最核心内容就是党要做到始终代表最广大人民的根本利益；"人民当家作主"是我国一切国家权力的根本依归，其核心要求是真正体现和实现最广大人民的根本利益。可见，党如果始终能够保持其"先进性"，则"党的领导"和"人民当家作主"在根本性上是统一的，统一于"最广大人民的根本利益"。从国家治理的角度看，任何政党再美好的宗旨、任何国家再美好的愿望，都必须通过理性的制度设计和践行才能够变为真正美好的实然所在。党如何始终保持"先进性"从而长期执政为民、"人民当家作主"如何由理念主张变为社会现实？其根本路径就是实行社会主义法治，即具有"先进性"的党领导人民通过人民代表大会这一"人民当家作主"的基本形式制定使最广大人民的根本利益体现其中的宪法法律，即"良法"，再通过党模范执行宪法法律且保证全国人民严格遵守宪法法律，从而使宪法法律所体现的最广大人民的根本利益得到真正实现，即"善治"。可见，我国社会主义法治的内在要求是"良法善治"，充分体现了现代民主社会法治的核心要义。①

2014年10月中国共产党第十八届四中全会的主题就是全面推进依法治国，且审议通过了《中共中央关于全面推进依法治国若干重大问题的决定》，这在中国共产党的历史上是第一次，这表明中国共产党把依法治国这一治国理政的基本方式和治理国家的基本方略提高到了一个前所未有的高度。可以说，从国家治理体系和治理能力现代化的角度看，崇尚和践行法治主义是我国现代化建设的必然选择，与我国社会主义民主政治建设是根本一致的。

二、现代中国法治主义理论范式研究及现实体现

法治主义的现代要求主要包括两个方面：生产良法和落实良法。在现代社会之所以能够生产良法，是因为现代社会在思想上有权利本位理念的指导、在实践上由创制完备法律的机制。在推进法治建设由不成熟走向成熟的过程中必须落实良法，为了保证良法落实，在机制层面上起关键作用的应该是权力制约，在主体层面上处主导地位的应该是全面守法。所以，在现代中国研究法治主义、践行法治主义、使依法治国成为党治国理政的基本方式和推进国家治理现代化的基本方略，从实践意义上看，最为重要的就是尊重和实现法治主义的现代要求：生产良法和落实良法，把现实中国的传统文化、治国理念及具体国情、既有体制与法治主义的权利本位、法制完备及权力制约、全面守法科学

---

① 张华民：《法治中国建设的科学内涵与实践理路》，《重庆社会科学》2017年第9期。

地结合起来,探寻出对中国特色法治建设有普遍指导意义的理论范式和基此产生的具有实践价值的有效发展路径。

就法治化的进步和成熟的程度来说,生产良法越顺利、落实良法越到位则法治化水平就越高,但就具体法治建设的环境来说法治化水平的高低直接与权利本位、法制完备、权力制约、全面守法这四个维度在现实中的存在状况有密切关系,我国处于过渡时期的法治建设在这四个维度上表现的个性、不确定性和可塑性显得更加突出,因此总结经验、遵循规律、因势利导则会促进跨越,反之脱离实际、片面教条、盲目推进则会贻误时机。就我国来说,分析以下要素存在的现状以及要素与要素之间的关系是理解和促进我国法治进步的重要基础。

(一)要素现状

1. 权利本位中的群体性与个体性

所谓权利本位中的群体性和个体性是就权利本位的主体来源和体现程度而言的。权利本位的群体性就是指群体权利本位理念的强弱,权利本位的个体性就是个体权利本位理念的强弱。就我国历史传统和现实发展来说,尽管权利本位理念在我国改革开放以来有了大幅度提升,但相对来说,总体上我国目前普遍存在的问题依然是权利本位的群体性较强,而权利本位的个体性较弱。

权利本位的群体性较强也就是无论在国家层面还是从个体认识上看对群体权利的充分保护和追求总是显得合理性必然、合法性充足,从而充满信心。而相对来说,无论在国家层面还是从个体自身来说对个体权利的充分保护和追求总是显得有些合理性牵强、合法性不足,从而缺乏底气。这种现状可以从以下几个方面去分析:一是传统文化中的集体主义优先观念的影响。在中国的传统文化中,人被看做是集体中的人,人更多的被看做一个整体对象来研究,并强调这一整体对象对集体的影响及作用;孔子从君主统治出发,主张

"仁者爱人"、"克己复礼",用"礼"来规范民众的行为,漠视民众作为"个体的人"的人性诉求,强调整体国民作为一个"集体"自觉地受统治者的支配,没有自己的诉求,追求个人权利是一种自私,是有道德瑕疵的行为,因而被鄙弃。二是一段时期施行计划体制形成的惯性思维。借鉴苏联模式建立起的权力高度集中的计划体制,为了强化公有制的功能和体现公有制的优越性,将其片面表面化为集体主义,一切个人的、私有的财产都从道义上和制度上予以彻底否定,从而使集体主义观念绝对化、集体主义行为高尚化,个人对权利的诉求基本湮灭在集体主义狂热盛行的大潮中。三是现有国家法律制度的导向性。我国《宪法》对人权的正面确认和对私有财产的明确保护是 2004 年的事,在此之前人权和私有财产在法律规制层面一直是讳莫如深的纠结所在,即便已经入宪但法律保护的意愿和力度也是不尽相同,如对于公共财产和私有财产进行保护的宪法条文的表述分别是"第十二条 社会主义的公共财产神圣不可侵犯"、"第十三条 公民的合法的私有财产不受侵犯","神圣不可侵犯"当然比"不受侵犯"的保护有更大的意愿和力度。

基于我国现实,从我国法治进步的角度看,我们应该在普遍推进和深化权利本位意识的前提下,更加突出权利本位的个体性即个人权利本位意识的加强,这既是现代法治的本质要求也是国家治理现代化的逻辑主线。事实上,我们对权利本位的个体性的认识存在着先验性的偏见,以为权利本位的个体性的提倡就是提倡自私自利、损人利己;我们对于权利本位的个体性与群体性的关系的认识也存在着表面化的误读,以为权利本位的个体性与群体性的关系是天然对立的,是自私与大公、利己与奉献的关系。所以我们会在权利本位的个体性与群体性的认定和判别中裹挟上道德的、甚至是政治的评价。其实,权利本位的个体性不是绝对的,权利本位的群体性也不是天然的,它们是统一于权利本位而相互联系、彼此依存的关系,现代法治正是基于二者良性转化、合力共进而不断获得动力、不断取得进步的。

二者的关系可以理解为:首先,权利本位的个体性不是个体权利的任性,而是制度化的个体性,这里的制度化的内容就是以权利本位的群体性要求为底线的,突破这个底线的任何权利本位的个体性表现都是不能容忍的权利任性的表现,除非法定许可而不受法律保护。其次,权利本位的群体性不是群体垄断的权利,而是充分尊重个体权利基础上的群体权利,是群体里每个个体权利能够得以体现和保护的最大公约数,脱离权利本位的个体性要求而主观臆断或外在强加的所谓群体权利是虚伪的、甚至会沦为专制的借口和工具。所以,制度化基础上的权利本位的个体性和尊重个体权利基础上的权利本位的群体性及其辩证的实践的互存关系是我国法治化建设中认识权利本位必须要厘清的、协调的、运用的概念和范畴。

2. 法制完备中的形式性与实质性

所谓法制完备中的形式性和实质性是就完备的法律制度所包括的内容对多数人的意志和利益体现的程度而言的,表现为法律制度的内容与多数人的意志和利益之间距离的大小。法制完备的形式性是指法律制度的内容没有或难以反映多数人的意志和利益,即内容与多数人的意志和利益之间的距离大,甚至仅仅徒有形式;法制完备的实质性是指法律制度的内容完全或很好地反映了多数人的意志和利益,即内容与多数人的意志和利益之间的距离小,甚至形式与实质完美结合。就我国民主法治建设历史和现实而言,尽管我国的中国特色社会主义法律体系已经形成[①],法律内容在形式和实质上都取得了巨大进步,但相对来说,总体上我国目前突出存在的问题依然是法制完备的形式性较强,而法制完备的实质性较弱。

法制完备的形式性较强是指法律制度在具备现代法治要求的外在形式的同时其内容却没能很好地反映多数人的意志和利益,即相对而言外在形式大于内在实质。从另一个角度说,即法制完备的实质性较弱,法律制度的内容与多数人的意志和利益之间的距离相对较大。造成这种现状的原因,可以从以

---

① 2011年3月10日,吴邦国同志在十一届全国人大四次会议第二次全体会议上宣布:中国特色社会主义法律体系已经形成。

下两方面予以分析：一是我国公民的民主意识还不够成熟。由于我国漫长的封建专制历史和曾经高度集中的计划经济体制，使我国公民长期缺乏基本的公民意识和民主意识，国家结构和社会阶层中自上而下的"命令服从"和自下而上的"惟命是从"的思维模式，虽经过改革开放以来经济社会文化的快速发展的影响而发生了明显的转变，但相对于现代社会公民应具有的民主意识来说仍存在较大的不足，从而使多数人意志和利益的产生缺少厚实的现实土壤，如体制内"等靠要"、社会上"事不关己高高挂起"等现象在相当程度上的普遍存在就是明证。二是我国已有民主机制还不够完善。我国最主要的民主形式就是全国人民代表大会和地方各级人民代表大会，改革开放后我国人大制度虽在不断完善，但在一些重要环节仍存在一些局限，如代表的数量、素质、界别，会期制度、选举制度、专职比例等，这使得通过这种主要民主形式产生体现多数人意志和利益的法律制度的确定性受到一定的影响，从而可能导致法制完备的形式性较强而实质性较弱，2013年湖南衡阳破坏选举案和2016年辽宁拉票贿选案，其影响之大、危害之深远可见一斑。

从我国法治现代化的发展角度看，我们必须大力强化法制完备的实质性，力争使法制完备的形式性与实质性同步完善、同步加强。即便在条件有限的情况下，也要确保法制完备的实质性优先发展，以保证法治化进程的高质量、不偏向。尤其在我国这样一个现代法治发展时间较短、公信较弱、易误解、易走偏的特殊阶段，树立现代法治的公信和权威是法治建设的重中之重，而达此目的的最根本也是最有效的前提就是完善民主机制并通过完善的民主机制产生出体现多数人意志和利益的完备法制，使每个人都能感受到自己就是法治的主人而且法治就是自己权利的保护神，从而为法治发展夯实牢固的社会基础。

其实，完备法制的形式性和实质性并非是对立的，相反从法制的本质构成看二者之间是外在与内在、载体和内容的关系，完备法制的形式性与实质性通过体现多数人意志和利益这一法治根本属性而达到统一，即完备法制的形式性只要是通过民主机制体现多数人的意志和利益而产生的就必然符合完备法制的实质性要求,同样的道理,完备法制的实质性只要与通过民主机制产生的多数人意志和利益相一致则必然要有完备法制的形式性才能得到完美的表达。我国法治现状决定了我们要在通过不断完善我们民主机制的基础上强化完备法制的形式性和实质性并促进二者在体现多数人意志和利益的本质属性上实现统一。

3. 权力制约中的同体性与异体性

所谓权力制约中的同体性与异体性是就权力制约的不同主体所属组织或系统性质的差异性和利益的关联性而言的。权力制约中的同体性是指权力制约的不同主体所属组织或系统的性质相同或相近,利益相似;权力制约中的异体性是指权力制约的不同主体所属组织和系统的性质相异或相斥,利益相异。我国的社会主义性质决定了我国的政权结构具有自身特点,在权力制约方面,总体上来说我国权力制约的同体性较强,而权力制约的异体性较弱。

权力制约的同体性较强是指权力制约的不同主体所处的组织或系统在性质上相一致或相类似的程度较高,彼此利益的趋同性较强;权力制约的异体性较强是指权力制约的不同主体所处的组织或系统在性质上相分立或相对立的程度较高,彼此利益制衡性较强。我国单一制的国家结构和社会主义性质的国家制度,对权力制约的内在含义和实践要求都有深刻的影响,也呈现出鲜明的特色。单一制的国家结构与联邦制的国家结构相比,单一的立法体系、集中的中央政权,使各地方行使的权力来源于中央授权,地方权力的大小完全取决于宪法的规定或中央的授予,各行政区域接受中央政权机关的统一领导,而联邦制中联邦的权力是来源于各成员国的参与,各州或共和国的权力只能在各州或共和国内部行使,所以单一制结构无论是从权力的运行路径还是主体的职能设置看都易于出现权力制约的同体性倾向;我国是中国共产党领导的实行社会主义制度的国家,党的先进性决定了党具有自我完善和自我发展的能力,这就决定了国家公权力在体制内自觉开展相互制约的可能性,表现在权力制约的构成上就更倾向于通过内部不同机构职能的设置来实现,即权力制约的同体性较强。

在我国现有体制下,当下的权力制约机制在国家发展过程中发挥了积极作用的同时确实也存在一些不足,所以基于国情和成功经验,我国应该在完善权力制约的同体性的基础上进一步优化和强化权力制约的异体性,因为我们的权力制约的同体性之所以能取得有效的积极作用,非常重要的一个因素就是我们大量的党员干部具有先进性、发挥着先锋模范作用,基于使命和职责把权力制约认真履行到位。然而并不能以此得出所有的党政领导干部和行使公权力的公职人员都具有应有的理想信念和职业道德操守,当有利害关联且利益趋同的权力制约者之间使同体性的权力制约失去效果甚至使制约机制形同虚设的时候,我们必须寻求有力、有效的权力制约机制以弥补这种权力制约的真空状态,而经过现代诸多国家权力运行实践证明这种机制主要就是异体性的权力制约。异体性的权力制约不仅因为突破了同体的范围所限而使制约的主体在范围和数量上大大增加,而且异体制约的主体之间因为利益的趋同性相对较弱而使利益分配的制衡性相对增强,从而易于强化权力制约的愿望和力度,产生较好的效果。

其实,权力制约的同体性和异体性的划分本身就是相对的,因为权力制约的主体所在组织或系统的性质的差异性、利益的关联度都是相对的,如:可以说一个行政单位内部部门之间的权力制约相对于整个政府系统内部不同机构之间的权力制约来说,前者是同体性的,后者是异体性的;而政府系统内部不同机构之间的权力制约相对于政府、立法、司法三者之间的权力制约来说,前者又是同体性的,后者是异体性的。所以认为有绝对的同体和异体是不科学的,我国在推进权力制约法治化进程中更重要的就是在完善权力制约的同体性的基础上进一步优化和强化权力制约的异体性。

4. 全面守法中的被动性与主动性

这里的全面守法是作广义理解的,是指一切主体对所有法律的遵循,包括私主体和公主体、私领域和公领域,还包括立法、执法、司法、狭义守法的全过程。全面守法中的被动性与主动性是就守法主体对自身守法行为所持的心理动机而言的。全面守法中的被动性是指全面守法中的守法主体在自身守法的过程中驱使守法行为进行的外在客观压力大于内在主观愿望的程度;全面守法中的主动性是指全面守法中的守法主体在自身守法的过程中驱使守法行为进行的内在主观愿望大于外在客观压力的程度。我国现代法治发展的时间相对较短,法治意识和法治思维在不断发展成熟中,在全面守法方面,我国守法者已由被动向主动转变,但总体上来说我国全面守法的被动性较强,而全面守法的主动性较弱。

全面守法的被动性较强是指全面守法中的守法主体在自身守法的过程中驱使守法行为进行的外在客观压力大于内在主观愿望的程度比较高或完全出于外在压力;全面守法中的主动性较弱是指全面守法中的守法主体在自身守法的过程中驱使守法行为进行的内在主观愿望小于外在客观压力的程度比较高,甚至是完全违背自身意志的。这种现象的出现,原因是多方面的。一是我国长期封建专制的历史中并不缺少法律,但这些法律不是通过现代民主形式产生的代表多数人意志和利益的法,而是代表封建专制君主的意志和利益的法,于是长期盲目或违心的守法行为使普通百姓感到法律对自己来说并不是什么好东西,抵触或抗争的心理长期存在以致延伸为对现代法治的狐疑,所以现代法治意识和法治思维包括主动守法的观念长期难以根植。二是我国产生体现多数人意志和利益的现代法的现有民主机制还有待进一步发展和完善,包括立法者产生过程的民意性、立法者议政表达的民意性都有很大的提升空间,这个空间的大小影响着全面守法被动性和主动性的强弱,空间越大则被动性越强、主动性越弱,空间越小则被动性越弱、主动性越强。三是公权执法的严肃性还有待提高,不能因为历史的、善意的原因就随意越法调整执法行为,可以说一切形式的选择性执法、变通性执法都会影响执法的权威性,从而影响法治的公信力,进而影响全面守法的被动性和主动性。

第一章 现代法治主义的理论范式

经过改革开放后现代法治建设的不断推进,我国全面守法正在由被动性向主动性转变,这是一个较长的法治进步过程,当然掌握规律、抓住机遇则可以促进这一过程,从而有效改变全面守法的被动性较强而主动性较弱的现状。在我国当下,尤其要突出以下两个方面:一是通过现代法治实践来促进守法者由被动守法向主动守法转变,提高守法的主动性。法治宣传教育对现代法治意识的形成和培养有重要的意义,但在我国当下,由于改革开放后我国现代教育理念和体系的迅速发展,人们从知识层面接受现代法治意识的渠道和方式很多,从而使现代法治意识的知识性储备并不缺乏。之所以基于现代法治意识的守法主动性仍有所不足,其关键原因在于我们的现代法治实践存在着一些缺陷,有些实践甚至与现代法治要求背道而驰,如辽宁人大贿选案、呼格吉勒图案、一些拆迁恶性事件等,这些案件曾动摇人们对我国现代法治建设的信心,摧损部分人守法的主动性,所以当下我国提高守法主动性最主要的就是通过大量的以完善民主机制产生体现多数人意志和利益的法律并使之严格遵行的法治实践来实现。二是以公权守法促进私权守法从而增强全面守法的主动性。我国的现有国情下,公权相对私权来说在地位上仍具有明显的优势性,这也决定了公权守法的示范效应比私权守法要大得多,所以在我国推进全面守法的过程中,全民守法是基础,官员守法是关键,以党员干部守法推进全民守法,进而增强全面守法的主动性。

当然,全面守法的被动性和主动性也是相对的。全面守法是通过一个个守法的个体来实现的,对于一个个体来说,在一个领域守法是被动的并不代表在另一个领域守法也是被动的,有时正好相反;在一个时间段是被动的并不代表在另一个时间段也是被动的,有时也正好相反。在个体与集体之间,个体守法是被动的并不代表集体守法也是被动的,有时正好相反,因为尽管个体守法是集体守法的基础,但集体守法的动机表现是多数个体守法动机表现的体现,而不是单个个体守法动机的表现。从这个意义上看,促进全面守法的被动性向主动性转变,就是要在不同领域、不同时间段都要增强个体守法的主动性,并以此为基础促进集体中的多数人主动守法,从而实现全面守法的主动性的提高。①

(二)要素联系

在我国法治化建设过程中,生产良法越顺利、落实良法越到位则法治化水平就越高,可以说生产良法和落实良法构成了法治化进程的两个中心轴线,而权利本位、法制完备是构成生产良法这根中轴线的两个基本要素,权力制约、全面守法是构成落实良法这根中轴线的两个基本要素。要使法治化进程健康顺利发展,除了要处理好每根中轴线内部要素之间的关系外,还要处理好构成两根中轴线的四个基本要素之间的关系,这在保障法治化进程协调发展上发挥着更为重要的作用,尤其在我国这样一个二十年前就已经将依法治国确定为治理国家的基本方略,即对生产良法、落实良法已经形成共识的情况下,如何认识和把握生产良法中的权利本位、法制完备与落实良法中的权力制约、全面守法这四个基本要素横向之间相互适应和促进的关系就显得尤为重要。以下就其关系进行分析,结合法治实践、厘清关键路径。

1. 权利本位与权力制约

从推进法治化进程层面看,权利本位与权力制约之间的关系总体是相互促进、合力推进的关系。尽管从性质上讲权利是权力的基础、权力是权利的保障,但从权利本位和权力制约的角度讲:首先二者是相互促进的关系,即权利本位意识越强,权力制约效果越好。从一定意义上说,权利本位思想的发展壮大正是基于权力制约实践的现实需要,如英国《权利法案》的产生,同时权力制约效果的真正显现根本依赖于权利本位实践的民主机制,如代议制及权力分立。其次二者是合力推进的关系,即权利本位与权力制约对法治化进程的推进作用是通过二者的合力来实现的。权利本位的影响因素和权力制约的影

---

① 张华民:《现代法治视域下良法善治的基本要求及其在我国的实现》,《南京社会科学》2018年第5期。

响因素都很多,有积极的、消极的,正向的、反向的,等等,而权利本位与权力制约结合起来对法治化进程的推进作用决定于诸多因素作用的合力,在特定环境下,优化构成合力的最重要的正向影响因素的联动关系就是这一领域促进法治化进程的关键路径。

联系我国法治化进程现状,从权力本位的群体性和个体性与权力制约的同体性和异体性之间关系看,权利本位与权力制约合力推进法治化进程的关键路径是进一步优化权利本位的个体性与权力制约的异体性及其联动关系。在上述"要素现状"的分析中已经阐明,就权利本位两因素,总体上我国目前普遍存在的问题依然是权利本位的群体性较强,而权利本位的个体性较弱;就权力制约两因素,总体上来说我国权力制约的同体性较强,而权力制约的异体性较弱。就权利本位与权力制约的联动关系来看,存在四种关联:权利本位的群体性较强与权力制约的同体性较强的关联、权利本位的群体性较强与权力制约的异体性较弱的关联、权利本位的个体性较弱与权力制约的同体性较强的关联、权利本位的个体性较弱与权力制约的异体性较弱的关联,即存在"较强+较强"、"较强+较弱"、"较弱+较强"、"较弱+较弱"四种关联,按照木桶效应的原理,我们在强调完善每个因素及其关联的同时,最重要的是加快补短板即重点优化"较弱+较弱"这对要素及其关联,因为只有补齐这块短板才能整体提升我国法治化建设的水平,所以当前从权力本位的群体性和个体性与权力制约的同体性和异体性之间关系看,权利本位与权力制约合力推进法治化进程的关键路径是进一步优化权利本位的个体性与权力制约的异体性及其联动关系,如图 8 所示。

2. 权利本位与全面守法

从法治化进程看,权利本位与全面守法之间的关系总体上是相互促进、合力推进的关系。首先,权利本位与全面守法二者之间是相互促进的关系,即权利本位意识越强、全面守法效果越好。不过,这种相互促进的关系是以权利本位基础上通过民主机制产生的良法为条件的,因为权利本位有利于催生民主

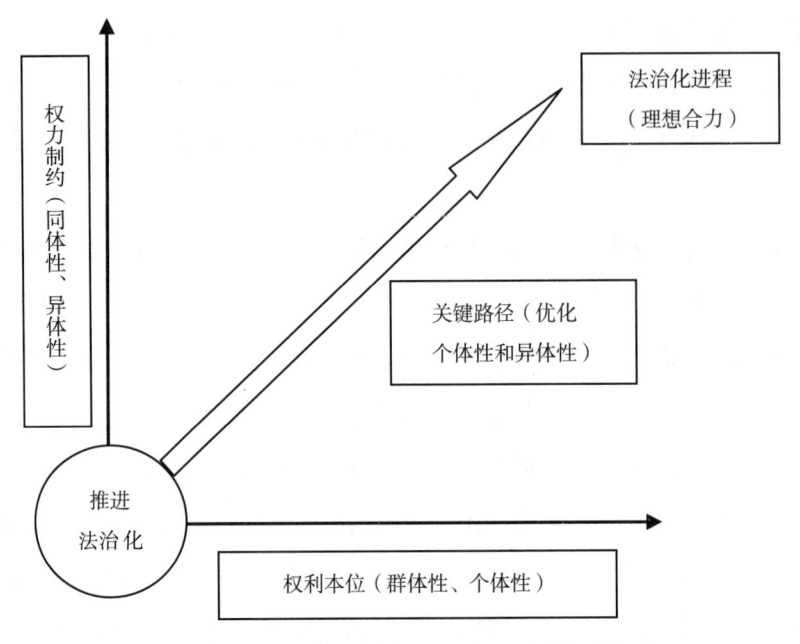

图 8 通过权利本位与权力制约推进法治化路径图

机制,民主机制能够产生良法,良法体现权利从而促进权利者自觉遵守;同时,全面遵守良法会促进社会稳定有序,有利于民主机制成熟完善,从而使公民权利得到有力保障、权利意识得到不到提升。其次,权利本位与全面守法二者是合力推进的关系,即权利本位与全面守法对法治化进程的推进作用是通过二者的合力来实现的。权利本位的影响因素和全面守法的影响因素都很多,有积极的、消极的,正向的、反向的等,而权利本位与全面守法结合起来对法治化进程的推进作用决定于诸多因素作用的合力,在特定环境下,优化构成合力的最重要的正向影响因素的联动关系就是这一领域促进法治化进程的关键路径。

联系我国法治化进程现状,从权力本位的群体性和个体性与全面守法的被动性和主动性之间关系看,权利本位与全面守法合力推进法治化进程的关键路径是进一步优化权利本位的个体性与全面守法的主动性及其联动关系。在上述"要素现状"的分析中已经阐明,就权利本位两因素,总体上我国目前普遍存在的问题依然是权利本位的群体性较强,而权利本位的个体性较弱;就全面守法两因素,总体上来说我国全面守法的被动性较强,而全面守法的主动性较弱。就权利本位与全面守法的联动关系来看,存在四种关联:权利本位的群体性较强与全面守法的被动性较强的关联、权利本位的群体性较强与全面守法的主动性较弱的关联、权利本位的个体性较弱与全面守法的被动性较强的关联、权利本位的个体性较弱与全面守法的主动性较弱的关联,即存在"较强+较强"、"较强+较弱"、"较弱+较强"、"较弱+较弱"四种关联,按照木桶效应的原理,我们在强调完善每个因素及其关联的同时,最重要的是加快补短板即重点优化"较弱+较弱"这对要素及其关联,所以当前从权力本位的群体性和个体性与全面守法的被动性和主动性之间关系看,权利本位与全面守法合力推进法治化进程的关键路径是进一步优化权利本位的个体性与全面守法的主动性及其联动关系,如图9所示。

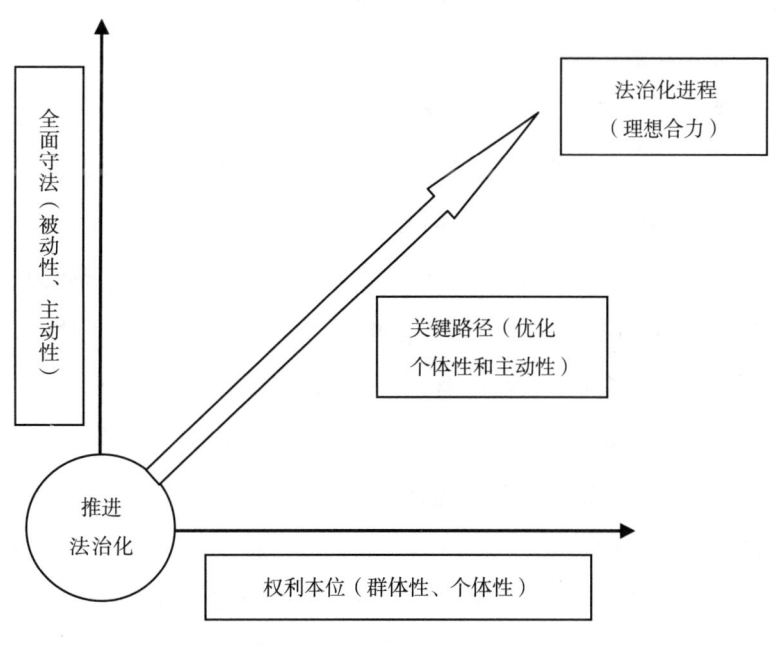

图9 通过权利本位与全面守法推进法治化路径图

3. 法制完备与权力制约

在推进法治化进程中,法制完备与权力制约之间的关系是相互促进、合力推进的关系。首先,法制完备与权力制约二者之间是相互促进的关系,即法制完备程度越高、权力制约效果越好。法制完备是权力得以制约的前提条件,权力制约是法制得以完备的保证,而且在现代民主法治环境下,法制完备的核心是良法完备,权力制约的关键是力量制衡,良法越完备则民意越充分,必然促进源于民意的公权力量的制衡,同时,公权力量越制衡越有利于民意的发挥,从而促进良法的完善。其次,法制完备与权力制约二者是合力推进的关系,即法制完备与权力制约对法治化进程的推进作用是通过二者的合力来实现的。法制完备的影响因素和权力制约的影响因素都很多,有积极的、消极的,正向的、反向的等,而法制完备与权力制约结合起来对法治化进程的推进作用决定于诸多因素作用的合力,在特定环境下,优化构成合力的最重要的正向影响因素的联动关系就是这一领域促进法治化进程的关键路径。

基于我国法治化进程现状,从法制完备的形式性和实质性与权力制约的同体性和异体性之间关系看,法制完备与权力制约合力推进法治化进程的关键路径是进一步优化法制完备的实质性与权力制约的异体性及其联动关系。在上述"要素现状"的分析中已经阐明,就法制完备两因素,总体上我国目前普遍存在的问题依然是法制完备的形式性较强,而实质性较弱;就权力制约两因素,总体上来说我国权力制约的同体性较强,而异体性较弱。就法制完备与权力制约的联动关系来看,存在四种关联:法制完备的形式性较强与权力制约的同体性较强的关联、法制完备的形式性较强与权力制约的异体性较弱的关联、法制完备的实质性较弱与权力制约的同体性较强的关联、法制完备的实质性较弱与权力制约的异体性较弱的关联,即存在"较强+较强"、"较强+较弱"、"较弱+较强"、"较弱+较弱"四种关联,按照木桶效应的原理,我们在强调完善每个因素及其关联的同时,最重要的是加快补短板即重点优化"较弱+较弱"这对要素及其关联,所以当前从法制完备的形式性和实质性与权力制约的同体性和异体性之间关系看,法制完备与权力制约合力推进法治化进程的关键路径是进一步优化法制完备的实质性与权力制约的异体性及其联动关系,如图10所示。

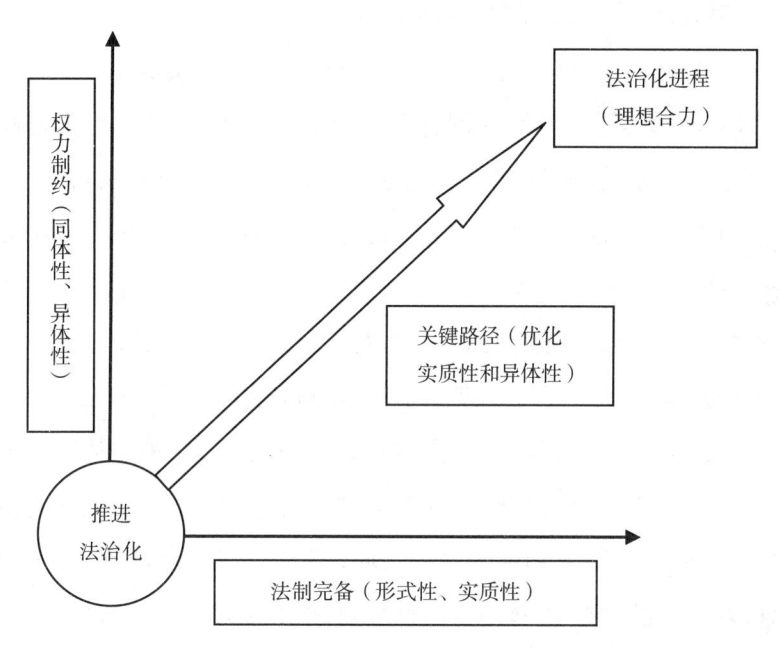

图10 通过法制完备与权力制约推进法治化路径图

4. 法制完备与全面守法

"有法可依、有法必依"是实行法治的应有之义,在推进法治化进程中,法制完备与全面守法之间的关系是相互促进、合力推进的关系。首先,法制完备与全面守法二者之间是相互促进的关系,即法制完备程度越高、全面守法效果越好。虽说法制完备是全面守法的基本前提,全面守法是法制完备的目标追求,但二者在法治化进程中必然的相互促进的关系是建立在民主产生良法的基础上的,因为良法充分体现权利,从而使权利主体能够甚至自觉去遵照执行,促进全面守法,同时,权利主体对法律的严格遵守会有力提升法律的权威性,促进法制完备。其次,法制完备与全面守法二者是合力推进的关系,即法制完备与全面守法对法治化进程的推进作用是通过二者的合力来实现的。法制完备的影响因素和全面守法的影响因素都很多,有积极的、消极的,正向的、反向的等,而法制完备与全面守法结合起来对法治化进程的推进作用决定于诸多因素作用的合力,在特定环境下,优化构成合力的最重要的正向影响因素的联动关系就是这一领域促进法治化进程的关键路径。

基于我国法治化进程现状,从法制完备的形式性和实质性与全面守法的被动性和主动性之间关系看,法制完备与全面守法合力推进法治化进程的关键路径是进一步优化法制完备的实质性与全面守法的主动性及其联动关系。在上述"要素现状"的分析中已经阐明,就法制完备两因素,总体上我国目前普遍存在的问题依然是法制完备的形式性较强,而实质性较弱;就全面守法两因素,总体上来说我国全面守法的被动性较强,而主动性较弱。就法制完备与全面守法的联动关系来看,存在四种关联:法制完备的形式性较强与全面守法的被动性较强的关联、法制完备的形式性较强与全面守法的主动性较弱的关联、法制完备的实质性较弱与全面守法的被动性较强的关联、法制完备的实质性较弱与全面守法的主动性较弱的关联,即存在"较强+较强"、"较强+较弱"、"较弱+较强"、"较弱+较弱"四种关联,按照木桶效应的原理,我们在强调完善每个因素及其关联的同时,最重要的是加快补短板即重点优化"较弱+较弱"这对要素及其关联,所以当前从法制完备的形式性和实质性与全面守法的被动性和主动性之间关系看,法制完备与权力制约合力推进法治化进程的关键路径是进一步优化法制完备的实质性与全面守法的主动性及其联动关系,如图11所示。

(三)理论研究范式

综上所述,现代法治主义的核心要义是良法善治,现代法治主义的基本要求是生产良法和落实良法,生产良法离不开两个基本要素:权利本位、法制完备,落实良法也离不开两个基本要素:权力制约、全面守法,而为了使法治理论与法治化实践结合起来,我们在分析法治主义的基本要求和构成基本要求的

第一章 现代法治主义的理论范式

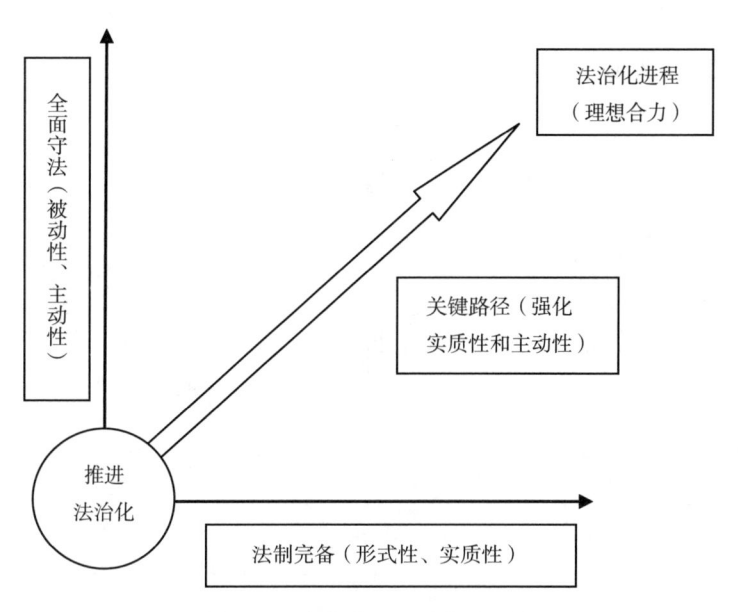

图 11　通过法制完备与全面守法推进法治化路径图

基本要素的同时,必须结合我国法治实践深入分析基本要素的基本属性,也就是影响基本要素的基本因素:权利本位中的群体性与个体性、法制完备中的形式性与实质性、权力制约中的同体性与异体性、全面守法中的被动性与主动性。在当下,基本要素和构成基本要素的基本因素的自身发展及其相互间的关联发展对我国推进法治化进程起着十分重要的作用,尤其是对其中关键路径的认识和把握可以有效促进我国法治化进程。这些推进法治化进程的法治主义基本要求、基本要素、基本因素、关键路径的自身发展及其相互间关联发展的理论逻辑与实践指导就是分析现代中国法治化进程的理论研究范式。如果用一个类似坐标系来展示法治化进程及其与法治主义基本要求、基本要素、基本因素、关键路径的关系,则生产良法就是横坐标、落实良法就是纵坐标,权利本位、法制完备两个基本要素构成横坐标的两个相反方向,权力制约、全面守法两个基本要素构成纵坐标的两个相反方向,而它们自身的发展及其相互间的关联发展尤其是基于基本因素的关联性而形成的关键路径的发展,是推

045

进我国法治化进程的理论指导,其共同构成了我国法治化进程理论范式的坐标系,如图 12 所示。

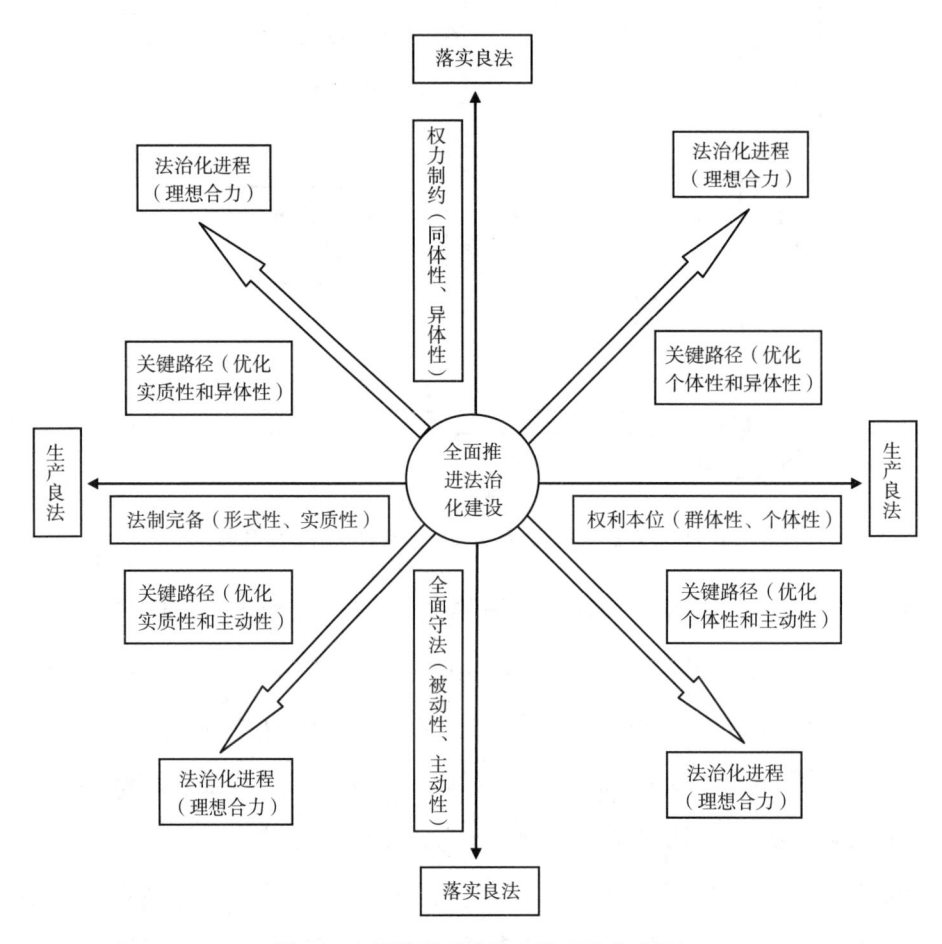

图 12　全面推进法治化建设理论范式图

小　　结

本章"现代法治主义的理论范式"研究是为整篇研究论文的重要关键词"法治化"做理论铺垫的,也是"行政问责法治化研究"得以展开的逻辑前提和基本思路。本章主要从三个方面进行阐述。

第一章　现代法治主义的理论范式

首先,阐明本书中"法治主义"的基本界定和基本属性,该部分主旨在于说明法治化是社会发展进步的必然要求,为论述行政问责走向法治化打下基础。法治主义即法治必须成为推进国家治理体系和治理能力走向现代化所秉持的主导理论和观点;法治的核心要义是良法善治(制定体现多数人意志和利益的法律,且执行法律使多数人的意志和利益真正得以实现)。法治主义的基本属性包括两个方面即法治具有根本性和普遍性。

其次,阐明法治主义的现代内涵与现代要求,该部分主旨在于论述现代如何实现法治化,为论述行政问责法治化的实现路径打下基础。法治主义的现代内涵集中表现为以体现多数人意志和利益的"众人之治"为主导的国家治理理念和模式;法治主义的现代要求主要包括两个方面:生产良法和落实良法,这是本文对法治化路径的最简洁的概括、最实用的表述,是本研究的独特之处,将贯穿整篇研究论文的始终,之所以如此阐述,就在于力争避免当下我国法治建设的美好蓝图,有时会因为晦涩的论说与烦琐的设计而使之得之于理而失之于践、成之于论而败之于行。

再次,阐明符合我国国情的法治主义理论范式,该部分主旨在于结合我国国情和我国法治建设现状设计法治主义理论范式,使行政问责法治化研究更具有针对性和实践性。以生产良法为横坐标、以落实良法为纵坐标,结合我国实践,以法治主义基本要求、基本要素、基本因素、关键路径的自身发展及其相互间关联发展的理论逻辑为基础设计出现代中国法治化进程理论范式的坐标系,为下文行政问责法治化研究提供体系化、直观性的理论框架和逻辑思路的指导。

第二章　行政问责法治化的理想模式

第一节　行政问责法治化的本质意蕴

一、行政问责法治化的内涵辨析

"问责"一词的含义与英文 accountability 的意思相近，有学者理解为"当一个人处于某一种特定职位时，公众有权力对其进行批评，而其本人有责任对与其职位有关的所发生的事情向公众进行解释"。[①] 在我国现实生活中，对问责的理解更多地突出了责任主体对不利后果进行承担的必要性，如 2009 年颁布的《南京市党政领导干部问责办法（试行）》第二条就明确规定："本办法所称党政领导干部问责，是指对不履行或不正确履行职责、造成严重后果或恶劣影响的党政领导干部，由具有干部管理权限的党政机关追究其责任。"对行政工作人员进行问责是我国政治文明的重要体现，它不仅是反腐倡廉制度建设的需要，也是我国经济社会持续健康发展、公众权力真正实现和保障的需要。为了从根本上保证问责的公正性、从制度上保证问责的有效性，问责法治化就成为深化我国行政问责的必然选择。

[①]　张康之、李传军：《行政伦理学教程》，中国人民大学出版社 2004 年版，第 264 页。

第二章 行政问责法治化的理想模式

要理解行政问责法治化,就必须认同和践行法治主义,充分认识法治化的根本性和普遍性。如前文所述,所谓法治化的根本性,是就法治化的本质而言的,现代民主政治提倡的法治应该是体现多数人意志的众人之治,而且多数人意志的表达是自由的、真实的,多数人意志的实现是理性的、规范的,法治化是一个动态的过程,其根本宗旨在于体现多数人的意志、保障多数人的权益,追求的是人类治理的根本价值,法治化的根本性意味着肯定法治的公益性、权威性。所谓法治化的普遍性,是就法治化的范围和对象而言的,即对社会某一领域、某一现象的法治化是指对涉及这一领域、产生这一现象的所有主体、行为、过程实行最大程度的法治,而不是对部分主体、行为、过程实行法治,同时对其他主体、行为、过程实行他治,法治化的普遍性意味着推崇法治的主导性、排他性。①

基于对法治化的根本性和普遍性的认识,本书对行政问责法治化的理解是:由代表公共利益或关联利益的相关主体、通过特定机关、根据多数人的意志、对不履行或不正确履行职责而损害公众权利或公民权利的行政工作人员追究责任、并使受损公众权利或公民权利得以最大程度恢复的过程以及该过程的规范化。

正确认识行政问责法治化还必须厘清问责法治化与问责制度化的关系。问责法治化不等于问责制度化,问责制度化是问责法治化的一种表象。问责法治化是一个体现多数人的利益和意志、追究公权力不当或非法行使的责任、维护公众权利或公民权利的过程,是正当或合法权利与不当或非法权力的一种较量。问责法治化的核心内容是多数人的利益和意志贯穿于问责过程并体现于问责结果,问责规范的制定必须服务于这个核心内容,而且多数人利益和意志实现的程度是衡量问责规范和问责效果优劣的首要标准。问责制度化不能涵盖问责法治化的实质内容,只是问责法治化的一种表现形式,只有能够体

---

① 张华民:《论行政问责法治化在我国的实现》,《天府新论》2011年第5期。

现多数人利益和意志的制度化设计才有利于问责法治化的实现,否则将成为问责法治化的障碍,在行政问责界域内,甚至会使问责由形式上的法治化走向实质上的专制化,成为某些权力专断者推卸责任、压制异己的手段。①

二、行政问责法治化的价值追求

价值追求是事物发展内在品质的需要和体现,也是事物存在的根本原因,它贯穿于事物发展的全过程而标志于事物发展的终点。行政问责法治化的价值追求在于公众权利或公民权利的实现和保障。

首先,从行政问责法治化的内在品质看。一则,行政问责法治化承认人民主权是现代政府具有合法性的根本理由。政府的一切行为都是基于维护多数人的正当权益而履行的必要义务,不履行或不正确履行必要义务都是对维护多数人正当权益的背离、是对人民主权这一现代民主政治理念的漠视,因而承担必要的责任以恢复正当权益的尊严和彰显人民主权的存在就成为现代政府保持合法存续的必然要求,而正当权益的合理内涵和人民主权的直接体现正是公众权利或公民权利的实现和保障。再则,行政问责法治化承认多数人参与的问责优于少数人或个别人参与的问责、异体问责优于同体问责。"一切有权力的人都容易滥用权力,这是万古不变的经验。有权力的人使用权力一直到遇到有界限的地方才休止。"②现代政府拥有越来越广泛的公权力,政府及其公务人员容易滥用权力也是"万古不变的经验",要使政府的公权力不被滥用就必须对政府的行为加以监督,行政问责法治化正是民主政治视野下对政府行为进行监督的重要形式。行政问责法治化承认多数人参与的问责优于少数人或个别人参与的问责,就是承认多数人的权利优于少数人或个别人的特权,就是承认多数人比少数人或个别人更能代表和准确反映公众权利或公民权利从而更有利于公众权利或公民权利的实现和保障;行政问责法治化承

---

① 张华民:《我国行政问责的法治化思考》,《行政法学研究》2010年第4期。
② 孟德斯鸠:《论法的精神》(上册),商务印书馆1961年版,第156页。

第二章 行政问责法治化的理想模式

认异体问责优于同体问责,就是承认"要防止滥用权力,就必须以权力约束权力",①就是承认行政问责必须以异体问责为主,而相对政府主体来说,异体问责主体的合理建构和程序的正当设置不仅是多数人能够真正参与问责并取得实质成效的根本路径,而且是公众权利或公民权利得以实现和保障的必然要求和重要体现。

其次,从行政问责法治化的基本功能来看。一则,行政问责法治化是法治政府建设的重要内容。法治政府是与专制政府相对应的,与专制政府依赖权威且权责失衡不同的是,法治政府要求依法行政且权责一致,任何违法的行政行为都必须承担相应的法律责任。现代法治本质上是体现多数人意志的众人之治,政府法律责任的承担实质是因政府违背众人意志的行为而遭受侵害的公众权利或公民权利得以恢复和维护的体现,如何使政府及时充分地承担其应当承担的法律责任,正是行政问责法治化存在的理由和追求的目标,可见,行政问责法治化通过追究政府法律责任而契合于实现和保障公众权利或公民权利的价值取向。再则,行政问责法治化是公众监督政府的重要手段。公民私权利受到侵害有两个来源,一是其他私权利,一是公权力。在权利平等理念深入人心的当今社会,私权利相互间产生纠纷的救济机制已相对成熟而且有效,而私权利受到公权力侵害时因为主体间实质地位的不平等从而使私权利寻求救济的路途异常坎坷,这其中又因为行政权相对于立法权和司法权更具有广泛性和主动性而使政府成为公权力侵害私权利的主要形式。为了控制政府行政权、促进其依法行政从而使行政权不能甚至不敢侵害私权利,对行政权的行使加以有效监督就成为一种必然,而体现多数人意志的行政问责法治化就是监督行政权行使的有力形式,其保护的私权利的主要体现即是公众权利或公民权利。

---

① 孟德斯鸠:《论法的精神》(上册),商务印书馆1961年版,第156页。

三、行政问责法治化的根本动力

根本动力是驱使事物向前发展的根本作用力,它产生于事物发展的起点、作用于事物发展的过程、趋向于事物发展的目标和终点。根本动力不同于一般动力,它对事物的发展力度、发展方向、发展效果起着主导和决定作用,一般动力作用的大小取决于其与根本动力契合的程度。行政问责法治化的根本动力在于公众广泛而有效的参与。

首先,从行政问责法治化的演进过程看。封建社会条件下不可能产生现代意义上的行政问责法治化,因为专制的体制和官僚的理念使政府不需要也不习惯于在体现民意的制度的监督下去行使自己的权力,否则无异于作茧自缚;况且以自给自足为主要特征的自然经济和环境相对封闭且沟通形式单调的社会构成在一定意义上对专制的治理模式有一种合理的依赖,因为经济和社会的封建性会导致行政治理模式的单一,很少有中介的、社团的和杠杆性的治理手段可供选择,民意的表达也缺乏有效的渠道。行政问责法治化肇始于资本主义革命的胜利。资产阶级获得解放并取得政权后为了进一步促进资本的发展,不仅倡导平等、自由的理念以塑造最优的资本发展环境,而且构建起符合资本发展要求的政府治理模式,由专制走向民主、由人治走向法治,从根本上防止了封建专制政府死灰复燃;民主、法治决定了政府治理的性质,民主、法治的程度决定了政府治理适应资本发展需要的程度,所以民主、法治范围的扩大和内容的丰富就成为资本主义社会的强烈要求;同时,随着市场经济得到主导性和全面性的发展,市场经济主体的易变性和广泛性进一步凸显,与资本发展休戚相关的利益主体已有少数人普及至所有公民,因此,广大公民已成为政府走向民主、法治的最大推动者。行政问责法治化不仅是防止封建专制政府死灰复燃的有力手段,更是政府走向民主、法治的重要内容,其发展动力及功能发挥的大小从根本上取决于公众广泛而有效参与的程度。

其次,从行政问责法治化的现实需要看。法国著名思想家孟德斯鸠说:

"权力不受约束必然产生腐败,绝对的权力产生绝对的腐败"。① 我国更有学者指出:政府决策的失误比腐败更可怕。② 行政权是现代社会与公民联系最广泛、最直接的公权力,如何防止行政权不易被滥用、不产生腐败甚至绝对的腐败呢？行政体制内部的自我约束和自我监督尽管重要但不是重点,重点在于现代行政权的行使必须反映现代社会由权力本位向权利本位、由国家本位或个人本位向社会本位发展的要求,从制度上保证广大公民真实有效地参与对行政权的监督,使公众权利的实现和保障在公民的监督下得到落实,使行政权在围绕公众权利的实现和保障的条件下得以健康运作。和平与发展是当今世界的两大主题,和平的基础是和谐,发展的重点是经济,社会和谐和发展经济是现代政府行政的两大重心；社会和谐的关键在于利益的分配是否公平,发展经济的关键在于其发展是否具有可持续性；只有体现广大公众权利的实现和保障的分配才能保证最大的公平,只有满足广大公众权利的实现和保障的经济才是可持续发展的经济,任何个人和少数人的利益需要都不可能从根本上保证利益分配的公平和经济发展的可持续,所以政府行政必须反映公众权利的实现和保障的要求。行政问责法治化正是通过对政府行政行为的监督以达到实现和保障公众权利的目的,因此其存在的意义和期待的愿景决定其天然地依赖于公众广泛而有效的参与。③

第二节 行政问责法治化的构成要素

行政问责法治化的构成要素是指按照现代法治理论对行政问责进行规范所涉及的符合法律规制要求的主要组成元素,主要包括结构要素和规则要素。这些要素的内在逻辑联系及实际作用效果,既与现代法治理论贯穿其中的程

---

① 孟德斯鸠:《论法的精神》(上册),商务印书馆1961年版,第156页。
② 尹卫国:《决策失误比腐败更可怕》,《领导科学》2006年第9期。
③ 张华民:《论行政问责法治化在我国的实现》,《天府新论》2011年第5期。

度有关,也与不同法治环境下其反映现实需要的程度有关。

一、结构要素

行政问责法治化的结构要素是指符合现代法治要求的构成行政问责法律关系的结构主体类型,在行政问责法律关系中最重要的结构主体包括问责主体和问责客体,以及具体执行问责的问责机关。在现代法治化视域下,问责主体和问责客体的性质和界定都离不开权利本位这个现代法治的本初要求,而且从群体性权利需求和个体性权利需求及其现实关联的角度分析更加有利于对问责主体和问责客体认识的深入。问责机关主要是依据现代法治程序公正的要求而专门建立的问责执行机关,问责机关的设置在于使问责主体与问责客体之间形成相对独立的利益相关方,避免使问责主体既是运动员又是裁判员,也避免问责客体因为缺乏中立机关而处在天然弱势的状态,这也是保证问责主体拥有的问责权之间既相互监督、又循环制约,避免绝对问责权的存在从而构建我国行政问责法治化实现机制的关键机构。问责机关的设置是问责法治化过程中现代法治的要求,既体现了生产良法的法制完备也体现了落实良法的权力制约,使问责法治化的过程既有生产良法的问责法制的完备,也有落实良法的问责权力的制约。

(一)问责主体

行政问责的问责主体是指依法享有和行使问责职权、承担问责义务和责任的相关组织或个人。首先,行政问责法治化建设要求行政问责主体必须是依法设立或认可的,即行政问责的主体在实质上是反映多数人利益或关联利益的、在实体上是明确的而不是约定俗成的;其次,行政问责主体在享有和行使问责职权的同时必须承担相应的义务和由此产生的责任。从当前民主制度的发展和多数国家问责制度建设的现状看,多数包括的组织有:权力机关、司法机关、行政机关,个人主要表现为广大社会公众、新闻机构。因为法治化的

第二章　行政问责法治化的理想模式

行政问责的问责主体体现的是一种国家认可的行为,行使的是一种国家赋予的职能,依赖于国家强制力的有力保障,所以问责主体的直接表现形式主要是组织,其次是组成社会公众的个人,且个人的行政问责职能的实现主要是通过组织达到的。

1. 组织性的行政问责主体

所谓组织性的行政问责主体是指有法定的内部组织形式且发挥问责职能主要是通过组织体来实现的问责主体。从权利本位角度看,作为组织的行政问责主体其设置和运行的内在机理更多的应该体现权利本位的群体性要求,兼顾的应该是权利本位的个体性要求。拥有公权性职权的组织必须要体现权利本位的要求,但这种权利本位的要求不是简单的一定范围内的社会公众中的个人权利本位的叠加,而是这个社会公众的群体性权利本位的体现,即这个权利本位的要求是一定范围内社会公众的权利需求的最大公约数,而不是直接累加的总和,实质上是多数人的意志和利益的民主表达的结果。针对行政问责的问责主体,群体性权利本位的要求主要有两个方面:一是这个群体的意志和利益,问责主体必须予以最大程度的体现和实现;二是一切有可能危及该群体意志和利益的其他组织或个人,问责主体都必须予以最大程度的监督和纠正。这里的群体概念可以是指一个国家、也可以指一个地区、一个部门、一个机构等。所以群体性权利本位要求的两个方面实质上集中了一个问题,那就是作为行政问责的问责主体,无论是在系统内部、还是在系统外部,其与问责客体之间甚至与利益相关部门之间都必须遵循权力相互制约的要求,否则监督很难有实效、问责很难有公信。相反,若主要从个体性权利本位的角度出发,则行政问责的问责主体的职能的发挥将是碎片化的,合法性、稳定性和权威性难以体现,且易被优势个体利用,催生新的不公,最终违纪行政问责的公信力。

现代民主国家中,符合现代法治要求且能够体现以上问责权力制约的问责主体的组织形式主要有代议机关、司法机关、行政机关。(1)代议机关。代议机关是独立于行政系统之外的问责主体。代议机关是现代民主社会中最能直接体现多数人意志和利益的国家机关,这也决定了代议机关具有最高的合法性,所以在一定意义上说是一个国家的权力机关,最高代议机关就是一个国家最高国家权力机关,我国的人民代表大会制度就是如此。代议机关可以通过立法来规范行政问责行为,但作为行政问责的问责主体,其最重要的体现是作为民意的直接代表可以直接要求行政机关按要求汇报事项、直接对相关行政部门或执行人进行质询,并通过法定程序和法定机构提出弹劾、罢免等,这个过程实质上就体现了对行政机关进行监督、问责的过程。(2)司法机关。司法机关也是独立于行政系统之外的问责主体。司法机关成为行政问责的问责主体,是由其性质和职能决定的。民主制度下的司法机关应该是民意机构直接产生或通过特定程序间接产生的,能够体现多数人意志和利益这一根本属性;司法机关的职能主要是通过国家强制力纠正社会扭曲、化解社会矛盾,恢复符合多数人意志和利益的社会秩序,司法机关的这一职能通过法定程序和法定机构在行政系统中对特定问责关系的作用就是行政问责主体作用的具体表现形式。(3)行政机关。相对于代议机关和司法机关来说,行政机关在行政问责中的问责主体作用的发挥主要是通过系统内部机构的设置达到的,所以行政系统内部的行政问责主体一般是相对独立的,按照问责结构要素相互制约的基本要求,行政系统内部行政问责的制约效力是低于代议机关和司法机关的,其实际效果的好坏与行政系统内部问责主体与问责客体之间利益关联度的大小有关,一般情况下利益关联度与实际效果呈负相关;其实际效果的好坏还与行政系统内部问责的公开度有关,一般情况下公开度与实际效果成正相关。

2. 个体性的行政问责主体

所谓个体性行政问责主体是指法定国家机关外的符合法律规定的由个人或由个人组成的团体对行政部门或其执行人进行问责的问责主体。从权利本位角度看,个体性行政问责主体的作用机理和效果应更多地反映权利本位的个体性要求,而兼顾权利本位的群体性要求。无论是个体性行政问责主体中的个人还是由个人组成的团体,其问责的最直接动力首先是其个体性权利本位的需要,其次是群体性权利本位的需要,因为个体性行政问责主体的问责一般都处于自发问责状态,即便是由个人组成的团体的问责其组织性与法定国家机关明确的问责职责相比也相去甚远,之所以能够推动问责多与自身切实利益有密切关系,即使是一个团体也更多体现的是自身利益趋同的个体的集合。正是由于个体性行政问责主体对自身利益的关注度高,所以其问责客体也多集中于与其利益直接关联的组织和个人。个体性权利本位的要求在个体性行政问责主体问责上的集中体现就是:问责主体与问责客体之间的利益关联度越高问责的动力就越大,问责主体对问责客体的事务了解得越多、越真实问责的效果就越好。当然,若使个体性行政问责发挥更加积极的作用,就必须扩大利益共鸣空间和强度,一是要扩大利益趋同的主体的数量和范围,二是要增强利益趋同的个体之间的组织性和提升由个体组成的团体的问责能力。所有这些问责积极性的实现,从法治建设的角度看要尤其突出三个方面:一是要保障知情权,因为只有知情才能审视、才能发现,问责才有前提,尤其针对相对弱势的个体性行政问责主体来说保障其知情权意义更加明显;二是要保障表达权,因为个体性行政问责组织性相对薄弱,所以个体借助新闻媒体等等发出声音扩大影响就显得更为重要,这是个体性行政问责得以成行的关键环节;三是要保障参与权,因为个体性行政问责最终主要通过特定问责机关的问责机制去实现,其问责具有相对间接性,所以若使问责不被延误、不被歪曲,保障个体性行政问责主体在相应问责环节中的参与权是确保问责效果的重要因素。

随着社会的进步,公民的权利意识在不断深化,同时对国家发展的责任意识也在不断增强,在问责实践中的表现就是个体性问责主体越来越成为民主国家中推动问责进步、保证问责效果的重要力量。从当前行政问责的发展现状看,最主要的可归纳为社会公众和新闻机构这两个问责主体。(1)社会公众。这里的社会公众作为问责主体主要是通过特定的个体或不特定的多数个体组成的集体来实现的。特定的个体进行问责主要是基于特定个体权利受到侵害,为了恢复自身权利而对行政机关或其执行人进行监督、质询和申诉,所以特定个体进行问责的问责客体往往是相对明确的,问责事由和内容往往也是相对具体的,且问责的过程和结果需要依赖于特定的国家机关来进行。特定个体问责因其自身力量相对单薄而不易引起重视,或因其特定个人利益需求的狭隘性而难以得到广泛的支持,这是特定个体问责作用发挥面临的主要瓶颈,除了特定个人的自身努力外,更重要的是通过制度的设计来提高问责的能力和效果,因为规范的制度是特定个体增强问责力量的平台和保障。不特定的多数个体组成的集体的问责主要是基于集体共同关心的与各自直接或间接利益息息相关的权利受到侵害,为了恢复共同认同的权利而对行政机关或其执行人进行监督、质询和申诉,所以不特定的多数个体组成的集体进行问责的问责客体既有明确的、也有相对难以界定的,问责的事由和内容既有具体的、也有抽象的,且问责的过程和结果也需要依赖于特定的国家机关来进行。不特定的多数个体组成的集体进行问责的主要瓶颈在于如何有效地确定问责客体、统一问责事由和内容,从而使问责得以顺利进行。不特定的多数个体组成的集体进行问责的最大优势在于能够充分体现力量、能够迅速赢得重视和支持。克服瓶颈的主要路径是国家必须设计出有利于聚集民意、表达民声的体制机制,从而使多数人的智慧和力量得以有效发挥,以避免一盘散沙。(2)新闻机构。这里的新闻机构不是指的作为政府组成部分的新闻管理机构,而是指按照企业法人要求建立起来的按照市场化运作进行新闻媒体事业的具有相对独立人格的机构。由于这类新闻机构的市场主体性质,在现实中主要表现为与普通个人、企业相同的民事主体身份,其与行政机关不同,行为不具有公权性质、不直接体现国家强制力,从性质上讲,与特定的个体或以不特定的多数个体组成的团体具有相同性,所以可以归并为个体性的行政问责主体。不过在从事行政问责过程中,其与特定的个体或以不特定的多数个体组成的团体在问责的动力来源上,虽然主要都是反映权利本位的个体性要求,而兼顾权利本位的群体性要求,但新闻机构反映权利本位的个体性要求是通过市场主体在市场化竞争中的利益得失或盈亏机制来体现和实现的,为追求新闻经济价值和社会价值的最大化而对行政机关或其执行人进行监督、质询,而特定个体或以不特定的多数个体组成的团体则主要是在权利受到侵害,为了恢复自身权利而对行政机关或其执行人进行监督、质询和申诉。所以对于新闻机构来说,完善新闻媒体市场化运作的体制机制、保障公平公正的合法竞争环境从而促进其自身利益的正当实现,是其积极发挥监督作用、推进行政问责的关键所在。

(二)问责客体

行政问责中的问责客体是指在法律规定和认可的前提下对行政问责主体的监督、质询和申诉等行为负有回应、担责义务的行政机关或其执行人。行政问责客体既可以是行政机关,即组织性的行政问责客体,也可以是行政事务的执行人,即个体性的行政问责客体。当行政机关作为组织且以组织的名义作出不对或不当行为时,其必须承担相应被问责的责任,当然行政机关成为问责客体时,其决策者应当承担相应的责任。当行政机关行政事务的执行人包括领导干部和普通职工,若违背相应规定作出不对或不当行为,其必须承担相应被问责的责任。从问责客体的构成和问责责任的落实看,作为个体的行政事务执行人承担问责责任的可能性和数量要大于作为组织的行政机关。从权利本位的角度看,因为作为个体的行政事务的执行人是行政问责客体的主体,而行政机关占的比例相对较小,所以在问责机制制度的设置时应以个体性权利需求为主,而以群体性权利需求为辅。具体从行政问责客体的不同类型和层次来说,主要分为以下几个方面。

1. 组织性的行政问责客体

当行政机关作为组织且以组织的名义作出不对或不当行为时,其必须承担相应被问责的责任,此行政机关便是组织性的行政问责客体。行政机关成为行政问责客体其基本依据是行政机关是国家法定的执行法律法规、履行行政职责的机关,向人民负责、受人民监督,更具体说,向人大负责、受人大监督。从权利本位的角度看,因为行政机关的行为是组织性行为,集体决策、组织实施,所以在行政问责的机构设置和运行机理上应以考虑权利本位的群体性需要为主,以权利本位的个体性为辅,以利于组织职能的行使和发挥。组织性的行政问责客体承担问责责任的形式和要求,一般应该具有"双罚性",即作为组织的行政机关必须承担责任,作为组织行为的决策者即机关领导在一定的条件下也应承担相应的责任。

2. 个体性的行政问责客体

当行政机关行政事务的执行人包括领导干部和普通职工,若违背相应规定作出不对或不当行为,其必须承担相应被问责的责任,此行政事务执行人即是个体性的行政问责客体。行政事务执行人之所以要承担相应的行政问责责任,主要依据是其行使的是国家赋予的行政职权,是一种公权力,不仅受相关机关的监督,还要受到人民的监督。个体性的行政问责客体在行政问责实践中的体制机制的设置,应与个体行使职能和接受监督的形式和性质相一致,应该以权利本位的个体性需求为主,而以权利本位的群体性需求为辅,这样既有利于个体间的相互监督,也有利于行政问责责任的有效承担。

从人民授予的权力必须接受人民的监督、使用纳税人的钱就必须对纳税人负责的角度看,所有行政机关及其行政事务执行人都应该接受行政问责而成为行政问责的客体。但从不同的行政事务执行人在行政决策中地位的高低、在行政执行中作用的大小,以及行政问责资源的有限性和使用的效益性,在行政问责实践中对不同的行政事务执行人问责的要求是存在很大差距的。总体来说,从权责统一、提高效益的角度看,可以分为以下几种具体情形:(1)从干群关系来看,领导干部相对于普通职工是主要的行政问责客体。领导干部是一个单位和部门的有一定决策权和决定权的成员,而普通职工主要是各级领导进行决策和决定的事务的具体执行者。(2)从职务层级来看,上级相对于下级来说上级是主要的行政问责客体,因为行政机关内部的科层结构中下级服从上级是基本的行政原则,而且上级具有下级所没有的更重要的行政决策权。(3)从决策机制来看,一般情况下主要负责人或者正职相对于一般决策者和副职是主要的行政问责客体,但这要分别不同的决策机制。行政机关一般实行的是行政首长负责制,在这种机制下首长或正职是主要的行政问责客体理所当然。但在实行一人一票的决策机制下,就决策本身来说决策集体中的每一个人都应是行政问责的客体。

无论是组织性的行政问责客体还是个体性的行政问责客体,在具体的行政问责实践中,因为存在着问责主体与问责客体所处机制构成的关系不同,权利本位的体现也有所不同,主要有两类关系:一是同体问责,即问责主体和问责客体共处职能关联度高且利益趋同性强的同一个系统内,其监督的制衡性相对较弱,为了尽可能激发起行政问责的积极性,在问责机制的设置中应更多地考虑权利本位的个体性需求,以使在相对统一的系统内构建相对直接的利益制约关系。二是异体问责,即问责主体和问责客体处在职能关联度低且利益趋同性弱的相对独立的不同系统中,其监督的制衡性基础较好,为了促进行政问责更有效益,在问责机制的设置中应更多地考虑权利本位的群体性需求,以提高行政问责在社会公众中的公信力。

(三)问责机关

行政问责中的问责机关主要指的是基于问责主体依法对问责客体的不对或不当行为提出的问责诉求,依据问责程序而使问责事务得以具体落实的问责执行机关。问责机关的存在形式是与行政问责的性质和范围密切相关的,尤其与行政问责的问责主体的性质和形式直接关联,因为行政问责的问责客体只能是行政机关及其执行人,性质和形式单一,而行政问责的问责主体在现代民主架构下是多元的,至少包括组织性的行政问责主体如代议机关、司法机关、行政机关以及个体性的行政问责主体如社会公众、新闻机构。而这些问责主体从与行政问责客体之间的关系来说总体上可以分为两类,来自行政机关内部的问责主体如行政机关和来自行政机关外部的问责主体如代议机关、司法机关、社会公众、新闻机构,这两类行政问责主体不仅性质不相同,而且其涉及的公权范围和开展监督的路径都不一样,所以针对这样两个类型的问责主体,行政问责的问责机关的设立也可以分为两类:一是行政机关内的问责机关,二是行政机关外的问责机关。

1. 行政机关内的问责机关

行政机关内的问责机关主要针对行政机关作为问责主体对行政系统内部有不对或不当行政行为的行政机关或其执行人开展问责的问责执行机关。因为行政问责的问责客体主要是行政系统内部的行政机关或执行者,所以系统内的部门或公务人员更有可能发现行政不对或不当行为,行政内部开展问责是一个更加经常、更加普遍的现象,在行政系统内部设立问责机关显得更加必要,现实中,行政问责的问责机关曾经主要是设立在行政系统内部的。从现代法治理论要求的分权制约的角度分析,行政系统内部的问责机关应该是专门设置而且行使专门职能的,而不应是所有机关的上级部门,或者问责职能仅是某一部门享有多项职能中的一项职能,因为多部门、多职能的设置,必然影响到问责执行的标准和尺度,从而最终影响到问责执行的公正性。这与现实行政体系中追求问责效率而采取的多部门、多职能的运作模式是不相一致的,这正是行政问责走向法治化的要求。

2. 行政机关外的问责机关

行政机关外的问责机关主要针对行政系统外部的问责主体对行政系统内部有不对或不当行政行为的行政机关或其执行人开展问责的问责执行机关。随着现代民主法治的不断推进,现代社会对行政机关行政行为进行监督的主体越来越多、内容越来越广泛、路径越来越丰富,已远远超出传统的行政事务由行政内部解决的思维局限,所以已有的主要有行政内部开展行政问责的机构和程序规定已越来越不适应现代民主法治发展的需要,必须结合实际进行改进。行政机关外部的问责主体如代议机关、司法机关、社会公众、新闻机构,各问责主体之间相互性质不同、形式多样,若每个问责主体对应一个问责机关,则会出现多系统问责、多形式问责的现象,不仅规范难以统一,而且各系统直接执行问责与其问责主体的身份也相悖,有"既当运动员又当裁判员"的嫌疑,难以保证问责的公正性,也不符合行政问责走向法治化的内在要求。所以尽管行政机关外部问责主体多样化,但与之对应的行政机关外的问责机关应该具有独立性、单一性,即由独立于行政机关的专门的问责机关行使专门的问责职能,无论是代议机关、司法机关还是社会公众、新闻机构等依法对行政机关不对或不当行为进行问责都一律由相同的独立于行政机关的问责机关来具体执行。

问责机关的职能主要体现在对行政问责主体的问责诉求按照法定程序予以落实,所以其主要是一个执行程序、适用规范的机关,而不是一个操作实体的机关,所以无论是行政机关内的问责机关还是行政机关外的问责机关,都必须以问责主体和问责客体提供的问责材料依法依规履行问责执行的职能。

综合以上对行政问责法治化结构要素中问责主体、问责客体、问责机关三者关系的论述可以看出,从作为现实社会化解矛盾纠纷机制中的三个实体机构,三者之间不可避免地存在相互联系,甚至还有必要的协调交流;从作为秉持现代法治理念以追求矛盾纠纷化解的公平正义为依归的现实机制,三者之间必须保持利益上的相互独立,形成相互制约的三角结构关系,从而促进问责参与者之间既相互监督、又循环制约,避免绝对问责权的存在。这种关系可用图 13 表示。

二、规则要素

行政问责法治化的规则要素主要是指符合现代法治要求的推动行政问责顺利、有效进行的机理性、制度性的必要组成元素,在现代行政问责法律关系中最主要的规则要素包括问责条件、问责方式,以及承载问责条件、问责方式

```
           问责主体 ─────────── 问责客体
                  \         /
                   \       /
                    \     /
                     问责机关
```

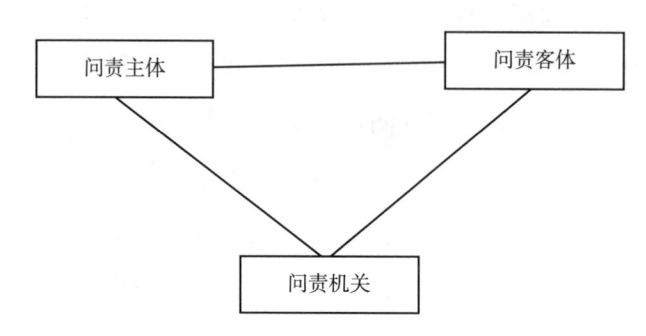

图 13　行政问责法治化结构要素关系图

的问责规范。问责条件的设置又包括问责事由和问责标准,问责方式的构建又包括问责形式和问责程序。作为机制性要素,在分析问责条件和问责方式时从法制完备的角度深入更有利于体现机制的要求,而且从法制完备的实质性和形式性的关系并结合当下法治实践环境去理解也更加有利于看清行政问责规则要素存在的问题或完善的路径。在规则要素中,问责条件和问责方式是法治化进程中最基本的要素,但这些基本要素作用的发挥必须要一系列关联要素和制度的存在,这就必须形成由基本要素为关键的一系列要素形成的规范体系,这就是规则要素中的问责规范。问责规范的存在使问责条件和问责方式明确化、稳定化、可预期化,避免问责的随意性,也使问责体现多数人的意志和利益有了载体和延续,有利于达到现代法治所要求的法治化过程通过权力制约和全面守法得以落实的效果,问责规范就是使问责过程既体现了生产良法的权利本位也体现了落实良法的全面守法。

(一)问责条件

行政问责法治化的问责条件主要是分析在现代法治理念下什么情况要问责、什么程度才问责的问题,即问责条件涉及到问责依据的范围和标准,是行政问责内容合法性的直接体现和关键所在,尽管其内容要有一定的表现形式,但其合法性的基础在于体现多数人的意志和利益,所以在理解行政问责法治化的问责条件时应该结合法制完备的要求,而且以法制完备的实质性为主、以法制完备的形式性为辅。

1. 问责事由

行政问责法治化的问责事由是指在应该受到问责的不当行政事务的范围。理论上讲,广义上的问责事由应该指的是所有不当行政行为,无论是否已违反国家法律规定,也无论该行政行为的性质和执行者,只要有不当行为,都得接受问责。但在实践中,这种广义上的问责事由的理解会带来具体的问责执行上的混乱,从而模糊问责的边界、弱化问责的价值、影响问责的效果、降低问责的权威。首先,已有的行政上的违法犯罪行为应不应该纳入问责范围、作为问责事由? 若纳入问责范围、作为问责事由,则行政问责就是一切行政违规行为及违法犯罪行为的总称,这样,要么行政违法犯罪行为可以由行政问责行为取代,要么已有的绝大部分行政问责行为都失去了分类研究的意义,因为行政处罚、职务犯罪等都有了相对成熟的学科和研究,总之,行政问责将在很大程度上失去其存在的价值和研究的必要。所以行政问责的问责事由应该是排除已有行政违法犯罪行为之外的不当行政行为,包括不履行或不正确履行的行政行为。其次,是否是行政主体的不当的思维也要纳入问责范围、作为问责事由。一般认为行政问责的责任应该涉及到法律责任、政治责任、道德责任等,而政治责任、道德责任难免涉及到政治思想和道德修养,很多属于人的思维的范畴。而现代法治的一个基本理念就是主张法律调整人的行为、不调整人的思想,思想的无形性、不确定性、难确认性使法律处罚结果的正当性难以保证,甚至产生冤假错案。所以,行政问责若要走向法治化,就必须秉持现代法治的基本理念,问责事由只能是行为而不能是思维。

从法制完备的法治化要求看,问责事由在满足法制完备的形式性要求既要以法律条文的形式清晰准确地表达出来以体现法律的公开性的同时,更重要的是要满足法制完备的实质性要求即条文的内容必须是多数人意志和利益的体现,因为只有与行政行为有关联的多数人自己才最能认识到何种行政行为应纳入问责事由范围从而才能现实地、更好地体现和维护自己的利益和意志。法制完备的实质性对问责事由设置的现实要求是：首先，问责事由的界定必须由代议制机构产生或由代议制机构通过法律明确授权的机构产生，而不应该是某个团体甚至个别人意志的体现。其次，即便是出现特殊情形，也必须经过由代议制机构或由代议制机构授权的机构制定的程序并按照程序认定，以避免问责事由产生的随意性，维护行政问责的公信力和权威性。

2. 问责标准

行政问责法治化所指的问责标准是指行政行为应受问责则其不当性必须达到的严重程度。问责事由范围确定后，并非此范围内的所有不当行政行为都必须受到具体的行政问责，而是这个范围内的不当行政行为达到法定问责标准后才能启动行政问责，而在此标准之下的行政行为即使不当也应免受行政问责。可见，行政问责的问责标准是行政问责是否启动的界限，其重要性不言而喻。行政问责的问责标准应该有两种表现形式：定量和定性。首先，定量是指不当行政行为的不当程度是可以用数量来衡量和表述的，如财物的损失等可以用金钱的数量来衡量。不过定量的最低数目要求是多数人意志的体现而不是少数人或个别人的主观臆断。其次，定性是指不当行政行为的不当程度只能定性描述，而没有具体数量可以衡量。定性化的表述在具体运用过程中不易把握，且容易受非法治因素的干扰，所以定性表述在多数群众约定俗成的条件下容易形成共识，而在特殊情况下不能形成共识时，必须通过民主机制对具体问责标准提供一个有说服力、有操作性的明确依据或产生依据的规范程序。

从法制完备的法治化要求看，行政问责的问责标准除了要体现法制完备的形式性要求即必须有公开的定量或定性的表述外，更重要的是必须突出法制完备的实质性要求，即问责标准的定量或定性的表述都必须是与行政行为相关联的多数人的意志和利益的体现，在具体实践中就是必须是代议制机构或代议制机构授权的机构依法产生的定量标准或定性标准，即便是特殊情况下也必须按照代议制机构或代议制机构授权的机构依法设定的程序来解决,避免小团体或个别人主观臆断,从而影响行政问责的公正性。

(二)问责方式

行政问责法治化的问责方式主要是分析在现代法治理念下问责类型如何设置、问责过程如何规范的问题,即问责方式是相对于问责内容且为内容服务的问责的具体外在表现形式,相对问责内容来说明显具有表面化、工具性的特征,尽管问责内容(如问责条件)的合法性的根本在于体现多数人的意志和利益,但作为问责内容得以实现的形式和步骤必须关注问责方式的科学性、合理性、实效性,所以在理解行政问责法治化的问责方式时应该结合法制完备的要求,而且以法制完备的形式性为主、以法制完备的实质性为辅,即尤其强调问责方式的科学性、合理性和实效性。

1. 问责形式

这里的问责形式指的是根据需要设置的行政问责的类型。形式是为内容服务的,所以基于行政问责的理念、目的、效果等,问责类型的设置也不一样。此处主要介绍三种类型的问责形式。

一是基于制约的问责理念,行政问责可以分为自律性问责和他律性问责。所谓自律性问责是指问责制度的设计主要是基于问责客体的主观意愿而展开的,即问责客体自我主观认为自身的行政行为有不当或不对之处并造成负面影响且主动通过责任的自我承担是削减或纠正不当或不对行政行为造成负面影响的必要条件,从而主动承担责任,典型的自律性问责实践是引咎辞职制度,自律性问责对问责客体的担当素质要求较高、而对问责客体权力制约的制度性要求较低。所谓他律性问责是指问责制度的设计主要是基于对问责客体权力的制约而展开的,即问责客体对自身不当或不对行政行为造成的负面影响的责任承担主要不是基于问责客体的主观意愿,而是基于权力制约的理念而设计的独立于问责客体之外的问责力量的评价或决定,该评价或决定是问责客体是否要承担责任或承担多大责任的主要依据,典型的他律性问责实践是弹劾制度。他律性问责对问责客体权力制约的制度性要求较高、而对问责客体的担当素质要求较低。

二是基于问责的目的要求,行政问责可以分为预防性问责和惩罚性问责,当然这种分类是相对的,因为从一定意义上讲所有问责结果都既具有预防性也具有惩罚性,这里只是相对问责结果具有预防性或惩罚性的程度和关联度而言进行的分类。所谓预防性问责是指行政问责主要是基于对问责客体的训诫和对其他同类行政执行人的警示而展开的,其教育意义大于惩罚意义,一般运用于造成负面影响较小的问责事项,典型的预防性问责实践有通报、诫勉谈话等;所谓惩罚性问责是指行政问责主要是基于对问责客体的惩处而展开的,其惩罚意义大于教育意义,一般运用于造成负面影响较大的问责事项,典型的惩罚性问责实践有撤职、开除等。

三是基于问责的机制结构,行政问责可以分为同体性问责和异体性问责。所谓同体性问责是指行政问责的主体和客体所处的组织或系统在性质上相一致或相类似的程度较高、彼此利益的趋同性较强的问责类型,这种问责类型有利于问责效率的提高,典型的同体性行政问责实践有行政机关部门内部和部门之间的问责;所谓异体性问责是指行政问责的主体和客体所处的组织或系统在性质上相分立或相对立的程度较高,彼此利益制衡性较强的问责类型,这种问责类型有利于不同权力之间的制约,典型的异体性行政问责实践有司法机关和立法机关对行政机关进行的问责。

从法制完备的法治化要求看,行政问责法治化的问责形式因为体现的是问责内容的需要,而问责内容是由多数人的意志和利益决定的,所以从根本上说问责形式也必须体现多数人意志和利益,即法制完备的实质性要求。但问责形式毕竟具有表面化、类型化的特点,在实践中手段性、工具性较强,所以必须体现形式上的科学性、合理性和实效性,即必须体现法制完备的形式性要求,而且在一定意义上、在一定实践中法制完备的形式性要求即科学性、合理性和实效性是决定行政问责效率和效果的主要因素甚至决定因素,尤其在法治建设不完善的现实环境中。

2. 问责程序

行政问责法治化的问责程序是指行政问责过程中行政问责主体和行政问责客体在时间和空间上必须遵循的步骤和条件。"正义不仅要实现,而且要以看得见的方式去实现"①,因为程序公正会使结果的公正带有必然性,而程序的不公正会使结果的公正带有偶然性。行政问责法治化在形式上的一个重要体现就是行政问责过程的程序化,行政问责程序化是避免行政问责随意性、选择性的重要保障。行政问责程序主要可以从行政问责主体和问责客体在时间和空间上应遵循的程序进行分析。

一是在时间上应遵循的程序。在时间上应遵循的程序主要表现为行政问责应遵循的时间期限和时间顺序。时间期限是指行政问责过程中每个环节应该遵守的时间长短的限制,因为行政问责的过程是一个发现线索、收集材料、调查取证、作出决定的过程,无论是从问责主体的问责效率还是从问责客体的行政效率的角度看,作出一定的时段限制都是非常必要的。一则使问责主体尽可能在合理的时间内掌握事实真相,避免时间拖延给恢复事实真相带来难度,有利于问责结果的公正性,同时也可以在整体上缩短行政问责时间、提高行政问责效率和公信力;二则使问责客体的被问责状态尽可能早的结束不确定性,让该受问责者承担责任、不须问责者安心工作,不仅有利于行政工作连续进行,也有利于使问责嫌疑人免受质疑、恢复常态。时间次序是指行政问责的各个环节必须符合依据事实发展逻辑而设计的前后顺序,如问责事项的立案、调查、决定、处理、救济等基本先后顺序必须依据法律规定,不可随意调换,以免出现程序倒置、混淆是非,比如所有问责都必须调查在前、决定在后,再如,没有专门的问责立案,不得进行问责的后续程序,等等。

---

① [英]丹宁勋爵:《法律的正当程序》,李克强、杨百揆、刘庸安译,法律出版社 1999 年版,第 11 页。

二是在空间上应遵循的程序。空间上的程序主要包括问责主体、问责机关的身份特征和问责进行的地域限制。身份特征的要求在于,行政问责毕竟是一个追究被问责者责任的过程,涉及被问责者的切身利益,必须由法定机构、法定职权和法定身份的人去具体实施,以保证问责的规范性和严肃性,这既是对问责客体免受随意问责而可能使权利受到不必要的侵害负责,也是对行政问责失当从而公正合理追究问责主体、问责机关相关责任,做到有权有责、权责统一。地域限制的要求在于行政问责必须依据规定做到公开,实现公正与效果的统一。行政问责的具体问责过程必须依据需要在规定的地域内、规定的人员范围内进行,避免暗箱操作,同时也避免在事实不够充分、依据不够准确的情况下出现负面影响;问责决定的传达或公布也必须根据需要在规定的地域和人员范围内进行,使问责既达到惩戒效果也发挥警示作用。

从法制完备的法治化角度看,问责程序与问责方式一样,根本上都是法治核心要义的体现即多数人意志和利益的体现,但作为一种约束行为的程序性要求,在行政问责实践中必须把满足现代法治要求的程序如公开、法定、秩序等充分考虑,即在体现法制完备的实质性要求的同时,重点是满足法制完备的形式性要求,通过形式性要求来保证行政问责公平公正的真正实现。

(三)问责规范

行政问责法治化的一个重要内容就是要建立起相对统一的、独立的、稳定的行政问责规范。现代行政问责的参与者更加多元、内容更加广泛、程序更加细化,要使行政问责更能体现公平公正,必须将上文中的问责条件和问责方式等内容以行政问责规范的形式表现出来。因为行政问责发展的时间不长,行政问责规范化建设碎片化、易变性较明显,所以在行政问责法治化建设过程中,强调行政问责规范建设应突出以下几个重要方面。

1. 规范的统一性

在现代法治国家,行政问责法治化的逻辑力量深深蕴含于行政问责法治化的实践力量之中,因而行政问责的专门规范也不明显,主要体现在不同的法律规范和实践中,从形式上讲,碎片化现象较为明显。我国处在法治化的推进阶段,行政问责规范化建设处于初创阶段,更多的是以局部尝试的姿态表现出来,不同部门、不同地区、不同层级的问责规范在形式和内容上都有很大的区别,从构成上讲,多元化现象较为突出。从行政问责走向法治化的角度来说,行政问责规范具有统一性是保障行政问责公平公正的重要条件,而且这种统一无论从形式还是从内容上都必须得以最充分的体现。

2. 规范的独立性

规范的独立性是指行政问责规范要独立于其他法律规范而单独存在。无论是西方国家还是我国,关于问责的规定存在于其他相关的法律规范中是一个十分普遍的现象,这既受现代行政问责发展历史不长的影响,也与行政问责是与行政行为这一形式和内容都极为丰富和复杂的特点相关联的。随着行政问责的深入推进和社会对行政问责正义性的要求越来越高,促进行政问责规范独立于其他相关规范的趋向也越来越明显,这契合了现代法治发展规律。

3. 规范的稳定性

尽管因行政行为追求行政效率等的需要使行政行为相较于其他公权行为具有更大的灵活性,从而使调整行政行为的规范也相对具有更强的灵活性,但从法治化建设的要求和克服行政问责随意性较强的现实需要出发,强化行政问责规范的稳定性就成为行政问责法治化建设的重要内容。行政问责规范的稳定性在两个方面必须特别强调,一是行政问责规范的文本内容必须具有稳定性,不因频繁调整而影响其权威性,二是行政问责规范的执行结果具有稳定性,非经法定程序任何人和任何组织都不得随意更改和怠于执行,以体现行政问责的严肃性。

综合以上对行政问责法治化规则要素中问责条件、问责方式、问责规范三者关系的论述可以看出,从作为现实社会化解矛盾纠纷规范的三个重要范畴看,三者之间不可避免的存在着相互联系、相互配合、相互协调的关系;从作为秉持现代法治理念以追求矛盾纠纷化解的公平正义为依归的基本规范看,三者之间必须保持范围清楚、界线明晰、规制有序,具体说问责条件和问责标准之间是并列的,二者作为核心内容包含在问责规范之中,从而促进行政问责法治化建立在科学、合理、稳定、可信的有现实操作性的规范体系之上。这种关系可用图14表示。

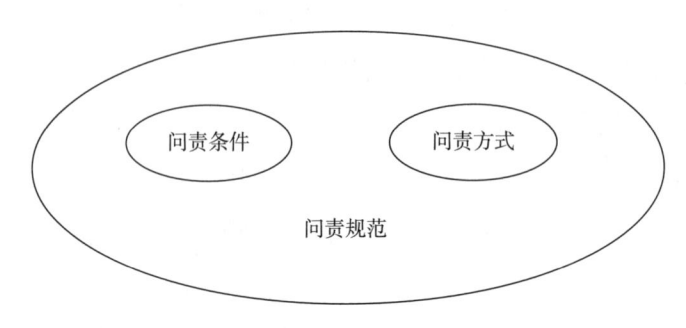

图14 行政问责法治化规则要素关系图

第三节 行政问责法治化的实现要件

这里所说的行政问责法治化的实现要件是指在行政问责微观层面的内在的结构要素和规则要素都存在甚至完善的情况下,要使行政问责得以在现实社会发展中真正发挥其应有的作用,从宏观层面行政问责在形式和实质上必须适应现代法治要求的基本组成部分,缺少这些基本组成部分行政问责将不可避免成为镜中花、水中月。行政问责法治化的实现要件可以从不同角度、不同层面去分析,笔者在这里主要从形式要件及其两个重要方面即体系完备和制度健全以及实质要件及其两个重要方面即主权在民和权责统一等展开阐述,并结合法治化进程中的权力制约和全面守法的要求来分析其内在机理和发展趋向。

一、形式要件

行政问责法治化的形式要件主要是指行政问责得以实现所必须具有的外

部体系环境和内部制度构成,即行政问责法治化实践中内外兼备的相对宏观的完备体系和健全制度。这种体系和制度的安排必须体现法治化基本要求,其中尤其是与权力制约的法治化要求的内在联系和关键作用,这是分析行政问责法治化形式要件的主要逻辑理路。

（一）体系完备

行政问责法治化是一个系统工程,不仅行政系统内部要有一个有利于问责进行的结构体系,而且行政系统外部也要有一个适合问责有效运转的合作体系,所以行政问责法治化体系完备的要求包括内部体系完备和外部体系完备两个方面。

1. 内部体系完备

内部体系是指行政机关内部对行政问责机关的设置、行政问责机关与可能的行政问责主体和行政问责客体的内在关系的架构以及行政问责机关的上下级之间的关系。在行政系统内部进行问责应有明确授权的问责机关,这样既有利于行政问责的专职化和专业化发展,使问责具有稳定性和权威性,也有利于行政问责权责一致,提高问责的规范性和责任感。行政问责机关与可能的行政问责主体和行政问责客体的内在关系的架构是影响行政问责效果的重要因素,必须要体现内部权力制衡的需要,即在行政系统内部设置的问责机关,基于问责职能的特殊性,与问责主体和问责客体之间的利益关联性越小问责效果越好、相互独立性越大问责效果越好。行政问责机关的上下级之间的关系是问责机关能否保持实质性独立的重要基础,为了使行政问责机关与行政问责主体和行政问责客体之间保持尽可能小的利益相关性,行政问责机关的人事调配权和物质分配权都应该有相应独立的渠道,垂直管理的模式而不仅仅是业务指导的模式应该是问责机关上下级关系设置的重要模式,这样可以尽可能小的在人事调配和物质分配上因受制于其他行政机构而难以保持问责的客观性和公正性。

从法治化的要求看,内部体系完备的法治化过程是落实良法的重要内容,法治化要求的权力制约是内部体系完备必须遵循的首要的内在逻辑,而且因为内部体系完备的行政内部性,所以其主要体现又是同体性权力制约的要求。同体性权力制约是在制约主体同处一个体系架构类的制约,要求制约主体在利益共存、利益协调的基础上强化利益分立、利益制衡,所以行政问责的内部体系的构建重点是突出问责机关、问责主体与问责客体之间权力制约关系的构建,从提高问责的刚性和实效性来说,问责机关、问责主体与问责客体之间的权力共存和协调要服务于权力分立和制衡的需要,因此,行政问责的内部体系完备既要注重机构内部问责部门所处环境的权力制约,更要注重独立的行政问责机关的建立,使内部问责体系完备真正通过体制机制的构建得以实现。

2. 外部体系完备

外部是指在整个国家权力架构中于行政机关以外对行政问责权力的设置和运行所进行的体制机制性的结构设计。行政问责的外部体系一般是围绕着将政府机关或行政执法者作为行政问责客体来设计的,即政府机构以外的公权主体或私权主体作为行政问责主体对政府机关或行政执法者的不履行或不当履行的行政行为所展开的问责,这种问责因涉及的问责主体类型多样、性质各异、分布面广,所以进行体系化构建既有必要、更有难度。行政问责法治化的外部体系包括问责机关的确定、问责主体与问责客体的关系、不同问责机关之间问责职能的协调、问责主体与问责客体权利保护的救济机制等。从外部体系的问责主体的设置看,类型可以是多样的,如国家公权机关、社会团体组织、公民个人行为,性质也是多样的,如代议制机关、司法机关、新闻媒体组织、各种社会团体以及社会公众和个人,从外部体系的问责主体的分布看,无论在哪一层级的公权机关、也无论在哪一领域的公共事务,只要有行政权的存在和行政行为的发生,都应该有与之相适应的外部问责主体的存在。从外部问责主体与行政问责客体的关系来看,既要有重点体现制衡关系的问责机制,如代议制机关和司法机关的问责,也要有突出制约关系的问责机制,如新闻媒体和社会团体;既要有相对刚性问责关系的存在,即问责主体本身有通过问责机关直接启动问责程序的能力,如代议制机关、司法机关对行政机关的问责,也要有广泛的相对柔性的问责关系的存在,即问责主体更多的是提供线索、信息或依据以促进问责程序的启动,而其本身要以规定的形式通过问责机关启动问责程序,如广大社会公众和个人。从不同问责主体之间问责职能的协调看,有具有全方位问责职能的公权问责主体,只要是行政机关的行政行为,这类公权问责主体都负有依法问责的义务,其他问责主体不得与之相冲突,而社会组织、社会公众和个人在行政问责中更多考虑的是与其利益相关联的问责事务,而且这种问责事务的落实也必须通过规范的形式和路径。从问责客体权利保护的问责机制来看,外部体系完备要求每一种类型或性质的问责形式、也无论问责的结果如何,都必须建立起有利于问责客体就被问责事项进行救济的机制,这种救济机制既可以是与开展问责的问责主体相对应、相联系而建立的,也可以是相对独立设置的有利于问责客体公正客观就自身权利进行救济的机制。

从法治化的要求看,行政问责外部体系完备首要的必须体现落实良法的权力制约的要求,而且在权力制约的要求中关键是遵循异体性权力制约的要求。异体性权力制约在制约主体的利益分立上相对比较明晰,但也存在着制约主体间利益制衡的力度的大小问题。行政体系外的异体问责还可以分成两种形式:一是公权体系内而行政体系外的行政问责体系,如代议制机关、司法机关作为行政问责主体的异体问责;二是公权体系外(当然在行政体系外)的行政问责体系,如新闻媒体组织、社会公众等作为行政问责主体的异体问责。基于异体问责理论,结合现实问责状况,我们在完善第一类异体问责的同时,尤其要利用现代信息手段更好地强化第二类异体问责的构建,以全面完善外部问责体系、提高行政问责效果。

(二)制度健全

体系完备主要是从行政问责的运作结构角度去分析的,强调的是行政问责的机制或体制层面的设计要符合问责权有效运行的需要。制度健全主要是从行政问责内容的载体即问责制度在促进行政问责有效运行过程中问责主体自身、问责主体与问责客体之间、问责主体与问责主体之间、问责客体与问责客体之间以及问责机关的规范、问责机关与问责主体和问责客体之间基于权力监督和权力协调的需要而建立的整个制度体系。行政问责制度健全从大的方面看也可以分为行政机关内部问责制度健全和行政机关外部问责制度健全两个方面，而且这两个方面的体系结构和逻辑内涵也存在着明显的差异。

1. 内部制度健全

行政问责法治化的内部制度健全是指行政机关内部有关问责机关内部、问责机关与问责主体和问责客体之间、问责主体与问责主体之间、问责客体与问责客体之间基于问责法治化要求而建立起来的完整的制度体系。所谓行政问责机关内部制度健全，是指具有问责职权的行政机构内部工作部门之间职能的设定、职责的分工以及对行政执法者的专业化、专职化要求的制度化设计力求完善，突出的是各部门之间的分工合作、各岗位功能的充分发挥，追求的是行政问责的运行效率。所谓问责机关与问责主体和问责客体之间的制度健全，是指在整个问责过程中处理问责机关与问责主体和问责客体之间因问责而产生的所有关系的制度化设计，要充分反映问责法治化要求的利益分立、利益制衡的要求，使制度设计务实有效，即便同属于行政机关内部，业务合作和交流是工作常态，但作为特殊行政职能即行政问责的需要，为保障问责职能的发挥，制度的设计必须使部门的业务合作与交流让位于或服务于问责过程的监督与制约，因为行政问责的纠偏纠错是行政业务得以健康持续发展的必要前提。所谓问责主体与问责主体之间的制度健全，是指在行政内部若问责主体不是专一设置的，则不同问责主体之间在问责权限的设置、问责事项的划分、问责客体的确定等方面都必须建立完备的制度，以避免相互推诿扯皮，出现有责不问、问而不尽等现象的发生，若是一个专职问责主体的设置，则其制度建设参见行政问责主体内部制度的完备。所谓问责客体与问责客体之间的制度健全，主要是指在行政问责进行中处理同时存在的两个或两个以上问责客体之间关系的制度的完善，主要是不同问责主体之间相关问责信息的收集与使用、相关责任人的回避与印证、问责处理结果的比例平衡等等制度的设计。当上述四个方面的问责制度体系都完善建立起来，才能构成相对完整的健全的行政问责内部制度体系。

从权力制约的法治化要求看，行政问责内部制度健全因其行政机关的内部属性，所以必须在同体性权力制约的理论架构下进行完善，同体性权力制约的效果与权力主体之间利益的关联度有关，即同体性权力制约效果的好坏与权力主体之间的利益关联度的大小成反比，因此要从整体上提升行政内部问责效果，则内部制度建设必须体现权力制约法治化中同体制约的要求，在利用好行政机关内部机构交流协调的同时，尤其突出问责主体与其他各类主体之间在利益关联性上通过制度设计力争趋小，这是内部制度健全的关键。

2. 外部制度健全

行政问责法治化的外部制度健全是指在行政机关外部构成行政问责的问责机关自身、问责机关与问责主体和问责客体之间、问责主体与问责主体之间、问责客体与问责客体之间为了促进行政问责顺利进行而基于权力监督和制约在制度建设上追求完善、达到协调。所谓行政机关外部的行政问责机关自身制度健全，包括问责机关性质和结构的制度建设、问责机关职能运行的制度建设、问责机关能力评价的制度建设等。从问责机关性质和结构的制度建设看，独立设置的问责机关与兼及问责的问责机关有所不同：行政机关外独立设置的问责机关如法国等大陆法系的行政法院其实并不多见，因其职能的专一性，所以决定其性质和结构的制度建设会体现更多的司法属性，尤其是其追求公平正义的社会价值和公开有序的工作规范，以及组成人员的专业化、专职化和内设机构的业务协调性与实体独立性，都必须以制度的形式来建立和健全；兼及问责的问责机关因其问责职能在其全部职能中的内设性和局部性，所以其问责职能的制度建设必须服务并服从于整个单位整体职能发挥的需要，即问责机关的性质和结构的制度建设的独立性相对较小,尽管与独立设置的问责机关在制度建设的逻辑上有相似之处,但注重与整个单位整体职能的协调是这类问责机关制度建立和健全的特色和问责职能有效发挥的关键。从问责机关职能运行的制度建设看,包括职能权限的划分和职能运行的程序等制度建设,其中职能运行程序制度建设是问责权有效行使的关键。从问责机关能力评价的制度建设来看,应该包括问责机关问责能力评价的内部制度建设和外部(第三方)制度建设,在二者兼顾的同时,尤其要突出的是问责机关外部评价制度的建设。所谓问责机关与问责主体和问责客体之间的制度健全从根本上说是行政机关外部机构与行政机关之间关系的制度建设的一种特殊形式,即实质上是权力制约中行政权外的权力或权利对行政权的制约,其制度健全主要体现在问责事由和范围的制度化界定、问责主体与问责客体之间利益关联性的制度化约束以及问责信息和材料的获取和运用等制度建设,其中尤其以二者之间利益关联性的制度化约束为制度健全的关键。所谓问责主体与问责主体之间的制度健全主要指的是不同问责主体在问责权范围的划分、问责信息的交流、多问责主体间问责事务协同等方面的制度建设和完善,尤其以不同问责主体间问责权范围的划分为制度健全的关键。所谓问责客体与问责客体之间的制度健全是基于行政机关外部问责机关的设置而言的,主要是针对问责客体的行政职能的不同、行政层级的差别等来确定其被问责的事由的性质和范围的制度建设和优化。同内部制度健全一样,外部制度健全也是以上述四个方面的制度健全为基础才能达到的。

从权力制约的法治化要求看,行政问责外部制度健全因其行政机关与外部机构的相对独立性,所以应在异体性权力制约的理论架构下进行完善,异体性权力制约要求行政问责过程中的相关主体之间在利益上和职能上保持独立,整体上主体间独立程度的大小与行政问责效果的优劣一般成正相关,所以在行政机关外部进行行政问责制度建设时关键要突出各相关主体在利益分离和职能分立上的制度建设和完善,使权力制约的内在逻辑通过外部制度化设计在行政问责过程中得以实现,其他制度的设计要服务于或有利于异体性权力制约促进行政问责效果的需要从而形成内在联系的制度体系。

二、实质要件

行政问责法治化的实质要件主要是指行政问责得以实现所必须具有的思想理论基础和权力运行机理,即行政问责法治化是现代法治在行政问责中的具体实践,从问责的理论逻辑起点上说,必须体现主权在民的民主法治思想的要求,从问责的权力运行机理上说,必须遵循权责统一的现代法治基本原则。主权在民的法治思想和权责统一的法治原则在法治化实践中的指导作用是普遍的,但结合行政问责法治化的具体要求,这里主要阐述其与全面守法的法治化要求的内在联系及其关键作用,这是分析行政问责实质要件作用发挥的主要逻辑理路。

(一)主权在民

主权在民从现代法治的角度看,主要是指国家的权力包括一切公权力其合法性来源最终归于多数人的意志和愿望。主权在民的思想在一定意义上可以从两个角度去理解,一是主权在公民,一是主权在人民。

1. 主权在公民

主权在公民是指国家的权力与每个具有特殊性的公民的意志和愿望是相关联的,具体表现为每个具有特殊性的公民的意志和愿望中的具有普遍性的部分,而普遍性是寓于特殊性之中的,所以该普遍性的意志和愿望是寓于每个公民具有特殊性的意志和愿望之中的,因此,国家的权力尽管不完全表现为每个公民的意志和愿望,但国家权力离不开每个公民的意志和愿望,与每个公民的意志和愿望都具有关联性。主权在公民的理念既说明国家的权力不是神授的、抽象的,是与每个公民的意志和愿望相关联的,国家的权力必须对公民权利的存在肩负起应有的担当,同时又说明每个公民的意志和愿望都与国家的权力息息相关,每个公民的权利的实现和保障都离不开国家的权力的存在和运行,所以每个公民之于国家,在强调自身权利存在的基础性的同时必须正视自身义务存在的必要性。

正是基于对主权在公民的这层意义上的理解,所以在行政问责法治化建设进程中,全面守法的主动性的法治化要求的理论依据就比较明晰。首先,作为国家公权力的行政问责权的存在是与每个公民的意志和愿望相关联的,是每个公民意志和愿望中的普遍性意志和愿望的集中体现,作为行使行政问责权这一国家公权力的行政问责主体应该主动依据法律行使自己的权力,因为自己的意志和愿望也是构成行政问责权的合法性的基本来源,自己依法履行来源于自身意志和愿望的行政问责权,应该说履行职权时能较好地体现全面守法的主动性的法治化要求是理所当然的。其次,作为行政问责客体的公民其意志和愿望也是构成国家公权力(包括行政问责权、政府的行政权)等的合法性的基本来源,同理,自己依据能够体现自身意志和愿望的法律去行使公权力时,包括接受行政问责这一国家公权力的问责和自己日常行使政府行政权这一国家公权力,能够较好地满足全面守法的主动性的法治化要求也是理所当然的。

2. 主权在人民

主权在人民是指国家的权力是通过人民的意志和愿望得以体现的。人民是一个政治色彩比较浓的概念,一般是相对于敌人而言的,在和平建设时期,人民一般可以界定为主要是除去被国家刑法制裁且剥夺政治权利的人以外的所有人,实质上是一个特定国度里的多数人的集合体,所以说主权在人民契合了现代法治蕴含的国家法律是多数人意志和愿望的体现的要求。主权在人民也不仅仅是一个抽象的理念,其根本价值只有通过实践才能得以体现,即必须通过一定的机制才能真正得以实现,在当今社会的主要实现机制就是代议制,如议会制、人民代表大会制等。这种代议制最大程度使多数人的意志和愿望基于直接、通过间接最终体现在机制运行的结果中,这种结果在现代国家中的主要表现形式就是国家法律,而国家法律既是国家权力存在的合法依据,也是国家权力运行的基本规范。主权在人民的理念强调了国家权力的人民性,即多数人意志和愿望的体现,说明在现代社会中少数服从多数、众人意志优先的民主意识是国家法律产生的前提和国家权力运行的保障。

主权在人民所体现的国家法律和权力的多数人意志和愿望的内在属性,在行政问责法治化建设过程中,使全面守法的主动性的法治化要求成为现实。首先,作为意志和愿望得以直接和间接体现的多数人自己和群体来说,遵循体现自己和群体自身的意志和愿望的行政问责法律规范自然是一个内心易于接受的主动的过程,即全面守法的主动性的实现。其次,作为意志和愿望未能直接和间接体现的少数人和作为行政问责客体的被问责者,基于现代社会发展的根本理念和现代公民的基本素养,对于少数服从多数、公众意志优先的普遍认同,对主权在人民的前提下产生的行政问责的法律制度的遵从,其内心的主动性应该是主导,个人秉性弱点应该是造成其中多数人违背问责法制的冲动性行为的及时性原因。所以,只要行政问责法治化建设能够真正体现主权在人民的理念,行政问责过程中全面守法的主动性的法治化要求从整体上就能够得到较充分的满足。

综上可见,倘若主权在公民与主权在人民的理念能够互补融合并通过一定机制付诸有效实践,则行政问责建设中全面守法的主动性的法治化要求就会得到更加充分的体现,为此在我国,在强调主权在人民的基础上要更加重视主权在公民的理念的培养和机制的创建。

(二)权责统一

权责统一是指国家公权力的行使者在拥有公权力的同时必须承担因公权力的履行而产生的相应的责任,在法治化进程中,权责统一不仅是一个关系权力适格的重要的理论问题,更是一个涉及权力制约的关键的现实问题。无论从理论上还是从实践上看,权责统一的表现都呈现出形式上的统一与实质上的统一两种倾向和形态,对行政问责法治化产生的影响也是明显不同的。

1. 形式上的统一性

此处的形式上的权责统一主要是指形式上的权力行使者与形式上的因该权力的行使而产生的责任保持高度一致,而影响该权力行使的其他因素在追究责任时一概不予考虑的权责统一。这种权责统一的最大优势是责任追究在认定、实施、执行上显得简单易行,结案快、效率高,但其最大劣势在于合理性、公正性难以得到有效保障。尤其在一个法治不健全、权力界限不清、体制性干扰因素多元多发的环境里,形式上的权责统一会严重影响问责的实质效果,甚至导致行政问责公信力的流失和下降,产生该问责的未问责、不该担责的成了替罪羊,最终出现以形式上的问责掩盖实质上的规避和专断。原因有多方面,但最重要的原因是现代法治不健全,所有国家权力都必须以多数人的意志和愿望为依归,而体现多数人意志和愿望的法律是至高无上的,这些理念没有很好确立、在治理实践中也没有很好地坚持。

形式上的权责统一若不能真实反映权与责之间的内在联系,不能真正体现多数人对权力配置和责任承担的共同意愿,则行政问责法治化建设中全面守法的主动性的法治化要求就很难得到彰显,相反,行政问责之所以在实践中还能不断推行,更多的是全面守法的被动性的法治化要求发挥作用的结果,被动性守法不仅会增加行政问责的执行成本、执行难度,挫伤行政执法者的积极性,鼓励了实质滥权者的行为,更重要的是会损及行政问责结果的权威性,进而损及政府的公信力。

2. 实质上的统一性

此处的实质上的统一性是指公权力的行使者因行使公权力而造成相应责任的承担符合多数人对权责关系的内在统一的认识和意愿,即有权必有责、有责必担当、失职必问责,这里的权力的配置和责任的承担都是多数人意志和愿望的体现,排斥个别人或个别团体因为自身利益影响而使赋权和担责出现错位甚至张冠李戴的现象。实质上的权责统一性离不开两个重要方面:一是必须是多数人意志和愿望的体现,这是现代民主法治的内在要求,离开了多数人意志和愿望,权责关系必然走向专制或人治,最终权责统一就成为掩盖专制或人治的外在形式;二是必须通过法律的形式加以规范,因为在现代社会最能够体现多数人意志和愿望的规范形式就是法律,而且法律具有稳定性和统一性,同时易于通过司法路径加以保障,能够最大程度避免个人专权对权责统一规则的干预。

实质上的权责统一是现代社会开展行政问责必须秉持的基本原则,也是公权力运行尤其是行政执法主体行使公权力时贯穿始终的内在机理。因为实质上的权责统一体现了多数人的意志和愿望,所以从行政问责法治化要求的全面守法的要求来看,更有利于主动性的法治化要求的满足,无论是从行政问责主体还是从行政问责客体来说,都会大大增强其主动遵守行政问责法律规范中权责统一的基本原则。

综上可见,权责统一的形式性和实质性对行政问责的效果具有基本相反的作用,实践中任何一种实质上的权责统一都必须要以一定的形式表达出来,即必须要有一定的形式性,只不过这种形式主要是法律,而且必须以体现权责统一的实质性为出发点和归宿,所以,在我国行政问责法治化建设中,要避免非法律的权责统一形式,提倡体现多数人意志和愿望的实质性和形式性相结合的权责统一,从而保证全面守法的主动性的充分发挥,从根本上提高行政问责的效果和权威。

第四节 行政问责法治化的理想模式

通过以上分析可以看出,行政问责法治建设从大的方面说包括构成要素和实现要件,而且构成要素又包括结构要素和规则要素,实现要件又包括形式要件和实质要件,这些都是行政问责法治化建设中具有共性的组成部分,这些组成部分尽管是共性的存在,但具体到我国法治现实,每一个组成部分又有自身的独特内容,所以在法治化推进过程中必须坚持共性与个性的统一、普遍与特殊的结合。行政问责法治建设的这种统一与结合的基本逻辑和架构,就是把我国行政问责建设的实际状况与法治主义理念下的全面推进法治建设理论范式相结合,构建逻辑严密、结构合理、符合实际的行政问责法治化理想模式。从对行政问责法治建设的构成要素和实现要件与法治化研究范式基本要求的生产良法与落实良法的内在关系看,行政问责法治化理想模式构建的思路是十分清晰的。

首先,行政问责的实现要件体现的是法治化建设理论范式中生产良法的基本要求。行政问责法治化实现要件中的形式要件包括体系完备与制度健全的辨析和构建,其基本逻辑在于防止理论脱离实际和形式大于内容,体现的就是法治化理论范式中法制完备的理念,要求强化问责的实质性;行政问责法治化实现要件中的实质要件包括主权在民与权责统一的倡导和确立,其基本逻辑在于突出权利中心地位和规范权利救济路径,体现的就是法治化理论范式中权利本位的理念,要求强化问责的个体性;权利本位和法制完备是生产良法的基本要求,可见行政问责法治化的实现要件体现的正是法治化建设理论范式中生产良法的基本要求,如图 15 所示。

法制完备(突出问责实质性) ← 形式要件(体系完备 制度健全) ← 行政问责实现要件 → 实质要件(主权在民 权责统一) → 权利本位(突出问责个体性)

图 15　行政问责法治化实现要件与生产良法的关系图

其次,行政问责的构成要素体现的是法治化建设理论范式中落实良法的基本要求。行政问责构成要素中的结构要素包括问责主体、问责客体、问责机关的界定和设立,其基本逻辑在于防止特权的存在和保障权力的运行,体现的就是法治化理论范式中权力制约的理念,要求强化问责的异体性;行政问责构成要素中的规则要素包括问责条件、问责方式、问责规范的设计和规制,其基本逻辑在于保证标准的统一和实现规范的执行,体现的就是法治化理论范式中全面守法的理念,要求强化问责的主动性。权力制约和全面守法是落实良

第二章 行政问责法治化的理想模式

法的基本要求,可见行政问责的构成要素体现的正是法治化建设理论范式中落实良法的基本要求,如图 16 所示。

图 16 行政问责法治化构成要素与落实良法的关系图

综上分析,将以上两图按照坐标系构建,并结合现代行政问责法治实践,行政问责法治化的理想模式可用图 17 表示。

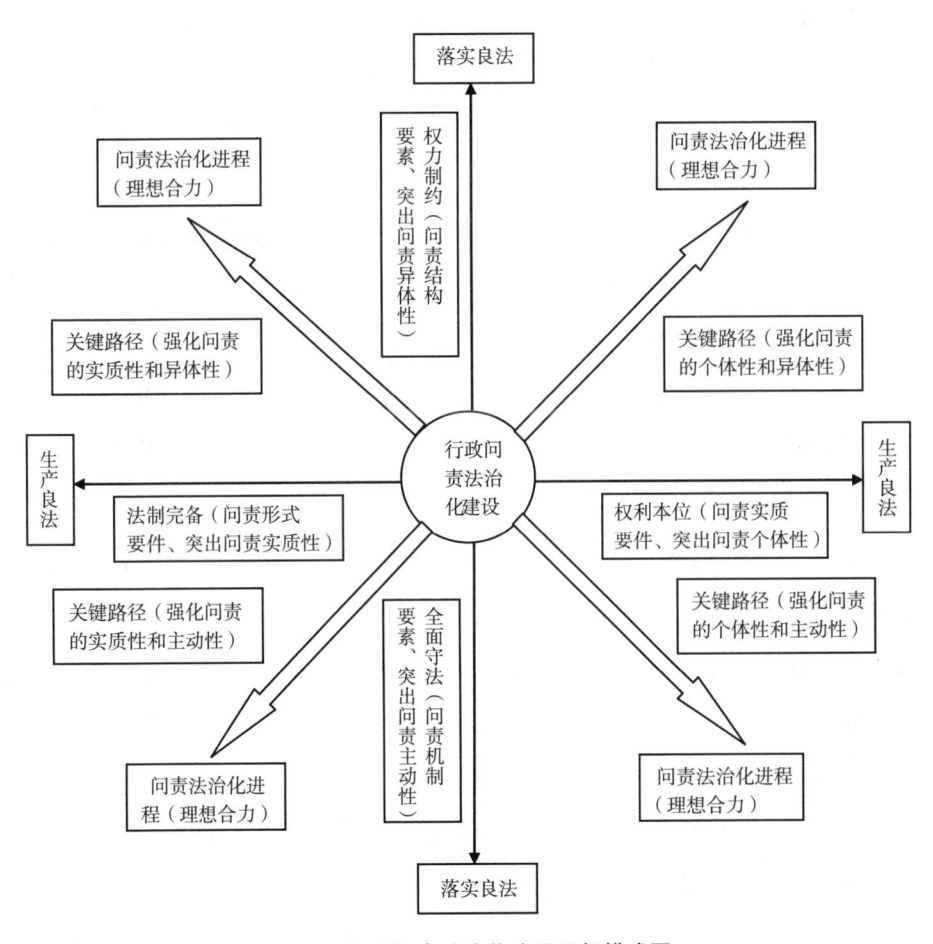

图 17 行政问责法治化建设理想模式图

小　结

本章"行政问责法治化的理想模式"研究是在第二章"法治主义理论范式"的基础上结合行政问责法治建设的实践展开的，主要为下文中分析推进我国行政问责法治化建设提供理论依据和实践思路。本章主要从三个方面进行阐述。

首先，通过对现代行政问责法治化本质内涵和属性的分析，为行政问责法治化实践提供原则性、宏观上的指导。结合现代民主意识和法治观念，认为行政问责法治化是指由代表公共利益或关联利益的相关主体、通过特定机关、根据多数人的意志、对不履行或不正确履行职责而损害公众权利或公民权利的行政工作人员追究责任、并使受损公众权利或公民权利得以最大程度恢复的过程以及该过程的规范化；因此，行政问责法治化的价值追求在于公众权利或公民权利的实现和保障、根本动力在于公众广泛而有效地参与。

其次，通过对行政问责法治化的构成要素和实现要件的分析，为行政问责法治化建设提供中观和微观的结构化指导。行政问责构成要素可分为结构要素和规则要素两类，结构要素涉及问责主体、问责客体、问责机关及其界定和设立，体现三角结构，其基本逻辑在于防止特权的存在和保障权力的运行，要求强化问责的异体性；规则要素涉及问责条件、问责方式、问责规范及其设计和规制，体现协调统一，其基本逻辑在于保证标准的统一和实现规范的执行，要求强化问责的主动性；行政问责实现要件可分为形式要件和实质要件两类，形式要件涉及体系完备与制度健全及其辨析和构建，其基本逻辑在于防止理论脱离实际和形式大于内容，要求强化问责的实质性；实质要件涉及主权在民与权责统一及其倡导和确立，其基本逻辑在于突出权利中心地位和规范权利救济路径，要求强化问责的个体性。

再次，通过对行政问责法治化本质及其构成要素和实现要件的分析，结合

第二章 行政问责法治化的理想模式

行政问责建设的实际状况与法治主义理念下的推进法治建设理论范式,以生产良法和落实良法为坐标轴,构建逻辑严密、结构合理、符合实际的行政问责法治化理想模式,直接运用于我国行政问责法治化理论和实践的进一步完善和发展。

第三章　我国行政问责法治化的积极探索

第一节　我国行政问责法治化的理论探索

我国对具体以"行政问责"为特定概念的理论研究相对来说起步是比较晚的,这与我国多数领域的理论研究比较依赖于基于实践发展的需要尤其是国家政策性的重视有密切的关系。一般来说,行政问责的理论基础源于西方近代的社会契约论、人民主权论和代议制民主理论。20世纪60年代末70年代初新制度经济学的兴起,西方学者基于要解决委托代理关系中的信息不对称以及代理人的投机本性难题,提出了对代理人予以严格监督问责,从而促进了行政问责的研究。而在我国,直到2003年非典事件以后,行政问责才成为理论研究中的热点,主要动力在于:一是服务型政府理念的确立,推动着政府以更加开放、民主、负责的姿态加强自身的监督和接受社会的监督;二是网络时代的到来,公民社会的崛起,强力诉求政府建立健全行政问责制来约束政府更加负责任地承担起百姓的安全、健康等民生问题;三是学者们把西方对行政问责的研究介绍到中国,促成了西方理论借鉴和中国实践的紧密衔接。①

---

① 钟裕民:《行政问责制研究述评》,《中国特色社会主义研究》2011年第2期。

第三章　我国行政问责法治化的积极探索

一、我国行政问责理论研究的现状

到目前为止,我国学者对行政问责的理论研究总体取得了较为丰富的成果。单从数量上讲,在中国知网(CNKI)上输入主题为"行政问责"的关键词,统计的结果是到2019年年底,全国共发表带有主题为"行政问责"的研究论文有1932篇,其中2009—2011年每年公开发表的论文均超过200篇,2009更是达到239篇的最高值。通过对这些研究成果的分析,可以看出我国行政问责理论研究的大致概况。

(一)从行政问责的内涵阐释角度看,主要集中在对"行政问责"概念的解读和"责任分类"的理论探究上

对"行政问责"概念的解读和界定可以说是深入开展行政问责研究的前提和基础,所以我国学者从开始涉及行政问责研究时起就十分关注这个问题,且从不同的角度进行了分析和归纳。学者高梵认为行政问责制,主要是专门针对国家各级行政人员在所辖范围内因过失或故意,导致工作贻误或损害公民合法权益,给国家行政机关造成不良影响,而在国家行政体系内部实行监督和责任追究的制度体系。[①] 周亚越教授的观点是,行政问责指的是特定的问责主体针对各级政府及其公务人员所在职位应承担的责任与义务的实际履行情况,要求其承担否定性结果的一种规范。薛瑞汉教授则进一步提出,行政问责就是一种对行政责任的追究,符合民主政治和责任政府的相关要求,是指问责主体按照法定程序,对于行政机关的人员违规操作或者没有正确履行相应义务而必须承担的责任和后果,[②]即通过特定的问责主体对问责客体责任的监督,从而有效地防止政府机关人员权力的滥用。[③]

[①] 高梵:《我国行政问责制的现实困境与推进路向》,《新疆社会科学》2014年第6期。
[②] 薛瑞汉:《完善我国行政问责制的对策建议》,《云南行政学院学报》2007年第2期。
[③] 卢智增:《现代行政问责制研究述评》,《中共山西省委党校学报》2016年第10期。

从"责任分类"的角度来分析行政问责的内容,也是近年来学者们关注较多的主题,这不仅涉及行政问责的范围,还涉及行政问责的标准。关于责任分类的研究,张成福教授的《责任政府论》是国内具有重要影响的学术论文,他在该文中把责任政府所应承担的责任进行了明确的划分,划分为道德责任、政治责任、行政责任、法律责任等,并提出要加强内部控制和外部控制以督促政府正确履行责任。张成福还认为,政府责任还有主观责任和客观责任之分,前者是指政府公务员内心对责任的感受,后者则是由法律规定的和上级交付的客观应尽的义务。① 蔡放波教授指出,政府责任可以从宪法责任、政治责任、行政法律责任、行政道德责任等四个方面考察。② 胡润忠教授则在政府责任划分的基础上,将公共行政问责制划分为官僚型问责、法律型问责、专业型问责和政治型问责四种类型。宋涛博士则深入地探讨了等级问责和政治问责的不同,认为等级问责制主要涉及行政管理制和行政执行制中的责任,其实现机制以行政内部为主;政治问责制主要涉及决策中的责任,其实现机制以行政外部为主。③

(二)从行政问责的价值意义角度看,主要集中在"问责缘由"的理论辨析和"现实功用"的治理需求上

所谓"问责缘由"涉及的是行政问责的正当性来源问题,即开展行政问责是基于一个怎样的现代社会能够认可和接受的理论,这是行政问责得以广泛、长期有效开展的精神实质所在。学者赵素卿基于人民本位的层面,将问责制视为彰显人民主权,推进民主政治建设的重要途径。④ 问责制的合法性在于"权为民所授",我国的问责制根本上是在人民主导下展开的政治行为,意味着人民群众作为国家主人对各级党政官员的监督制约,因而其有助于铲除各

---

① 张成福、党秀云:《公共管理学》,中国人民大学出版社2001年版,第324页。
② 蔡放波:《论政府责任体系的构建》,《中国行政管理》2004年第4期。
③ 钟裕民:《行政问责制研究述评》,《中国特色社会主义研究》2011年第2期。
④ 赵素卿:《问责制:民主执政的重要方式》,《中共山西省委党校学报》2014年第6期。

第三章　我国行政问责法治化的积极探索

级党政机构中存在的对上负责和对下不负责的官场文化沉疴,使各级党政机构切实树立权力即责任的意识,在推进民主政治建设中起到积极作用。① 黄健荣教授等认为,问责制主权在民和平等正义是建构问责制政府的根源性学理和法理依据,基于这样的理念,政府必须向人民负责,必须公正平等地为公民服务。② 但是,主权在民思想只是从政治逻辑层面论证了对政府官员问责的必要性,这种政治逻辑在实践中是如何表现的呢?委托代理关系能够较好地揭示这种主权在民的本质。主权在民实际上意味着公民和政府官员间建认了某种委托代理关系,鉴于委托方和代理方之间的信息不对称和利益冲突,作为委托人的公民需要设计相应的制度来约束政府官员的权力,使其对损害委托人利益的行为承担相应的责任,从而减少政府官员失职失责行为的机会。③

所谓"现实功用"指的是我国开展行政问责对促进国家治理现代化的现实作用,体现的是行政问责存在的现实意义。唐铁汉教授基于治理主体的层面,将问责制视为转变治理职能,提升执行力和公信力的必然要求。近年来我国虽在国家治理机制改革上取得了诸多突破,但国家治理主体的信任建构依然面临诸多障碍,问责制的建构就是要对部分党政机构有令不行和推诿扯皮现象进行责任追究,并通过积极转变职能为建设责任政府提供载体,因而对提升国家治理的执行力和公信力具有积极意义。④ 张海波教授、童星教授则基于治理过程的层面,将问责制视为化解原发型公共危机的有效手段。⑤ 问责制的出场与原发型公共危机的现实推动紧密相关,在社会转型期内,随着国家体制的转轨,我国经济、社会、生态和教育等领域的"原发型"危机也开始释放,在对公共危机的治理过程中,问责制的建构有助于从制度、政策、价值和结

---

① 胡洪彬:《国内问责制研究的定量定性分析与评价》,《湖北社会科学》2016年第3期。
② 黄健荣等:《建构问责制政府:我国政府创新必由之路》,《社会科学》2004年第9期。
③ 李眉荣:《问责制的阻滞因素及其对策分析》,《中南林业科技大学学报(社会科学版)》2009年第5期。
④ 唐铁汉:《我国开展行政问责制的理论与实践》,《中国行政管理》2007年第1期。
⑤ 张海波、童星:《公共危机治理与问责制》,《政治学研究》2010年第2期。

构等危机源头来进行治理,从而达到从根本上缓解"原发型"危机的目的。在某种程度上,问责制的建构是减少各类原发型公共危机的必然选择。①

(三)从行政问责的建构完善角度看,主要集中在"制度建设"的关键所在和"完善路径"的优先选择上

行政问责的制度建设是一个系统工程,由于我国行政问责起步较晚,制度建设不仅体系不完备,而且有些环节甚至缺失,所以学者对制度建设的研究突出了关键所在。② 一是制度体系建设的研究。陈瑞莲教授着重强调了问责中的政府内部以及政府与立法会、公众之间的关系问题。③ 她认为,问责制的实行过程中必须致力于完善其相应配套机制的建设,明确问责的标准,协调好政府内部以及政府与立法会、公众之间的关系,并必须用制度对这一种问责文化和意识进行强化。④ 张贤明教授认为制度是根本性的因素,实现问责制与问责实践的协同发展,关键还是要推进问责实践中配套制度体系的完善。当前在高度重视政治问责机制、行政问责机制和党内问责机制建设的同时,还要建构全方位的监督机制和独立的司法制度,为问责过程的具体运行提供良好的制度环境。⑤ 张创新教授则把对当前中国行政问责的制度体系系统化、规范化设计看做是中国行政问责从"新制"到"良制"的实质性转变的关键,并认为这种体系设计应然地包括行政责任的确定、行政责任的追究和行政问责的救济三个运行基点。⑥ 二是问责程序制度的强调。毛寿龙教授在《引咎辞职、问责制与治道变革》一文中提出,程序问责具有重要意义,要高度重视当前中国行

---

① 胡洪彬:《国内问责制研究的定量定性分析与评价》,《湖北社会科学》2016年第3期。
② 胡洪彬:《国内问责制研究的定量定性分析与评价》,《湖北社会科学》2016年第3期。
③ 陈瑞莲:《香港高官问责制:成效、问题与对策》,《中国行政管理》2003年第11期。
④ 钟裕民:《行政问责制研究述评》,《中国特色社会主义研究》2011年第2期。
⑤ 张贤明:《当代中国问责制度建设及实践的问题与对策》,《政治学研究》2012年第1期。
⑥ 张创新:《从"新制"到"良制":我国行政问责的制度化》,《中国人民大学学报》2005年第1期。

政问责制中程序制度建设,他认为中国政府的问责举措基本上还停留于行政性操作的层面,要推进中国的治道变革,就必须在制度上重视从行政性问责走向程序性问责。纪培荣教授、刘继森教授认为,程序的科学性是问责结果公正性的根本保证,要加强问责过程的程序化建设,如责任如何认定、问责如何启动、问责结果如何回应等①。阮爱莺教授认为,我国目前的问责程序仍然不规范、不完善,②如问责启动大多是政府机关,而不是政府机关之外的异体问责主体,尤其是人大问责程序相对缺乏,人大的监督作用没有很好地发挥出来。③

在行政问责的完善路径上看,学者们的研究范围较广,相对集中的主要有异体问责机制和问责文化塑造两个方面。④ 一是异体问责研究。杨叶红教授主张,异体问责制就是五大涉宪主体之间的问责制,即人大对政府的问责制,民主党派对执政党的问责制,民主党派对政府的问责制,新闻媒体对执政党和政府的问责制,司法机关对执政党组织和政府的问责制。⑤ 宋涛博士认为,必须扩大政府机关以外的问责主体,建立异体问责模式,以增强问责效果,特别是要加强以公民参与为主体的社会问责,以实现良政治理。⑥ 王青教授认为,同体问责和异体问责的双重结合,是行政问责制的发展方向,特别是在我国,异体问责效果更好、更具公信力。⑦ 二是问责文化的塑造。周亚越教授论证了行政问责制的软件条件,她认为在行政问责制中,即便有了制度"硬件",但也需要"软件"的补充,即行政问责的柔性机制,其核心和灵魂就是行政问责文化。⑧ 王芳认为要建构与问责制相契合的社会政治文化。⑨ 文化建构为问

---

① 纪培荣、刘继森:《官员问责制与建设责任政府》,《理论学习》2006年第2期。
② 阮爱莺:《官员问责制在我国的兴起、问题与对策》,《东南学术》2004年第8期。
③ 卢智增:《现代行政问责制研究述评》,《中共山西省委党校学报》2016年第10期。
④ 卢智增:《现代行政问责制研究述评》,《中共山西省委党校学报》2016年第10期。
⑤ 杨叶红:《论行政问责中异体问责的缺位》,《求索》2004年第12期。
⑥ 宋涛:《行政问责模式与中国的可行性选择》,《中国行政管理》2007年第2期。
⑦ 王青:《浅析我国的行政问责制》,《黑河学刊》2010年第5期。
⑧ 周亚越:《行政问责制研究》,中国监察出版社2006年版,第109页。
⑨ 王芳:《论依法行政视野下的行政问责制》,《行政与法》2000年第31期。

责制的实施提供了"软环境",当前应积极通过各种教育和培训,强化和提升各级国家治理主体和广大人民群众的责任意识和问责文化水平,其目的在于使权责一致的观念更加深入人心,成为政治和社会系统的普遍思维习惯,从而为问责制的实施奠定坚实的意识和文化基础。①

二、我国行政问责理论研究的评价

（一）关于行政问责的内涵阐释整体看形式性较强而本质性不足

关于行政问责的内涵当然要说明问责主体、问责客体、问责条件等要素性内容,也必须分析政治责任、法律责任、道德责任等责任类型或责任范围,但这些毕竟是行政问责表面存在的技术性的构成要素,而为什么构成行政问责的主体、对象、条件等要素只能是这些而不能是那些,为什么行政问责的责任可以从政治的、道德的、法律的等角度去分类或概括,这些问题的回答才是行政问责得以存在和发展的内在的本源含义、本质属性。现代民主政治实质上就是众人之治,任何公权力的行使都要体现和保障众人的意志和利益,即多数人的意志和利益,这是行政问责得以存在和发展的缘由和根据,其他一切技术性的构成要素的存在和分析都必须以此为基础,否则就会失去灵魂。我们不能以多数人问责在实际操作中难以实现为由而否定这一本质属性,相反,这一本质属性与实然操作之间的贯通纽带就是现代法治。

（二）关于行政问责价值意义的分析突出了实用性而忽视了规律性

行政问责缘起于现代民主思想,但民主在中西方文化中的内涵和外延是有明显差别的。西方过于关注个人权利的表达与实现和我国自古有之的集体观念无论在民主理论还是在民主实践乃至国家治理结构中都有显而易见的体现。所以,行政问责在我国存在和发展的价值意义就不是解决政府或政府官

---

① 胡洪彬:《国内问责制研究的定量定性分析与评价》,《湖北社会科学》2016年第3期。

员不当或失职行为的追责这样简单,而是使现代民主观念和制度借助行政问责这样的形式并与我国特定国情相结合最终促进我国国家治理现代化的形成,这种结合的结果必然是法治,即通过多数人的意志将政府的权力与责任、公民的权利与义务等等以制度的形式加以规范,再通过对制度的严格履行从而达到政府责任的承担和公民权利的保障,这些过程和结果都不是除去民主法治架构下形成的法律制度之外的所谓行政问责制能够真正实现的。

(三)关于行政问责的建构完善比较关注制度本身而相对淡化主体本性

行政问责的发展和完善面临着诸多现实问题,必须在制度完善的基础上系统化的解决,但就制度本身的瑕疵来考虑制度的完善,难免头痛医头、脚痛医脚,很难有实质性的突破,所以必须通过主体本性的分析来完善制度存在的问题,才能标本兼治。现代行政问责体现的是多数人的意志,其价值追求在于公众权利或公民权利的实现和保障,其根本动力在于公众广泛而有效的参与,这些理念如何变为现实,基于"绝对的权力产生绝对的腐败"的认识,在我国应该重点意识到行政问责法治化建设,而保证问责各方各类主体拥有的问责权之间既相互监督、又循环制约的真正实现,避免绝对问责权的存在,是构建我国行政问责法治化实现机制的关键。从对策层面探索,基于具体国情和权力制约的现实需要,还必须正确处理我国行政问责法治化实现机制与党群系统问责衔接、与其他关联机制协调的有效路径。

第二节 我国行政问责法治化的实践探索

从目前已有相关行政问责的研究文献来看,多数学者都认为我国的行政问责实践是从2003年非典事件的应急处理时期才开始的,当然仅就明确的"行政问责"概念的提出和实践来说,这样认定是有道理的,因为在非典之前确切地说我国还几乎没有行政问责这样的明确概念,官方的正式文件中更是没有行政问责这样的规范表述。所以有学者认为2003年7月15日,长沙市推出的《长沙市人民政府行政问责制暂行办法》,"标志着中国行政问责开始进入制度化建设的探索阶段"。[①] 然而,从实质意义的行政问责实践,即政府和政府工作人员因失职或不当行为而造成不良后果要以一定形式承担责任这一现实现象看,现代行政问责的初步实践从我国改革开放起就已经存在。基于这种认识,本研究认为改革开放以来,我国从中央到地方在行政问责方面都进行了有益的探索和初步的实践,使行政问责经历了这样一个发展历程:从权力问责发展到制度问责,再由制度问责趋向于法治问责。在这个过程中,我国行政问责实践不断在探索中向前发展,其中最为突出的体现就是从中央到地方以及各部门各领域都制定了相当数量的问责规范性文件,这些规范性文件的制定和实施为行政问责趋向法治化作出重要准备。随着行政问责在制度层面的强化和执行层面的推进,无论是政府官员还是普通群众对行政问责的认识都在不断深入、理念也在不断更新。

一、我国行政问责实践发展的过程

(一)权力问责阶段

从改革开放到21世纪初(主要以2003年非典事件为界),我国行政问责处于以权力问责为主要特征的阶段。

改革开放初期,由于受"文革"影响,我国绝大部分国家法律制度都已经被废弛或疏于执行且尚未恢复,更不用说与行政问责相关的规范性文件的制定了。但改革开放后的全面拨乱反正,使全民的思想逐步走出"文革"的思维,人们的法制意识在不断增强,政府及其工作人员为人民服务的观念和责任感在

---

① 韩志明:《实践、制度与理念之间的互动及其张力——基于中国行政问责十年历程的理论思考》,《政治学研究》2013年第1期。

不断提升,尤其是以经济建设为中心的国家发展方针的确立,使政府的工作职责越来越清晰、越来越具体,人民对自身权益的认识也越来越明确、越来越实际,所以,政府及其工作人员的失职和不当行为造成不良后果后应该承担责任的观念不仅在政府自身有了一定的认识,在广大群众中也具有了一定的基础,从而使后来的一段时期里也出现了若干具有典型性的领导干部被追责的事例。但基于当时我国权力过于集中、制度建设滞后等现实,这一阶段领导干部对责任的承担,主要是根据上级组织或领导的意图和建议,没有具体明确的或有针对性的问责制度存在,只能比照有联系的纪律处分规定和法律法规的个别条款,其随意性较大,而且问责集中于有重大过错的、发生重大事故的领导干部,如:1980年8月,国务院作出的对"渤海2号"钻井船翻沉事故的处理决定,解除时任石油部部长的职务,并给予主管石油工业的国务院副总理记大过处分;1988年1月,由昆明开往上海的80次特快旅客列车发生颠覆事故,造成88人死亡,62人重伤,国务院接受了时任铁道部长引咎辞职的请求。①

(二)制度问责阶段

从21世纪初(主要从2003年非典事件起)到2009年[主要以2009年7月12日,中共中央、国务院共同颁布实施《关于实行党政领导干部问责的暂行规定》(以下简称《暂行规定》,现已废止,由《中国共产党问责条例》取代)为界],我国行政问责进入以制度问责为主要特征的阶段。

2002年7月1日,香港特别行政区原行政长官董建华宣布在香港推行"高官问责制",此后,尤其是2003年非典事件以后,内地相继推行了这一制度。这一阶段领导干部问责有了相对明确或有针对性的问责制度作为依据,在问责主体、问责客体、问责范围、问责方式等多方面进行了规定,在一定程度上减少了问责的随意性。但这毕竟是一种制度建设,与问责法治化还有一定

---

① 张华民:《我国行政问责的法治化思考》,《行政法学研究》2010年第4期。

的距离,因为制度包含法律,但并非所有的制度都是现代意义上的法律的范畴,只有通过现代民主机制产生的能够体现多数人意志和利益的制度才是现代意义上的法律。但这一时期的制度建设多是政府和政党的行为,而且主要针对某一领域或某一地区,缺乏民主性、统一性和广泛性,难以保证问责的公平公正。如不同层次、不同区域的典型规定有:2003年5月国务院颁布《突发公共卫生事件应急条例》、2003年7月《长沙市人民政府行政问责制暂行办法》、2004年1月《天津市人民政府行政责任问责制暂行办法》、2005年1月《海南省行政首长问责暂行规定》、2006年7月《南昌市行政首长问责暂行办法》、2007年3月《郑州市人民政府行政首长问责办法(试行)》、2008年9月《广东省各级政府部门行政首长问责暂行办法》、2009年3月《南京市党政领导干部问责办法(试行)》,等等。①

(三)趋向法治问责阶段

从2009年7月12日,中共中央、国务院共同颁布实施了《关于实行党政领导干部问责的暂行规定》开始到现在,我国行政问责已经明显表现出从制度问责向法治问责的发展趋向。

2009年7月12日,中共中央、国务院共同颁布实施了《关于实行党政领导干部问责的暂行规定》,尽管在本质上这仍然是加强反腐倡廉和完善领导干部行为规范的制度建设,但从《暂行规定》的规范构成和功能作用上看,它显然在引领我国行政问责走向法治化。从规范构成上看,《暂行规定》第一次在国家层面对问责主体、问责客体、问责范围、问责适用、问责程序、问责救济等进行了规定,尽管规定比较抽象和不尽周延,但在一定程度上具备了问责法律制度的大致雏形;从功能作用上看,《暂行规定》对全国各部门、各地区行政问责提供了一个统一的标准,有利于避免各部门、各地区间领导干部问责的随意

---

① 张华民:《我国行政问责的法治化思考》,《行政法学研究》2010年第4期。

性和差异性,为问责的相对公平公正提供了保证,在一定程度上体现了法治的功能。这种法治化问责趋向随着我国法治国家建设的推进而不断显现。典型的地方规章如:2011年5月颁布的《北京市行政问责办法》、2012年2月颁布的《哈尔滨市行政问责规定》、2016年2月颁布的《湖北省行政问责办法》;尤其是2016年6月28日中共中央政治局召开会议审议通过并于2016年7月8日起开始施行的《中国共产党问责条例》(2019年已修订)[①],是在原《暂行条例》基础上的进一步完善,是中国共产党的党内法规,这是中国特色法治建设的重要组成部分,因为中国共产党第十八届四中全会作出的《决定》明确指出"完善的党内法规"是中国特色社会主义法治体系的重要组成部分,所以《中国共产党问责条例》的制定和施行是我国问责法治化建设进程中的重要步骤。从实践功能看,在我国党员领导干部是我国从事公务工作尤其是领导岗位工作的主要组成部分,对这个群体进行规范的规范性文件其发挥的实际规范作用很多时候并不亚于传统意义上的法律规范的作用。在这个趋向法治化问责的过程中,还有很多地方政府和政府部门出台了相应的具有一定法治功能的规范性文件,如:江西省就于2009年7月24日颁布实施了《江西省贯彻落实〈关于实行党政领导干部问责的暂行规定〉的实施办法》;在2016年6月《中国共产党问责条例》颁布后,教育部党组审议通过了《中共教育部党组贯彻落实〈中国共产党问责条例〉实施办法(试行)》、中共吉林省委通过了《中共吉林省委贯彻〈中国共产党问责条例〉实施办法》、河北省通过了《贯彻落实〈中国共产党问责条例〉实施办法》、中共北京市委通过了《中共北京市委实施〈中国共产党问责条例〉办法》、中共海南省委通过了《海南省贯彻〈中国共产党问责条例〉实施办法》、中共云南省委通过了《贯彻〈中国共产党问责条例〉实施办法》等。当然,政府和政党的行为不能完全代替代议机关的立法行为,一般性的制度也不能完全取代法律,所以,尽管原《暂行规定》和现在的《中国

[①] 2019年9月4日,中共中央印发修订后的《中国共产党问责条例》,并发出通知,要求各地区各部门认真遵照执行。

共产党问责条例》对我国行政问责趋向法治化建设无疑起到了一种明显的、有力的引领作用,但我国行政问责法治化建设征程依然任重道远。①

二、我国行政问责制度建设的状况

我国行政问责制度建设在 2003 年非典问责事件以后可以说取得了快速发展。首先是在制度建设的数量上出现了爆发式的增长,如在"北大法宝"网站"法律法规"栏上搜索关键词"问责",截止到 2020 年 5 月 10 日,搜索到的法律法规及其他规范性文件共有 830 项。同时,制定这些不同层级规范性文件的部门和地区也十分广泛,由中共中央及其下属机构、国务院及其下属机构制定的,就有 27 项,还有几乎遍布全国的大量的地方各级党委、政府及其下属机构制定的,共有 803 项。这些大量的问责制度建设有几个方面的表现值得关注。

(一)从制定主体看,各级党的组织是重要的主体

在已经搜索到的 830 项问责规范性文件中,由各级党的组织制定的文件有 149 项。这种问责制度制定主体的特殊性是与我国现实国体、政体相适应的。中国共产党是长期执政的党,是我国一切事业的领导核心,党管干部是人事制度的一项基本原则,而我国从事公务工作尤其是担任领导职务的干部中共产党员的比例占有绝对多数,对这部分关键少数的公权力的行使进行监督和制约,其所在的各级党组织不仅是职责所在,而且在现实中也确是保证问责效率和效果的非常重要的路径。但从现代法治的基本理念看,一个组织或一个团体的规范性文件的制定要更加充分地体现多数人的意志和利益,具有现代法的核心要义,进一步突出制度制定的民主性、科学性、合法性既是内在要求、也是必然趋势。

---

① 张华民:《我国行政问责的法治化思考》,《行政法学研究》2010 年第 4 期。

(二)从文件标题看,明确标明"行政问责"的文件数量不占优势

从830项规范性文件看,标题明确标明"行政问责"的规范性文件只有138项,而且都是由地方政府及其下属机构制定的。这也是我国现有体制下从事国家公务工作人员组成的复杂性决定的。在我国现有的相关规定国家公务员身份的法律规范中,公务员不仅包括政府体系中从事公务的人员,还包括立法和司法机关从事公务的人员,基于国情包括中国共产党在内的相当数量的党群组织的工作人员也属于国家公务员的范畴,所以严格地区分政府机构工作人员与立法、司法机构工作人员的身份已经相当不易,若再要明确区分政府机构工作人员和党群组织工作人员的身份差别将更加困难。另外,在我国政府是接受党的领导和人大监督的执法机关,各级党的组织的决定是各级政府必须贯彻落实的重要内容,决策者和执行者在被问责事项的责任承担方面如何划分在理论上和实践中都不是非常清晰,这对政府机构工作人员行政责任追究的实质公正会产生一定的影响。所以,在我国公权力运行的具体国情下,片面地从学理上去追求纯而又纯的行政问责制度的设计在现实工作中是很难发挥其理想效果的。但这并不意味着对职权法定、权责统一的法治基本理念的冷漠,而是要在国家治理现代化建设中更加突出法治的根本作用,不断寻找符合中国国情的权责统一的问责法治路径,这正是问责法治化理论与实践面临的重要问题

(三)从制度内容看,与现代法律制度的规范要求还存在差距

一是问责领域多而细。不同地区不同部门制定的问责规范性文件所着眼的领域数量多且分类细。类似《中国共产党问责条例》这种以具有统一性、普遍性适用为特征的问责规范性文件数量并不多,主要就是地方政府制定的标明"行政问责"关键词的地方规范性文件这一部分。而更多的是局部的、单项的问责制度,如仅2017年新制定的一些问责制度中就有:环境保护部、北京市

人民政府、天津市人民政府、河北省人民政府、山西省人民政府、山东省人民政府、河南省人民政府印发的《京津冀及周边地区2017—2018年秋冬季大气污染综合治理攻坚行动量化问责规定》、中共湖南省委办公厅、湖南省人民政府办公厅印发的《市县党政正职脱贫攻坚工作问责规定（试行）》、海口市人民政府办公厅印发的《海口市12345热线首问责任制度》、琼海市人民政府办公室印发的《琼海市整治违法建筑督查考核问责实施方案》、巢湖市人民政府办公室印发的《巢湖市预算绩效管理考核问责暂行办法》等。二是问责客体种类多且表述模糊。不同的地区不同的部门基于工作的需要对问责客体的界定缺乏统一性，整体看随意性较大。如：《汕头市人民政府所属工作部门行政首长问责暂行规定》、《哈尔滨市行政机关领导问责暂行办法》、《太原市国家行政机关及其工作人员行政不作为问责办法（试行）》、《海南省行政首长问责暂行规定》、《南宁市耕地保护领导干部问责制度》等。三是问责主体不统一且力度小。不同地区和不同部门制定的规范性文件中对问责权的行使主体的规定多种多样，表述也不够明确，而且多数问责主体都设定为行政内部机构，缺乏一定的监督力度。即便是三个典型的地方规章中其规定也有很大差别，如：《北京市行政问责办法》规定"市人民政府统一领导本市行政问责工作。市人民政府工作部门、区县人民政府及其工作部门和乡镇人民政府、街道办事处按照干部管理权限负责行政问责工作的实施"；《哈尔滨市行政问责规定》规定"行政问责工作由政府统一领导，监察机关负责组织实施"、"监察机关认为有必要时，可以直接办理同级行政机关行政问责机构或者下一级监察机关负责的行政问责案件"、"行政机关行政问责机构负责受理、调查本行政机关行政问责案件，提出拟处理意见，并接受同级监察机关的指导和监督。"《湖北省行政问责办法》规定"省人民政府统一领导本省行政问责工作"、"各级人民政府及有关行政机关按照管理权限负责管辖范围内的行政问责工作"、"县级以上人民政府监察机关负责对本级人民政府各行政机关及下一级人民政府履行监督管理职责的情况进行督促检查，依法实施行政问责"。相对于法治的统一性、公平性的要求,问责主体应该更加统一和明确,从而更好地保证问责的公正公平。

三、我国行政问责发展理念的更新

改革开放以来,我国行政问责经历了一个曲折发展过程,在这个过程中既有具体制度的建设,也有具体制度的执行,伴随着这些制度建设和执行过程的是包括政府公务人员在内的所有国民从思想上对行政问责的逐步认识和认同,从而渐渐形成基于中国国情而趋向现代法治的问责理念。

(一)有限政府理念的确立

所谓有限政府,主要是指政府的职权是有限的、政府的能力也是有限的。因为在计划经济时期,政府权力的行使因其具有代表人民根本利益的属性,所以接受政府管理、服从政府安排是人们思想上根深蒂固的观念,从而出现万能型政府、管理型政府,基本忽视了政府也会出现错误,更没有意识到政府还要为自己的错误负责这样的要求。但随着改革开放的确立,经济社会的快速发展,尤其是现代法治理念在我国的传播,同时,政府在行政过程中出现错误行为的现象的屡屡发生,以及改革开放后对政府错误行为的实际上的责任追究,使国民对政府不是万能的、政府也会出现错误、政府出现错误也必须纠正和担责等的观念有了感性的认识,非典问责事件以后,国家层面对问责的关注和实践,以及后来党中央和地方各级政府等对问责实践的大力推进和归纳总结,尤其是大量涉及问责的规范性文件的制定和实施,国民对责任政府的理解不断深入,责任政府的理念得到普遍的认可和接受。这在三个地方问责规章中有明显的体现:《北京市行政问责办法》规定"本市各级行政机关的工作人员和法律、法规授权的具有公共事务管理职能的组织及国家行政机关依法委托从事公共事务管理活动的组织中从事公务的人员不履行、违法履行、不当履行行政职责,导致国家利益、公共利益或者公民、法人和其他组织的合法权益受到损害,或者造成不良影响,依照本办法规定追究责任"。① 《哈尔滨市行政问责规定》规定"市人民政府所属工作部门和区、县(市)人民政府及其所属工作部门、乡镇人民政府、街道办事处,法律、法规授权的具有公共事务管理职能的组织,行政机关依法委托从事公共事务管理的组织中从事公务的工作人员,不履行、违法履行、不当履行职责,损害公共利益和行政相对人合法权益,或者造成不良社会影响的,依照本规定予以行政问责"。② 《湖北省行政问责办法》规定"本办法所称行政问责,是指对本省各级行政机关及其工作人员不履行、违法履行或怠于履行法定职责,导致国家利益、公共利益或公民、法人和其他组织的合法权益受到损害,或者造成其他不良影响,依法追究行政责任的活动"。③

(二)责任政府理念的推崇

所谓责任政府,主要是指政府对其越权行为、不当行为必须承担与之相应的责任。政府责任的实现必须符合权责统一的要求,即政府有什么样的权力就必须承担与之相应的责任,在具体实践中,更加强调的是谁行使权力谁就承担责任,即有权必有责、用权受监督、违法要追究,因为对政府责任的追究不是仅仅为了追究责任而追究责任,而是要通过对责任的追究来实现社会公平正义、保障多数人的权益、维护法治的尊严。我国社会曾长期经历封建专制统治,在专制社会里统治者为了维护自身的统治地位这个核心所在,在处理社会矛盾时不可能完全依据社会发展的内在规律自觉的解决矛盾,而是哪一种方式有利于自身的统治地位,无论是长期着眼还是短期考虑都有可能被运用,这其中就不可避免充斥权谋利用和愚民政策。表现在问责中就不可避免出现寻找替罪羊的息事宁人的愚民措施,甚至权责之间颠倒黑白、混淆是非,最终积

---

① 《北京市行政问责办法》2011年10月1日。
② 《哈尔滨市行政问责规定》2012年2月15日。
③ 《湖北省行政问责办法》2016年3月7日。

重难返,被人民所认清而无情地抛弃,这也是封建王朝不断被更迭取代的重要原因,即自己的行为使自己失去民心。受到封建传统意识的影响,现实中贪恋权谋的公务人员并不少见,但随着我国现代民主意识和法治精神的不断提倡和深入人心,政府及其公务人员以及普通公民权责统一的理念也在不断增强,并运用于治理实践。在问责制度建设方面的明显表现就有:《北京市行政问责办法》规定"行政问责应当坚持实事求是、公平公正、权责统一、教育与惩处相结合的原则",[1]《哈尔滨市行政问责规定》规定"行政问责应当坚持权责统一、公平公正、有错必究、教育与惩处相结合的原则",[2]《湖北省行政问责办法》规定"行政问责应当坚持实事求是、权责一致,追责与预防、教育与惩处相结合",都一致强调行政问责必须"权责统一"或"权责一致"。[3]

(三)程序政府理念的重视

所谓程序政府,主要是指政府依法定程序办事是其一切行为合法的前提。程序正当是现代法治的一项基本要求,但在我国由于长期存在"重实体轻程序"的实践环境,以至于在我国法治进程中提倡程序正当反倒成了比较难以实现的高要求。随着我国现代法律制度的不断完善和法治实践的不断深入,尤其是改革开放后随着我国刑事、民事、行政三大诉讼法律制度的颁布实施,在司法领域人们的程序观念有了较大的提升。但在行政性事务的执行过程中对程序的遵从相对司法领域而言要弱化得多,这表现在行政问责的发展过程中,改革开放初期的权力问责阶段,问责程序无论在制度建设还是在具体执行中都没有得到应有的体现,公众对行政问责的体会更多是通过问责结果的公布而了解到的,很少有人去细究和质疑问责程序的正当性,在权力问责阶段对权力的信任和依赖成为问责合理合法的重要基础。在制度问责阶段,随着问

---

[1] 《北京市行政问责办法》2011年10月1日。
[2] 《哈尔滨市行政问责规定》2012年2月15日。
[3] 《湖北省行政问责办法》2016年3月7日。

责制度的制定和落实,加之权力问责阶段逐步体现出的程序弊端,问责程序的重要性得到了认识并在制度中逐步体现,公众对行政问责的评价也在关注结果的同时逐步在意程序的公正、有效。在趋向法治化问责阶段的现在,无论在问责制度建设中还是在问责执行过程中对问责程序的重视相对于前两个阶段而言发生了质的变化,一是程序制度的制定更加完善,甚至专列一章,二是程序的设计更加以避免问责权的滥用、保证问责公正公平为主要遵循。如三个典型的问责地方规章《北京市行政问责办法》、《哈尔滨市行政问责规定》、《湖北省行政问责办法》中,都将规章的第四章专列为"行政问责程序"。同时,《北京市行政问责办法》、《哈尔滨市行政问责规定》和《湖北省行政问责办法》第三条都一致规定行政问责应当:做到事实清楚、证据确凿、定性准确、处理恰当、程序合法、手续完备。

第三节　我国行政问责法治化的经验分析

尽管我国行政问责法治化建设起步较晚且仍在推进,但随着法治国家建设的不断深入、法治政府建设的不断深化,人们对行政问责的认识越来越深、认同也越来越高,逐步形成一些符合现代法治和我国问责实际的行政问责法治化的基本经验,目前更多体现在公众参与、规范统一、程序公正、权责一致等几个方面,这在行政问责法治化实证调研中也得出了类似的认识。为了了解不同层次不同领域的干部和群众对当下我国行政问责法治化的认识,2018年我们在N市对来自党政机关、企事业单位的从局级、处级干部到普通职工和群众的204位随机受访者进行了问卷调查(以下简称"行政问责问卷调查"),通过对调查问卷的分析,发现公众对行政问责的了解已经有了很大提升、对行政问责的评价也表现相对积极,对行政问责在公众参与、规范统一、程序公正、权责一致方面的发展也比较认同,这些都从实证的层面反映了我国行政问责在实践上取得了明显进步。如:当被问及对行政问责制及其实施情况的了解程度时,比较了解的人占一半以上,一般了解以上的有 190 票,占 93%,如图 18 所示。

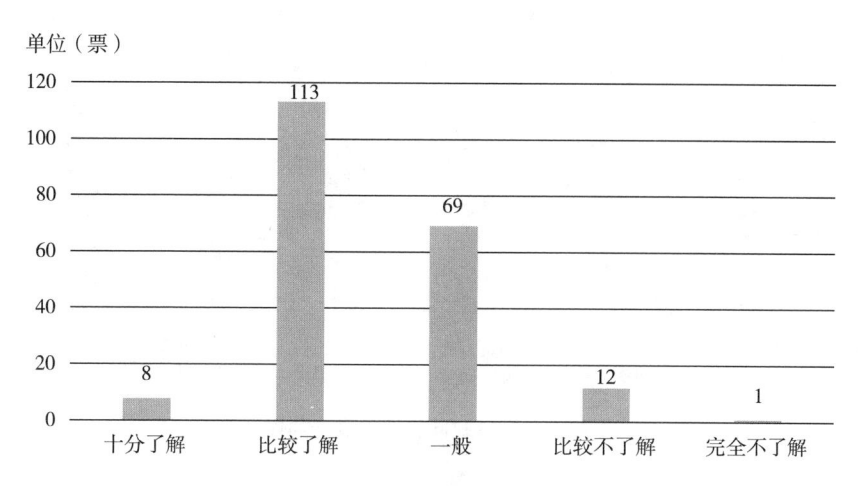

图 18　对行政问责制的了解程度

当被问及对 2003 年抗击非典事件以来行政问责发展的评价时,认为有较大进步的有 119 人,认为有一定进步以上的有 192 人,占 94%,如图 19 所示。

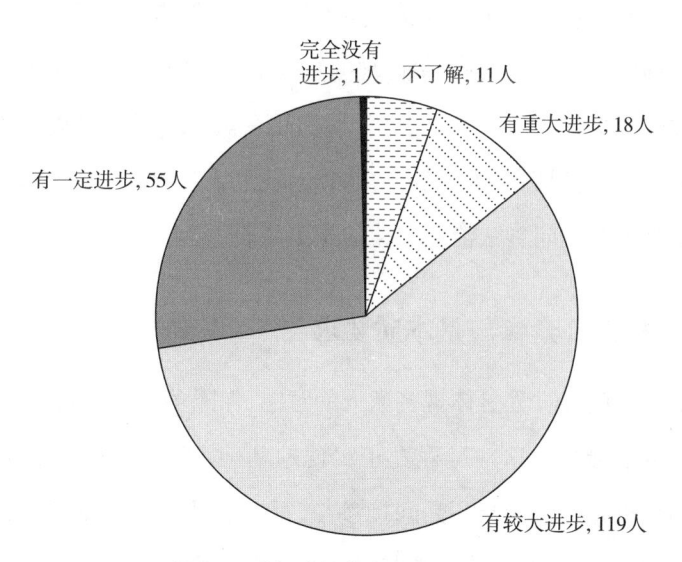

图 19　对行政问责发展的评价

当被问及我国行政问责取得的进步主要体现在哪些方面时,以下几个方面是受访者反映较为集中的,如图20所示。

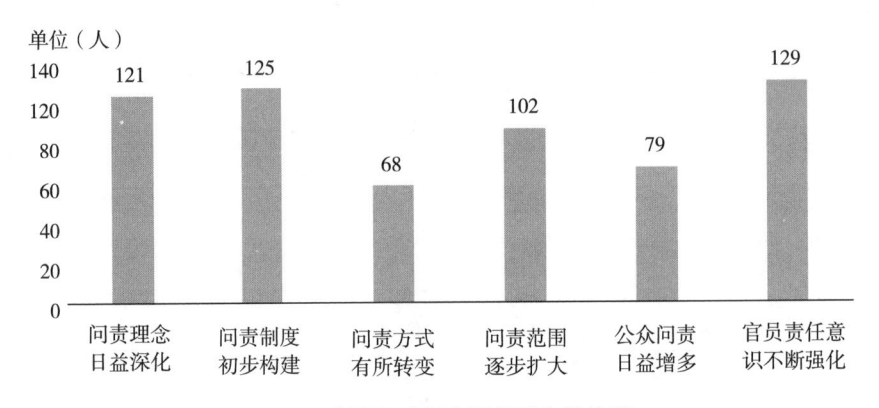

图20 我国行政问责取得进步的体现

- 问责理念日益深化:121
- 问责制度初步构建:125
- 问责方式有所转变:68
- 问责范围逐步扩大:102
- 公众问责日益增多:79
- 官员责任意识不断强化:129

这几个集中度较高的方面即:官员责任意识不断强化、问责制度初步构建、问责理念日益深化、问责范围逐步扩大、公众问责日益增多、问责方式有所转变,我们归纳一下可以看出:除问责理念日益深化涉及的是一个整体的概括性表述外,问责范围逐步扩大、公众问责日益增多较集中体现的是公众参与的广度,问责制度初步构建较集中体现的是规范统一的趋向,问责方式有所转变较集中体现的是程序公正的要求,官员责任意识不断强化较集中体现的是权责一致的逻辑,所以以下主要从公众参与、规范统一、程序公正、权责一致四个方面分析我国行政问责法治化实践的初步经验。

一、扩大公众参与是本质要求

法治化的问责过程是体现多数人的意志、保障多数人的利益的过程,公众广泛和深入的参与是这一过程真正实现的基础,是问责法治化的核心理念。公众参与无论是直接参与还是间接参与,都应包括参与选举、参与监督、参与追究、参与救济等过程。公众参与选举是指对行政机关及其公务人员进行问责的问责机关(包括组织及其工作人员)的产生必须有公众的民主参与,这是保证问责机关在问责过程中自觉体现多数人意志、代表多数人利益的前提,是促进问责机制不断重视异体问责的重要动力;公众参与监督是指公众能够有畅通的渠道、以有效的形式参与对涉及问责事项的监督,主要包括对行政机关及其公务人员行使公权力行为的监督、对问责机关履行问责职责的监督以及对问责主体和问责客体的监督等方面,这是公众提起问责、推进问责和纠正问责的必然要求;公众参与追究是指公众对不符合多数人意志和利益的公权力行为享有进行追究的实体权力,既包括对问责机关不履行或不正确履行问责职责的追究,也包括对行政机关及其公务人员不履行或不正确履行职责而损害公众权利或公民权利的追究,这是促进问责实现、提高问责效果的重要路径;公众参与救济是指公众对关涉问责各方所受损害的权益有提起、监督有效救济的权力,既包括参与对受损公众权利或公民权利的救济,也包括对问责客体合法权益受到损害的救济,这是体现问责法治性质的重要环节。另外,现代经济、科技的发展使社会分工越来越复杂,不同领域知识的专业性越来越强,这就要求公众参与在广泛性的基础上必须强调其专业性,通过发挥专家在问责中的咨询和论证作用,提高公众参与问责的有效性。

二、促进规范统一是必然趋势

作为对行政机关及其公务人员进行问责的制度设计,其规范必须统一是现代法治的基本要求。我国长期以来在问责主体、问责客体、问责范围、问责方式等多方面的制度建设还存在很多不足。在行政问责问卷调查中,当被问及是否认可"当前行政问责的范围和内容模糊不清"时,27人选择"完全同意"、118人选择"比较同意",两项占总人数的71.8%,如图21所示。

问责规范的统一要求问责制度在权力与责任、权利与义务的设计上必须坚持统一的标准,包括问责主体和问责客体的性质和范围、问责机关的产生和类型、问责事由的内涵和外延等都必须有统一的明确规定,特殊情势下的特殊规定只能是统一原则前提下的例外,从而维护法律面前人人平等的法治尊严。

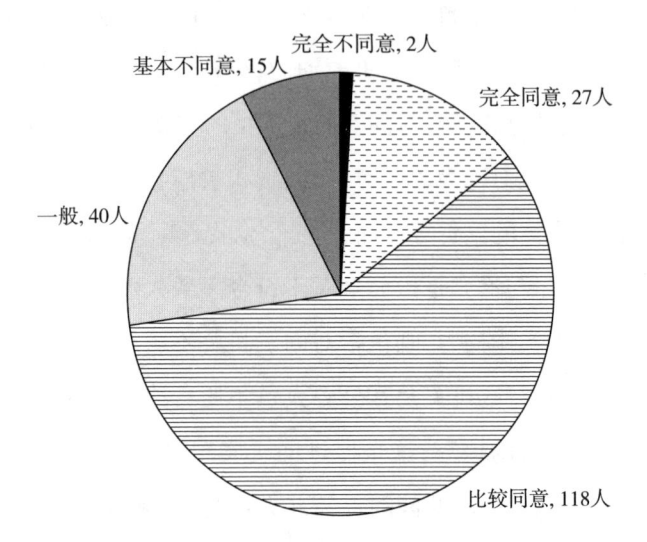

图 21　当前行政问责的范围和内容模糊不清

（饼图数据：完全同意，27人；比较同意，118人；一般，40人；基本不同意，15人；完全不同意，2人）

而现实中问责规范不统一的现象还比较普遍，如：在问责客体的范围上，有的规章规定，问责客体是行政机关、法律法规授权的组织或受行政机关委托履行行政管理职责的组织及其工作人员，而有的规章规定，问责客体仅包括领导，如政府领导和事业单位负责人，而排除了一般公务员，还有的规章所规定的问责客体更小，仅包括市人民政府各部门（包括市人民政府各组成部门、直属机构、部门管理机构、派出机构、直属单位）和各区县人民政府的行政主要负责人；在问责事由上也很不统一，问责事由少则规定数种，多则规定几十种。这种问责规范的不统一严重影响问责效果，必须在问责法治化进程中加以纠正。

三、强化程序公正是基本保证

"正义不仅要实现，而且要以看得见的方式和步骤去实现。"程序公正是问责结果保持正义的制度保证，完善对行政机关及其公务人员问责的程序规则，是防止问责专横的必备要件。在行政问责问卷调查中，当在被问及是否认可"当前行政问责的程序不完善"时，37人选择"完全同意"、98人选择"比较同意"，两项占总人数的66.8%，如图22所示。

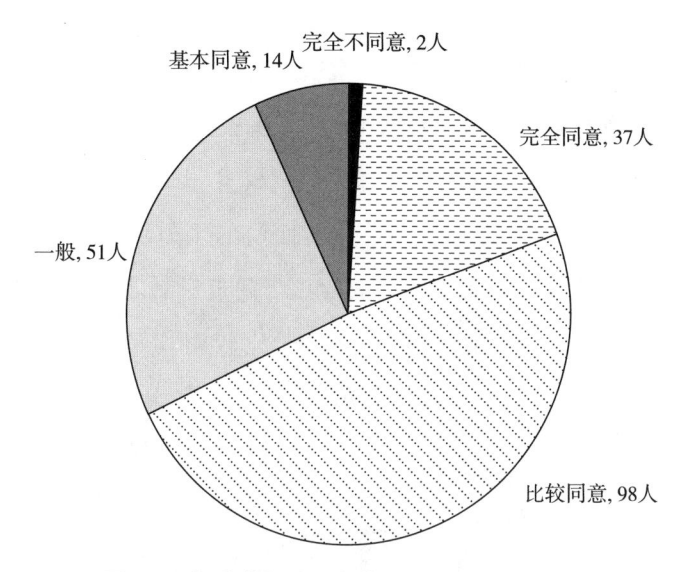

图 22 对"当前行政问责的程序不完善"的认可度

（完全同意,37人；比较同意,98人；一般,51人；基本同意,14人；完全不同意,2人）

针对行政机关及其公务人员进行问责的所有行为都必须遵循必要的程序规则,而且这些程序规则必须体现现代法治国家的正当法律程序精神,既要符合程序性正当法律程序(其核心是一切权力的行使必须听取当事人的意见),又要符合实质性正当法律程序(其核心是一切权力的行使必须符合公平与正义)。问责程序规则包括问责的提起程序、审查程序、决定程序、救济程序等。如前文所述我国素有"重实体、轻程序"的传统习惯,而公权力的运行由于其优越地位的存在使其天然有一种摆脱程序羁束的倾向,所以程序公正在问责法治建设中的重要性尤为突出。现有问责规定中,对问责的提起、审查、决定和救济的操作程序和时间期限程序普遍缺乏合理统一的规定,在一定程度上影响了问责效率和效益的进一步发挥。近年来有时出现的"问责风暴"就是问责法制不健全、程序不规范的重要体现,因为健全的法制和规范的程序产生的必然是长效治理机制,只要这种机制本身没有突然的变革,就很难由于人和事以及时间的变换而出现不可预期的结果。

四、突出权责一致是内在逻辑

"有权必有责,用权受监督,侵权要赔偿,违法要追究。"在现代问责实践中,权责一致是问责法治化建设的逻辑主线。权责一致理念的具体内容是权责罚相一致,即包括权力、责任、惩罚三个方面。在行政问责问卷调查中,当在被问及"行政机关及其公务人员的绩效考核与问责机制之间的关联性"是否密切时,4 人选择"十分密切"、57 人选择"比较密切",两项占总人数的30.2%,可见认可度并不高,如图23 所示。

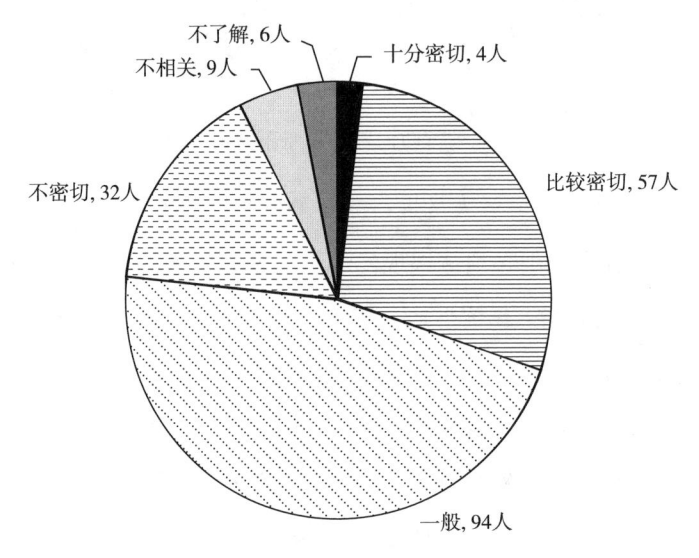

图23 绩效考核与问责机制之间的关联性

权责一致的法理内涵对于在实践中对行政机关及其公务人员进行有效问责具有十分重要的指导意义,即对行政机关及其公务人员进行问责的"责任"是以其享有相应的"权力"为前提的,而且"责任"同步存在于"权力"产生和运行过程之中,"权力"失当或非法行使的后果不是"责任"存在的原因,而是"责任"被追究的原因,是"惩罚"产生的条件和对"惩罚"的范围和幅度进行判别的裁量情节,这是权责罚相一致的要求。权责一致的法治理念要求我们在问责实践中必须严格遵从法律规范,不应过多考虑社会因素而将因一时一事引发的民意作为判断是否问责和如何问责的依据,因为法律既然是多数人意志和利益的集中体现,那么善良的民意应该在立法过程中就已得到足够的尊重并蕴含于法律规范之中;我们更不应该出于利益平衡的需要而无视法律规范、违背法治规律,不惜"权责分离"而制造出"替罪问责"以达到息事宁人的目的,因为这种失去规范约束的形式化问责会直接导致专制化问责,甚至催生问责腐败,不仅使一般领导干部因问责客体的不确定性和不可预期性而产生不安全感,从而损及其工作主动性和合法权益,而且也会使社会公众对问责的初衷和意义产生怀疑,从而使问责失去其应有的社会效果。①

第四节 我国行政问责法治化的本土资源

对于我国进一步推进和完善行政问责,无论是理论研究还是实践总结,尽管在很多方面还存在这样或那样的不同,但有一点是普遍得到认同的,那就是我国的行政问责只有走法治化道路才有推进的必要、才有完善的可能,正如国家要法治化一样,行政问责必须法治化。在行政问责问卷调查中,当被问及"完善问责、提高实效的最关键的路径是什么"时,有165人选择"加强问责的法治化建设",占总人数的80.8%,远远高于"突出问责的政策引导"、"提升干部的道德修养"和"提升干部的思想认识"等选项,如图24所示。

然而,我国行政问责法治化必须扎根于我国法治特有的本土资源,汲取有益营养,否则必将因脱离具体实际而成为水中月、镜中花,难有进展、难有实效,这就必须分析我国行政问责法治化探索的本土资源。

我国行政问责法治化探索的本土资源主要指的是中国特色的行政法治化进程的实践资源。我国行政问责法治化的进程是伴随和依赖我国行政法治化

---

① 张华民:《行政问责法治化的基本理念》,《党政论坛》2010年第4期。

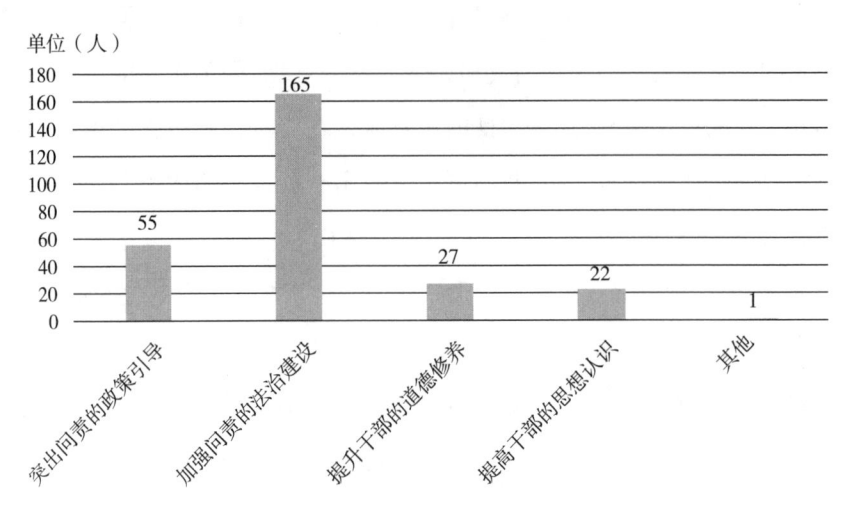

图 24 完善问责、提高实效的最关键的路径

的进程而不断推进的,因为行政问责法治化本身就是政府行政法治化的重要内容和组成部分,所以我国行政问责法治化进程的本土资源集中体现在影响我国行政法治化的诸多中国元素之中,是我国具体国情与现代法治要求在行政法治化进程中共生共进的独特表现。在我国要真正认识清楚行政问责由权力问责走向制度问责再走向问责法治化的过程,仅仅通过对行政问责本身的逻辑理路、制度梳理和运行总结的分析是很难、很表面化的,尤其是对我国行政问责发展的内在规律和实践趋向的把握则更难、更易走偏,可以说本章第一部分、第二部分和第三部分就是对我国行政问责的逻辑理路、制度梳理和运行总结的阐述,但为什么会出现这样的逻辑、制度、运行以及这样的逻辑、制度、运行将如何在我国进一步完善和推进,这就必须跳出行政问责本身并结合我国经济政治社会发展实际去审视和展望行政问责,同时依据现代法治基本理论对我国行政问责走向法治化提出有实践价值的理论分析和对策建议。基于这样的认知,从行政问责法治化研究的角度出发,跳出行政问责法治化来审视和展望行政问责法治化的路径就是,把行政问责法治化放入我国行政法治化的大背景下去解读和构建。通过对我国行政法治化进程本土理论与实践的回

顾、分析和总结来理解和把握我国行政问责法治化的规律和趋向,从而从更大的背景、更高的层次、更广的视野去研究和促进我国行政问责法治化建设。

行政法治化进程并非自古有之,它发轫于资本主义社会初期,是反专制、争民权的资产阶级宪政运动的产物;行政法治化的观念、制度与实践,也都肇始于西方资本主义国家。之所以如此,主要在于西方资本主义国家的长期发展为行政法治化提供了思想观念基础、民主政治基础和经济基础。作为世界大家庭的成员,我国不可能隔离于世界潮流之外。随着我国社会主义事业的发展,尤其是改革开放以后社会主义市场经济的不断推进和逐步完善,我国政治、社会、文化等各个领域都发生了以适应现代化、体现现代化、追求现代化为主要特征的社会主义理论与实践的重塑。这种重塑在法治领域的一个重要体现就是具有鲜明本土特色的现代行政法治化进程。我国的行政法治化进程起始于改革开放初期,现在仍处在不断发展、不断完善的阶段。以本土特色为视角,具体分析改革开放以来我国行政法治化进程在缘起、理念、制度、执行以及进一步推进等方面所体现出来的特征,通过这些特征折射出的成功与不足我们可以从中总结出有益的经验,从而为推进行政法治化的重要内容——行政问责法治化不断走向深入提供有益借鉴。

一、行政法治缘起上的本土化

西方资本主义国家早期行政法治化主要是市民社会为了发展自由资本主义经济的需要,在反专制、争民权的过程中提出来的,是一个社会演进型的自下而上的过程,而我国的行政法治化过程在动因上具有自己的特色。

(一)起因于政治改革的需要

新中国成立以后,我国在经过短暂的政府建设后,便因"反右派"、"反右倾"等运动乃至"文化大革命",在"以阶级斗争为纲"的影响下,行政法治化建设一度停滞,1978年,十一届三中全会以后,党和国家在全国范围内全面开展了"拨乱反正"。针对行政法制被摧残、被否定近20年的现实,党和国家对政府的"拨乱反正"首先就是从制度建设的角度开始的。1978年,邓小平在《解放思想,实事求是,团结一致向前看》一文中就批评"加强党的领导,变成了党去包办一切、干预一切;实行一元化领导,变成了党政不分、以党代政"是一种"怪现象",①他十分强调民主法制对政府建设的重要性,指出"必须使民主制度化、法律化,使这种制度和法律不因领导人的改变而改变,不因领导人的看法和注意力的改变而改变。"②1980年,邓小平在《党和国家领导制度的改革》一文中明确要求:"今后凡属政府职权范围内的工作,都由国务院和地方各级政府讨论、决定和发布文件,不再由党中央和地方各级党委发指示、作决定。"③这些都说明改革开放后我国政府建设迈向制度化、法治化的最初起因是党和国家站在政治的高度、为了纠正解放后政府工作中长期存在的党政职能不清、权力过分集中、家长制作风盛行、官僚主义泛滥等危及国家发展和存亡的重大问题而进行的自我反思,而主要不是因为经济发展的直接需要在人民反专制、争民权的斗争中被迫开始的。

(二)起步于国家上层的推动

尽管1978年党的十一届三中全会开辟了我国社会主义事业建设的新局面,但由于长期受"左"的思想影响和对社会主义本质认识存在偏差,国家存在的多方面问题不可能在短期内得到彻底纠正,表现在行政领域就是不可能立即出现推动行政走向现代法治化所需要的思想观念基础、民主政治基础和经济基础。当时,人们的法治观念淡薄,国家的法律制度也不完善,计划经济仍处于大一统的绝对地位,这些都使我国行政法治化一开始就不可能走西方资本主义国家由下而上的社会演进型道路,而只能由党和国家首先从中央开

---

① 《邓小平文选》第二卷,人民出版社1994年版,第142页。
② 《邓小平文选》第二卷,人民出版社1994年版,第146页。
③ 《邓小平文选》第二卷,人民出版社1994年版,第339页。

始,以政治为形式,以权力为手段,自上而下的推动行政法治化进程。这样做既利于达到"拨乱反正"的目的,又利于为进一步推进行政法治化在思想和制度上准备必要的条件,如十一届三中全会提出了"有法可依,有法必依,执法必严,违法必究"的社会主义法制方针,第五届全国人大第二次会议通过《地方组织法》,将地方各级革命委员会改为地方各级人民政府,详细规定了地方各级人民政府的组织、职权和工作方式等。但推动行政法治化进程的群众基础和社会动力取决于经济生产方式,而计划经济生产方式的转变不是一朝一夕、一次会议一份文件就能够解决的,这是一个依靠群众不断实践、不断认识的过程;只有群众通过实践真正认识到社会主义市场经济的优越性,理解市场经济对法治政府的必然需要,行政法治化才真正具有了推进其发展的群众基础和社会动力,然而这在我国改革开放的行政法治化之初是不可能立即出现的。

二、行政法治理念上的本土化

我国的社会主义行政法治化逐步接受了国外很多有益的行政法治理念,如公平正义、权力制约、程序正当、权责统一等,但同时结合我国社会性质、经济状况和政治现实,我国行政法治理念又具有鲜明的自身特点。

(一)注重服务大局

我国的社会主义性质要求发展必须满足国家利益、社会利益的需要和共同富裕的实现,这就决定了行政法治化必须坚持服务大局的理念。邓小平在1988年指出的"两个大局"的思想可以说对我国行政法治化必须坚持服务大局理念提出了具体要求。[①] 改革开放以来,服务大局一直是我国行政法治化的重要使命。它要求法治政府建设必须增强大局意识,要了解大局、研究大

---

① 《邓小平文选》第三卷,人民出版社1993年版,第278页。

局,正确地把握大局,同时统筹兼顾各方面、各层次的利益要求,以促进整体和局部的协调发展。改革开放后我国社会主义现代化建设中,就整体而言,全国的工作就是一个大局,法治政府建设在联系本地区本部门实际的同时,必须服务于全党和全国工作的大局,以推动整个社会主义事业健康协调发展。我国经济社会发展中伴随的城乡之间、工农之间、区域之间发展的严重不平衡客观上也要求政府建设必须坚持服务大局、促进协调发展。从一定意义上说,没有服务大局的法治理念,就不可能形成协调发展的发展观念,也就不可能使统筹城乡发展、统筹区域发展、统筹经济社会、统筹人与自然和谐发展真正落到实处。①

(二)强调经济发展

"文革"十年动乱使我国的经济建设几近崩溃,面对人民日益增长的物质文化需要同落后的社会生产之间的矛盾,党和国家提出了"以经济建设为中心"的基本路线,使我国的社会主义经济建设取得了快速发展。我国的行政法治化也同样体现了"以经济建设为中心"的发展要求。改革开放后,在行政组织法方面,国家首先就重点突出了对政府具有经济职能的部门的设立和规范,赋予其更加充分的行政权力,相比之下其他职能部门的行政权力有所弱化;在行政立法方面,无论是国务院及其各部委还是地方各级政府,都把与经济发展有关的规范性文件放在优先立法的位置,使经济性规范性文件在行政立法中占据大部分比例;在行政执法方面,突出经济职能,国家提出"效率优先、兼顾公平"的方针,各级地方政府最主要的任务就是狠抓经济发展,尤其在招商引资上,有的地方几乎是政府全员出动,甚至一度出现政府对"GDP"的过分崇拜。应该说在我国发展的一定阶段,行政法治化过程中出现一定的"经济倾向性"是客观现实发展的需要,是一种必然;但随着我国经济社会发

---

① 张华民:《我国行政法治化的中国特色》,《中共云南省委党校学报》2008 年第 8 期。

展新阶段的到来,一系列社会矛盾接踵而至,行政法治化逐步回归理性将成为一种必然,这也是当下坚持新发展理念、构建和谐社会对行政法治化的一种期待。

(三)坚持党的领导

我国是社会主义国家,党的领导地位是人民的选择、历史的必然。坚持党的领导是社会主义行政法治化保持正确政治方向的需要。尽管行政法治化必然有追求公平正义的价值需求,但在社会主义国家,全心全意为人民服务和最终实现共同富裕是行政法治化必然要承担的主要任务。改革开放后我国政治体制改革的实践多次证明,离开了党的领导,包括行政法治化在内的政治体制改革就会无法抵制资产阶级自由化等错误思想的侵蚀,最终走向最广大人民意志的对立面,损害最广大人民的利益。在我国,行政法治化过程只有在党的领导下才能得到有力的推进。我国的行政法治化起步晚、时间短,不可能走西方国家由社会自发推动的漫长过程,而只能借助于强大权力的有意识推动才能使其适应经济社会快速发展的需要,在我国,坚持党的领导无疑是这种权力得以强大的有效途径。可以说党把依法执政作为加强党执政能力建设的基本方式为政府推进依法行政提供了基本条件和根本保证。

三、行政法治制度上的本土化

尽管我国的现代行政法律制度建设大量吸收了西方优秀法律制度建设成果,而且现已形成相当规模,但其中受我国传统法制和现实国情的影响仍然非常明显。

(一)重实体轻程序

这种特色的存在既有历史的原因,也有现实的需要。纵观我国数千年的法制发展史,重视实体权利和义务的规制和运作而忽视程序正义的存在是其突出的特征之一。这种根深蒂固的观念不可能不影响现代行政法治化过程,而且也不可能短时间内就得到根除。改革开放后,我国人大和国务院制定了大量的行政法律和法规,但迄今为止,仍然没有颁布一部独立的行政程序类法律和法规,相关行政程序的要求多散见于实体法律和法规中,不统一也不规范,缺乏权威性。当然,我国行政法治化制度建设中重实体轻程序的倾向也有其现实需要。十一届三中全会后确立了"以经济建设为中心"的基本路线,后来的经济建设长期遵循"效率优先、兼顾公平"的基本要求。世界各国的法治实践充分说明,程序法治更多追求的是公平,而且在一定情况下尤其从短期和局部看,它往往以牺牲部分效率为代价,而实体法更多追求的是结果,体现的是效率。我国的行政法治化过程不可能独立于经济建设之外,相反它必须为经济建设提供必要的服务,所以自然表现出重实体轻程序的特点。当然,随着我国经济社会的进一步发展,程序正义将逐步突出是必然的趋势。

(二)由权力到权利

改革开放后我国的行政法治化过程大致经历了三个阶段。一是以依法"治民""治事"为中心的起步阶段;二是以事后的行政权力监督与公民权利救济为重心的发展阶段;三是强调全方位规范、制约行政权运行过程的全面推进阶段。在这三个阶段中,第一个阶段突出强调行政权力的权威性,把依法行政更多地理解为以法律规定的行政权去治理"民"和"事",忽视了对公民权利的应有保护,"官"与"民"之间体现的是一种命令与服从的关系,如1986年制定的《治安管理处罚条例》就反映了这个特点;在第二个阶段,依法行政的原则和要求不仅在政府文件中开始出现,而且依法行政的观念也开始在民众中普及。1989年颁布、1990年实施的《行政诉讼法》,被公认为是我国行政法治建设进程中的一座里程碑。该法的出台,标志着我国依法行政告别以依法"治事"为中心的阶段,转入以事后的行政权力监督和公民权利救济为重心的阶段。1993年3月,第八届全国人民代表大会第一次会议通过的"政府工作报告"进一步明确规定了依法行政原则,提出"各级政府都要依法行政,严格依法办事"。在第三阶段,逐步突出了对公民权利的保护。1996年3月召开的八届全国人大四次会议,正式将"依法治国,建设社会主义法治国家"的治国方略确认下来,2002年党的十六大明确提出:要"加强对执法活动的监督,推进依法行政",2003年8月通过的《行政许可法》体现了对行政权全方位的规范和制约,国务院于2004年颁发的《全面推进依法行政实施纲要》以及2012年党的十八大以后颁布实施的《法治政府建设实施纲要(2015—2020年)》更是对行政权的规范和公民权利的保护从实施的角度提出了具体要求。

四、行政法治执行上的本土化

行政执行是行政法治化的重要环节和主要体现,它与一个国家的行政传统、政府体制和法治理念有着密切的联系,我国的行政法治化起步晚、时间短,行政执行上的非法治化还不同程度的存在着。

(一)威权与法权并存

我国漫长的封建社会是典型的人治社会,人治社会的一个典型特征就是国家权力的运行依赖于个人的权威。新中国建立后我国虽然对专制思想进行了否定,但在纠正不适当的个人权威上存在严重缺陷。改革开放后经过一系列规范个人权力制度的建立,个人崇拜的现象逐步削弱,但在作为整体的政府与群众之间、上级与下级之间,因为长期存在现代法律制度的缺失和对现代法治理念的淡漠,前者相对于后者事实上存在着基于优势地位而产生的威权,使后者经常处于一种相对盲目的服从状态。20世纪90年代后我国加快了行政法治化步伐,尤其是21世纪以来,法治政府建设全面展开,从党的报告、国家规定到各级政府、部门的行政决策,都越来越强调法律的权威性和依法行政的重要性,各种行政法律法规的颁布实施也为依法行政提供了依据和保障。但到目前为止,我国的依法行政实践还不够深入、法治政府建设还不够完善,相反,威权的思想和影响在一定程度上还相当普遍,在很多时候、很多地方其作用还十分强大,所以出现了威权与法权并存的现象。当然这是一个过渡时期,随着行政法治化进程的推进,法权取代威权是我国社会发展的必然趋势。

(二)效率与公平并重

追求公平正义的实现是现代法治的终极目标,但在不同国家、不同时期的法治化进程中其具体内容不同。改革开放后,我国面临着人民日益增长的物质文化需要同落后的社会生产之间不相适应的主要矛盾,极度匮乏的物质基础严重阻碍了包括法制建设在内的国家上层建筑的发展,"以经济建设为中心"成为一种客观需要和必然选择。要发展经济尤其在短时间内要快速发展经济,就必须提高效率,所以"效率优先、兼顾公平"成为发展经济的原则要求。法治建设尤其是行政法治化建设不仅不可能脱离于经济建设之外,而且还要反映经济建设的要求、服务于经济建设的需要。我国行政法治化过程在追求公平正义的同时对行政效率给予了充分关注甚至是优先地位,在执法上的主要表现就是,行政机关在进行行政决策时往往强调行政权力的执行力而忽视公民权利的保护,行政人员在具体执行时往往强调实体权利的实现而忽视对法定程序的遵守,在行政立法方面突出实体性规范而淡化程序性规范,在行政监督方面突出行政内部监督而淡化外部司法监督。这些行政执法行为在一定的范围、一定的时间能够促进效率的提高,但往往有悖行政法治的初衷,随着我国经济发展水平的提高和人民生活的改善,尤其是对和谐社会建设的重视,行政法治对公平正义的追求必将进一步凸显。

五、行政法治推进上的本土化

行政法治化的核心内容是推进依法行政。进一步推进依法行政是一个十分复杂而又非常现实的问题,因为现在人们越来越清楚地看到,我国目前经济发展、社会发展中的矛盾最后都集中体现到政府体制本身和政府自身建设上。

针对我国实际,以下是我国进一步推进依法行政必须处理好的几对关系。

(一)正确处理党依法执政与政府依法行政之间的关系

要进一步推进行政法治化进程,就必须从三个方面去认识这对非常重要的关系:一是党必须走依法执政的道路。首先,我们党从通过革命夺取政权的党(革命党)到领导人民长期执掌政权的党(执政党),这是党依法执政的历史选择。执政党不可能长期依靠"枪杆子里面出政权"、靠枪杆子维护社会的和谐稳定、实现现代化,只能依靠法治;其次,我们党从在封闭条件下实行计划经济的党到在改革开放条件下发展市场经济的党,是党依法执政的时代要求。自然经济必然是专制经济,计划经济必然是权力经济,而市场经济必然是法治经济,所以必须依法执政。二是党依法执政是政府依法行政的基础和前提。党是一切事业的领导核心,当然要领导政府,倘若党不依法领导政府,而政府又要依法行政,这就使政府处于两难境地,最终使政府不可能真正做到依法行政。所以党必须善于把自己的意志转变为国家意志、把党的政策转变成国家法律,最后坚持依法执政,从而为政府依法行政提供基础和前提。三是政府依法行政是党依法执政的重要内容和具体体现。我们党是长期执政的党,政府是我们党所执掌政权的重要组成部分,党的执政理念主要通过政府去落实,党的执政形象主要通过政府去体现。

(二)正确处理坚持依法行政与坚持改革开放之间的关系

现代中国面临着既要不断改革、又要实现法治的双重任务。一方面,改革开放为依法行政提供强大的动力和物质基础,贫穷实现不了社会主义,贫穷也实现不了依法行政;另一方面,依法行政则为改革开放提供了安定有序的环境和坚强有力的保障。但二者之间也存在矛盾,法律天生需要稳定,而改革开放要求冲破一切不合理的制度,这就要求在依法行政与改革开放之间必须保留一个适当的空间,使改革开放既不违反宪法和法律,又使政府的体制机制随着经济社会的发展而不断变革进步。我国在这方面已经取得了一定的经验,比如经过人民代表大会的授权,在特定区域先探索、先发展,成功的、成熟的经验再上升到制度甚至法律的层面,从而在更大范围内进一步推开。改革开放初期的深圳、厦门等经济特区的试办、后来上海浦东作为制度建设进行试验以及现在武汉、成渝、天津等不同类型试验区的建设都是很好的实践。随着法治建设进一步推进和改革开放的不断深入,正确处理坚持依法行政与坚持改革开放之间的关系将是我国行政法治化进程中长期面临的任务。

(三)正确处理坚持依法行政与制约行政权力之间的关系

依法行政的重心是制约行政权。但是,由于我国经济、社会的快速、整体转型,需要实行与之相适应的自上而下的"政府推进型"依法行政模式,而不可能像欧美发达国家那样走"社会演进型"的依法行政道路,那样伴随市场经济的发展,需要几百年的历程,当前国际形势和国内发展的现实都决定了我国不能照搬而必须走出自己的特色。"政府推进型"模式有一个重要特点,就是政府依法行政主要是通过政府行政权力的推动来实现的。这就出现了坚持依法行政与制约行政权力之间的矛盾,即政府依法行政既要依赖行政权,又要制约行政权。正如农民用耕牛耕地,他既要依赖耕牛尽力拉犁向前,同时又要控制耕牛不至于狂奔乱跳,农民有个好办法,那就是抓住牛鼻子。要使政府依法行政既依赖行政权,又制约行政权,达到二者并举,那就要抓住社会主义民主,使行政权的设立、运行、监督都充分的体现民主,要民主立法、民主决策、民主监督。可以说,社会主义民主就是处理好坚持依法行政与制约行政权力关系的牛鼻子,是我国进一步推进行政法治化健康发展的关键。

我国行政问责法治化的探索在缘起、理念、制度、执行和推进等方面无论是过去还是现在,实质上都是在我国行政法治化进程的中国特色本土资源的背景下不断深入的,离开了这一与中国法治实践息息相关的特定土壤,再美好的行政问责设计都会因为华而不实而失去生命力。同样,在我国行政问责法治化不断推进的将来,无论是理论研究、制度建设还是具体执行,也必须以基于我国行政法治化进程的中国特色本土资源为前提,在新的发展了的行政法治化本土资源中汲取营养,从而正确分析形势、科学破解难题,把现代法治理念与我国问责实际相结合,促进行政问责法治化在我国法治建设实践中不断完善、不断进步。

小　　结

本章"我国行政问责法治化的有益探索研究"主要是针对我国在开展行政问责以来所取得的丰富经验和所依赖的本土资源进行辩证分析,总结其中有利于行政问责进一步推进的因素和规律,为下一步行政问责法治化建设提供营养。本章主要从四个方面进行分析。

首先,通过对我国行政问责法治化理论探索的分析,从行政问责的内涵阐释、价值意义、建构完善几个方面客观的进行归纳和评析,意在从辩证分析的角度为我国行政问责法治化研究在进一步处理好形式性与本质性、实用性与规律性、制度本身与主体本性等方面提供借鉴。

其次,通过对我国行政问责法治化实践探索的分析,从行政问责的发展过程、制度建设、理念更新几个方面进行归纳总结,意在以我国行政问责趋向法治的时间阶段、制度建设的快速发展、法治理念的逐步确立的实践进程为基础,为进一步推进我国行政问责法治化实践提供现实依据。

再次,通过对我国行政问责法治化过程中理论探索和实践探索的分析,并结合行政问责实证研究的结果,总结出我国在历经时间不太长的情况下行政问责法治化取得的初步经验,即行政问责法治化必须逐步地更好地体现公众参与、规范统一、程序公正、权责一致的现代法治要求,为进一步推进我国行政问责法治化建设提经验借鉴。

最后,通过对行政问责实践所依赖的我国行政法治化本土资源的分析,意在强调行政问责法治化实质是行政法治化的重要组成部分,行政问责法治化进程必须以行政法治化进程为前提和基础,所以对我国行政法治化进程的本土资源的汲取和把握,既是我国行政问责法治化已有实践的基本经验,也是我国行政问责法治化进一步推进的必然要求。行政法治化进程的本土资源包括缘起上、理念上、制度上、执行上、推进上等五个方面。

第四章　我国行政问责法治化存在的不足

应该说我国行政问责法治化还处在起步阶段,尽管整体上由权力问责已经过渡到制度问责,但由制度问责趋向法治化问责仍在艰难推进,这既与我国现代法治建设起步晚、不成熟有关,也与行政问责在我国是个新生事物,在理论和实践中都处在探索的初期有着密切的联系。无论从现代法治主义的基本要求生产良法、落实良法看,还是从我国行政问责法治化的本质意蕴、构成要素、实现要件等组成的理想模式看,我国行政问责法治化建设还有诸多不足需要深入研究和着力破解。

从现代法治主义的基本要求及其在行政问责法治化理想模式构建中的主导作用的角度去比较分析,我们可以从以下几个方面来阐释我国行政问责法治化存在的诸多不足,这几个方面是:以生产良法为视角,从权利本位层面分析我国行政问责法治化本质认识上的不充分、从法制完备层面分析我国行政问责法治化体制构成上的不完善;以落实良法为视角,从权力制约层面分析我国行政问责法治化规制形式上的不到位、从全面守法层面分析我国行政问责法治化基本结构上的不平衡。这在行政问责问卷调查中也有所体现,当被问及我国行政问责存在的"问题和困境"时,比较集中的选项是:问责善后方式有待建构、问责范围与内容模糊、问责主客体不明晰、问责程序不完善、问责效度不高、异体问责薄弱。这其中:问责善后方式有待建构实质上属于生产良法中权利本位的范畴;问责范围与内容模糊、问责主客体不明晰实质上属于生产良法中法制完备的范畴;问责程序不完善、异体问责薄弱实质上属于落实良法中权力制约的范畴;问责效度不高实质上属于落实良法中全面守法的范畴,如图 25 所示。

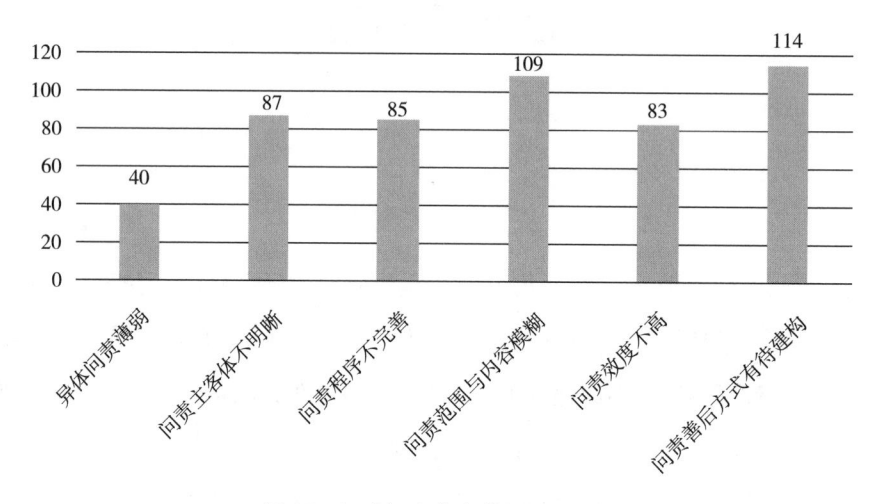

图 25 行政问责存在的问题和困境

因此,基于行政问责法治化理想模式的基本框架:生产良法上的权利本位和法制完备、落实良法上的权力制约和全面守法,本章主要从四个方面进行分析:从生产良法的权利本位的角度看,我国行政问责法治化存在本质认识上的不充分,如问责文化较为缺失、问责理念存在一定的错位,这就要求在行政问责法治化推进过程中,必须强化对其实现要件中的实质要件的培育和倡导;从生产良法的法制完备的角度看,我国行政问责法治化存在体制构成上的不完善,如问责体制的不够通畅、问责制度相对滞后,这就要求在行政问责法治化推进过程中,必须强化对其实现要件中的形式要件的改进和完善;从落实良法的权力制约的角度看,我国行政问责法治化存在规制形式上的不到位,如问责私权较为缺失、问责公权的力度有待加强,这就要求在行政问责法治化推进过程中,必须强化对其构成要素中的规则要素的重构和改进;从落实良法的全面守法的角度看,我国行政问责法治化存在基本结构上的不平衡,如问责主体的相对保守、问责客体的相对强势,这就要求在行政问责法治化推进过程中,必须强化对其构成要素中的结构要素的界定和规范。

第一节 我国行政问责法治化本质认识上的不充分

这里以现代法治主义基本要求生产良法为视角,主要基于对权利本位理念的认识。现代法治追求的是众人之治,即法律必须是多数人的意志和利益的体现,而且多数人的意志和利益蕴含其中的法律还必须得到严格的执行,从而使多数人的意志和利益得以真正实现,这就是现代法治的核心要义——良法善治。良法善治的前提是要生产出良法,而生产出良法的前提是生产法律的人必须具备对现代法治核心要义的深刻认识。具体到行政问责法治化,就是要正确认识行政问责法治化的本质内涵,即由代表公共利益或关联利益的相关主体、通过特定机关、根据多数人的意志、对不履行或不正确履行职责而损害公众权利或公民权利的行政机关及其工作人员追究责任、并使受损公众权利或公民权利得以最大程度恢复的过程以及该过程的规范化。行政问责法治化的价值追求在于公众权利或公民权利的实现和保障、行政问责法治化的根本动力在于公众全面而有效的参与。[①] 可见,行政问责法治化的内涵、价值、动力都以多数人意志和利益的实现为依归,而多数人意志和利益被突出和尊崇的根本前提便是对权利本位思想的认同和践行。

我国长期封建专制的国家运行实践,使我国公权机构的工作人员在理念上形成了根深蒂固的民依附于官、官为民做主的父母官心态,在地位上官优民

[①] 张华民:《我国行政问责法治化的困境与路径》,《行政与法》2013年第1期。

劣、在见识上官达民迁、在目的上官先民后,尽管封建专制结束后经历了民主革命和社会主义国家建设的过程,但曾经有过的权力集中和计划经济的体制使这种理念并没有得到彻底的清除,表现在对行政问责的理解上,在目的上过多考虑行政权力存在和运行的维护,在手段上过多考虑行政权力运行的管理性质,在效果上过多考虑促进当下平息事态的程度,所以加强应急管理就成为很多地方和官员为了避免和减少行政问责风险的主要手段。因为没有从根本上认识到只有真正维护了多数人即最广大群众的切实利益,使社会存在矛盾的根源理清楚、化解掉,才能社会和谐、政通人和,才能使问责事由发生的可能性降到最低,所以一边强调问责,一边问责频发。而要使行政问责真正体现多数人的意志和利益,从根本上化解矛盾、促进和谐,而不是权宜之计,在现代社会唯有走法治化道路,因为只有秉持现代法治理念,才能真正以权利本位为逻辑起点,通过代议制这一实现形式,制定出体现或最有可能体现多数人意志和利益的法律,依法问责,促进和谐。

当下在我国行政问责的实践中,基于对行政问责法治化本质认识存在不充分,过于强调行政问责的行政功能而忽视权利本位的内在属性,所以在推进法治化问责过程中面临一些长期难以纠正的问责困境。这就要求在行政问责法治化推进过程中,必须强化对其实现要件中的实质要件的培育和倡导,因为其实质要件的主要内容就是"主权在民"和"权责统一"的现代法治理念及其对行政问责法治化的要求。

一、法治化问责文化较为缺失

马克斯·韦伯认为:在任何一项事业背后,必然存在着一种无形的精神力量;尤为重要的是,这种精神力量与该项事业的社会文化情境有密切的渊源。① 我国源远流长的封建专制统治历史和曾经长期坚持的高度集中的计划

---

① 马克斯·韦伯:《新教伦理与资本主义精神》,四川人民出版社1986年版,第3页。

治理模式,使我国缺乏现代法治化问责所要求的以权利本位为核心的问责文化。

(一)从国家角度看:重统治权威、轻权利需求

封建社会的统治者视国家为自家,所谓"普天之下莫非王土",统治事务即家庭内务,各级臣等不过是家庭内务的具体管理者,从根本上说,臣只有对君负责的义务而没有对民负责的必要,广大公众是天然的仆人和被管理者,劳动生产成为他们存在的根本理由和统治者对他们寄予的终极需求,所以,任何"主人真诚地需要仆人去监督其家庭内务"的设想都是不切实际的。曾经高度集中的计划治理模式的前提假设是以行政管理者为主体的计划者是善意的和充满智慧的,其计划的一切都是从被计划者的利益出发,被计划者只要按照计划者的计划行事就一定会获得利益,否则不利的后果就成为必然,所以,作为被计划者的广大公众的最佳选择就是服从计划、履行计划,任何怀疑和否定计划和计划者的被计划者都无异于放弃利益而追求不利,显然,对计划者尤其是广大公众对计划者进行问责是不明智的、也是没有必要的。

(二)从个人角度看:重明哲保身、轻匹夫有责

可以说,创新求变是人类思维的本质属性,任何社会都有对已有事实提出疑问甚至产生新的构想的人,但不同的社会制度下他们所持的态度和发挥的作用是不同的。我国封建社会家国一体且皇权无限,而广大公众的权利极为有限,专制统治对既有体制的过分依赖和官官相护的官僚作风使任何对现有制度和管理行为提出质疑和否定的人尤其是广大公众都有可能招致极为不利的后果,从而使公众不敢问责。计划治理模式下,尽管广大公众获得了前所未有的权利,但由于对计划者肯定是善意而充满智慧的前提假设,使我国一直未能建立起完善的对计划者进行监督的制度,更没有为广大公众对计划者进行监督构建畅通的渠道和提供有力的救济,使问责尤其是广大公众问责因为路

径少、成本高、收效微而不愿轻易提起。

二、法治化问责理念存在一定的错位

权利保障、程序公正是法治化问责理念的重要内容,尽管在我国行政问责实践中也得到了不同程度的体现,但与法治化问责的要求仍然存在很大差距,其突出表现是问责理念的错位。

(一)从问责形式的角度看:重权力问责、轻权利问责

从我国现有问责制度的规定看,我国问责执行的主体尤其是直接主体主要集中在具有行政管理职能的公权力机关,而私权利拥有者的广大公众和广大公众意志的代表机关(如各级人大及其常委会等)很少成为问责执行的主体,如,我国长沙、天津、重庆、大连、海口、昆明、深圳等7个地方性行政问责规范性文件中,有5个明确规定问责执行主体为市人民政府、1个为市人民政府办公厅、1个为各级国家行政机关和行政监察机关。这些规定尽管在一定程度上能够满足某些问责尤其是提高问责效率的需要,但由于缺乏广大公众实质性的参与而使问责法治化所要求的实现和保障公众权利或公民权利的价值追求难以从根本上真正实现,也与人民主权和权利本位的现代民主政治要求不相适应。

(二)从问责目标的角度看:重应急效果、轻实质效益

由于行政问责主体设置的片面性和功利性,使行政问责主体与行政问责客体之间有着千丝万缕的联系,这种联系决定了行政问责主体在问责执行上的被动性和问责动机上的肤浅性,往往是在出现了重大责任事故且造成恶劣社会影响之后,主要出于平息事态、维护稳定的需要而展开问责,使问责的政治功能掩盖了以实现和保障公众权利或公民权利为宗旨的问责法治化的本质需要。其突出表现在于,为了问责而问责以至过分强调问责暂时达到的应急

效果,忽视问责对国家、对社会长期发展应该发挥的维护权利、促进发展的实质效益。问责实质效益的发挥依赖于问责实体正义和程序正义的实现,其中实体正义表现为公众权利的实现和保障,它是程序正义的目的,程序正义表现为过程要公开、公正、透明,它是实体正义的保证。如果我们淡化行政问责甚至无视程序正义在保证实体正义方面所具有的重要作用,片面追求问责效率,被问责官员"下也匆匆、上也匆匆",公众不明不白,那么问责在很大程度上将成为应付舆论、息事宁人的工具,严重影响行政问责应有的实质效益。

第二节　我国行政问责法治化体制机制上的不完善

这里也是以现代法治主义基本要求生产良法为视角,主要基于对法制完备理念的认识。行政问责法治化的实现要件主要包括形式要件和实质要件,形式要件又包括体系完备和制度健全两个方面,实质要件又包括主权在民和权责统一两个方面。内容和问责的程序内容,如问责条件、问责方式和问责规范。从行政问责法治化的理想模式看,行政问责法治化的法制完备的要求主要是通过行政问责法治化实现要件中的形式要件来体现的,而这种体现在我国存在的不足主要有:法治化问责体制的不够通畅、法治化问责制度的相对滞后,这就要求在行政问责法治化推进过程中,必须强化对其实现要件中的形式要件的改进和完善。

一、法治化问责体制的不够通畅

问责体制与国家的权力结构、法治环境和问责理念有着密切联系,这正是我国法治化问责体制不够通畅的主要原因,这种不够通畅主要表现在两个方面。

(一)从问责主体的角度看:重同体问责,轻异体问责

正如上所述,我国行政问责执行的主体主要集中在具有行政管理职能的公权力机关,即行政问责属于主要以行政机关监督行政机关的同体问责模式为主。这种问责模式的设计,忽视了现代法治化问责以权利问责为主体的本质要求,使问责缺乏彻底性,从而使现有行政问责的公信力十分有限。

(二)从问责客体的角度看:重形式客体、轻实质客体

我国的国家性质决定了我国公权力的机构设置和权力配置有自己的特殊性,在行政系统,有行政首长负责制、有集体负责制等,但无论何种形式,相应党委及其主要领导往往在行政决策中发挥着非常重要甚至决定性作用,而由于我国党政关系的理论假设和制度构建,又使将党委主要领导直接作为行政问责客体存在逻辑上的悖论,所以在问责实践中,难免出现主要决策者不能被问责而次要决策者被问主要责的问责错位现象;再加之同体问责中不可避免的权力优位作用,存在低位阶权力者去承担高位阶权力者应承担的责任的替罪式问责现象。

二、法治化问责制度的相对滞后

近年来,尽管我国问责制度建设尤其是数量上取得了长足发展,但由于种种原因,其与问责法治化要求仍不甚相符,主要表现为问责制度的相对滞后性。

(一)从制度发展的角度看:重制度颁行、轻制度统一

我国目前已颁行的问责制度,除散见于相关法律中的规定之外,专门的问责制度集中在部门规章和地方政府规章及其他规范性文件,没有国家层面的专门的问责法律,不仅位阶低、适用范围有限,而且存在相互抵触、同责异罚的

不统一现象,严重影响了问责的权威性和公信力。到2018年2月止,我国各类有关问责的规范性文件约有660余部,其中专门规定问责的有国务院部门规章性质以上和有国务院规定较大市以上地方政府规章性质的规范性文件约有31部,①它们在问责依据、问责主体、问责范围、问责客体、问责方式、问责信息来源、问责救济等方面的规定都不尽相同,有的更是相差甚远,如:有的规定问责客体为政府及其部门的行政主要负责人或行政首长,有的规定为国家行政机关及其公务员,前者的范围远远小于后者的范围,因而很难达到统一行政问责规范的效果。

（二）从制度内容的角度看：重实体规范、轻程序规范

我国长期存在的"重实体、轻程序"的行政和司法观念在行政问责制度建设中的主要体现是,在约660余部各类有关问责的规范性文件中,有关行政问责程序的规定尽管近年来逐步完善,但仍有部分内容比较简单、零散且过于原则化。有的地方在问责启动程序上仅规定由政府首长启动,如《××市政府部门行政首长问责暂行办法》第6条规定:"市长发现市政府部门行政首长有本办法第5条规定情形之一,或根据下列情况,可以决定启动问责程序"。这种规定赋予了市长在决定问责时极大的自由裁量权,并且难以对其行为进行有效监督。有的地方问责规范虽然有一些条文,但是过于笼统概括,如《××市行政过错责任追究暂行办法》第9条规定:"行政过错责任追究实行简易程序,具体为受理、调查、处理、送达、复议。行政过错责任追究决定做出之前,视具体情况,可暂停责任人职务。"这种过于原则化的规定若没有相应的具体细则,其操作过程中的随意性就难以控制,最终会因为其可操作性差而影响行政问责结果的公正性。②

---

① 参见北大法律信息网 http://vip.chinalawinfo.com/Newlaw2002/lar/index.asp.2018-2-2。
② 张华民:《我国行政问责法治化的困境与路径》,《行政与法》2013年第1期。

第三节 我国行政问责法治化规制形式上的不到位

这里以现代法治主义基本要求落实良法为视角,主要基于对权力制约理念的认识。权力制约是现代政治文明的一项共识,是检验一种国家治理机制体制是否成熟的重要标志。在行政问责法治化建设中,权力制约的实现是通过行政问责符合现代治理基本模式即规制形式上的科学设计来体现的,尤其是公民权利即私权利对行政权力的有效制约的规制形式、代议机关及司法机关即公权力对行政权力的有效制约的规制形式,对在行政问责法治化建设过程中权力制约是否科学和到位起着重要作用。以下从私权利和公权力对行政权力的制约的角度分析我国行政问责法治化规制形式的不足,这就要求在行政问责法治化推进过程中,必须强化对其构成要素中的规则要素的重构和改进,因为规则要素的主要内容包括问责条件、问责方式和问责规范,强调各种问责形式的科学设置,包括自律性问责和他律性问责、预防性问责与惩罚性问责等。

一、法治化问责私权较为缺乏

权力制约包括私权利对公权力的制约和公权力对公权力的制约,公众问责就是私权利对公权力进行制约的一种形式,这在我国是一个非常具有现代治理理念的权力制约模式,因为我国漫长的专制历史和现代化进程的起步晚及不成熟,使我国传统上很少有民监督官甚至制约官的机制,也缺乏民监督官甚至制约官的理念,更没有形成现代民主政治所提倡和依赖的现代公民意识,所以使我国私权力制约公权力现在仍然处在起步阶段,公众问责的理念和机制较为缺乏,在现实的规制形式中更多表现为公众问责有效渠道的缺乏。

(一)从问责的构成类型看,重等级问责、轻公众问责

等级问责内容所关注的是组织内部工作任务的正确完成情况,在中央和地方的问责制度中,均将领导干部执行上级部门的工作部署和严格部门内部管理作为问责的主要内容,并且将领导干部管理机制作为问责的实现机制。而公众问责是一种公众参与公共管理的活动形式,与等级问责在运行机制上有本质区别。公众问责内容主要包括两个方面:一方面是涉及公众自身利益的项目,公众希望政府部门予以解决;另一方面是针对政府部门及人员(主要是官员)的决策及行为提出的质疑,要求政府部门予以解答。这就要求政府部门要面向外部的问责主体,构建相适应的问责制度予以回应,国内现有的行政问责制度内容,显然还没有包括这些方面的内容,公众参与行政问责的制度构建还处于缺失的状态。①

(二)从实践的可行程度看,重理念倡导、轻执行效果

公众参与制度中的程序缺乏可操作性,是国内公众参与制度构建中普遍存在的问题。相关的研究认为,"我国目前的公众参与仍处于象征性参与阶段,尽管现实中不乏各种各样的参与途径,但收效并不理想。"②目前国内对公众参与的规定大都非常原则,带有倡导性的口号性质,对于公众参与的程序、方式、操作方法等方面缺乏具体的可操作性规定,③"规则的可操作性首先要求制度规范清晰,尽量避免歧义,如果确有歧义存在,则有负责进行解释的公正的权威部门按照法定程序做出明确的解释。其次,制度规范的内容应当在原则性规定的基础上包含具体的操作规程,有完整的执行程序,否则,制度就

---

① 宋涛:《乡镇工业污染与公众问责制度的缺失及重构》,《华南农业大学学报(社会科学版)》2013年第4期。
② 郭倩:《政府决策中公众参与的制度思考》,《山西大学学报(哲学社会科学版)》2010年第5期。
③ 褚松燕:《我国公民参与的制度环境分析》,《上海行政学院学报》2009年第1期。

会成为徒有其表的做秀。"①

二、法治化问责公权的力度有待加强

要防止权力滥用,"就必须以权力约束权力"②,即公权问责,这是现代民主政治的一个基本常识。在我国,对行政机关公权力进行制约的最易被接受、最具操作性的应该是各级权力机关和各级司法机关,具体到行政问责法治化建设中公权问责的具体形式就是人大问责和司法问责。人大问责和司法问责无论在认识上还是在实践中在我国大家都并不陌生,但基于对现代公权问责认识的局限性和实践的形式性,使公权问责的制度性效果一直受到不少人的质疑,其外在表现就是公权问责现有机制的不足,从而出现法治化问责中公权问责的力度有待加强。

(一)从人大问责的层面看,重职能分工、轻利益驱动

在我国现有国家权力分配架构下,从制度层面上讲,人大作为权力机关的立法及监督职能、政府作为执行机关的执法及向人大汇报的职能,都是比较明确的,但具体到人大对政府行使职权的监督作用的发挥,尤其是对政府不当行为展开问责的制度安排及其启动、实施的实际效果,存在诸多不够理想的地方。究其根本原因,逻辑起点在于人大监督与政府被监督之间应有的基于利益关联而形成的利益驱动的内生动力不足。仅仅基于一种职能设置而进行的监督更多是一种职业道德的体现,具有感召力但很难保证其普遍性,要具有普遍性,必须在监督者与被监督者之间建构起科学的基于利益关联而产生的监督驱动力。体现在实践中,从现有的法律制度来看,宪法和法律赋予了人大的监督权力,但比较抽象,操作性不强。在我国,人大问责主要运用的是宪法和

---

① 宋涛:《乡镇工业污染与公众问责制度的缺失及重构》,《华南农业大学学报(社会科学版)》2013年第4期。
② 孟德斯鸠:《论法的精神》(上册),商务印书馆1961年版,第154页。

法律赋予的质询权、特定问题的调查权和罢免权等监督权力,但在各级人大的监督问责实践中,这些宪法权力的运用不是太普遍,主要原因是现行法律有关质询"调查"罢免的规定比较原则,缺乏可操作性,如有关质询的主体仅限于部门或机构,并没有规定其负责人也为质询的主体。从理论上分析,既然有质询,就有可能发生责任的承担问题。此外,在全国人大会议上提出的质询,如果提出质询的代表或代表团对答复不满意,经主席团决定,受质询机关再做答复,但若再次的答复不满意又如何操作,法律对此无具体规定。[1]

(二)从司法问责的层面看,重形式构建、轻实质运行

应该说,司法问责在我国行政问责体系中是形式构建最为完备的一种,因为问责的主体是司法机关,即由公安机关立案侦查,检察机关提起诉讼,法院受理审查;所问客体的责任应是违背行政法、民法、刑法的法律责任;其问责过程是一个相对规范的司法过程,即应有提起诉讼、立案受理、法庭判决等过程。[2] 但从行政问责法治化规制形式看,司法问责在实现权力有效制约上并没有很好地达到其完备架构设计应有的效果。原因主要有以下方面:一是在司法问责的程序启动上,因司法问责涉及的问责客体主要是政府机关中工作人员,尤其是各类各级党员领导干部,对这类客体进行问责往往因为涉及相关政府部门及其领导干部,无论是涉及民事、行政还是刑事案件,一般都会出现相应上级党委作出违反党规党纪的先置性的处分处理等,这一先置程序不仅会增加司法问责启动的难度和复杂性,而且还会使一些案件在党规党纪处分处理后再难有后续进展,从而使司法问责难以有效运作和落实。二是在问责内容上也收到诸多的限制。如我国行政诉讼中对受理行政行为的具体规定,使相当一部分党政领导干部主导的抽象行政作为能够游离于司法问责之外,造成司法问责的选择性,从而影响司法问责的公信力。三是司法对政府有效

---

[1] 刘潇潇:《人大问责:现实反思与制度建构》,《经济研究导刊》2010年第35期。
[2] 高国舫:《完善党政干部司法问责的三个关键问题》,《理论探讨》2014年第3期。

监督的底气不足。司法机关在人、财、物等方面都与党政机关具有千丝万缕的联系,甚至受政府部门过多的牵制,不可避免地对司法问责的力度与信心产生实质性影响。这些都决定我国司法问责在相对完备架构运行的同时必须结合现实体制机制创建适合权力制约的更有效的规制形式,更好地实现权责一致、责罚统一。

第四节 我国行政问责法治化基本结构上的不平衡

这里以现代法治主义基本要求落实良法为视角,主要基于对全面守法理念的认识。全面守法既是现代法治的基本要求,更是现代法治建设是否成熟的主要标志。全面守法不同于全民守法,它既强调守法主体数量上的充分性,更强调守法主体主观上的认同性,即形式与内容的高度统一,而全民守法的一般理解更多体现在守法主体的数量上。具体到行政问责法治化建设中,全面守法既体现在问责主体从形式到内容的依法问责,也体现在问责客体从形式到内容要做到依法履职担责。我国行政问责法治化建设处在起步时期,在全面守法上仍存在一些与法治化要求不相适应的地方,主要表现在问责主体的相对保守和问责客体的相对强势上,这就要求在行政问责法治化推进过程中,必须强化对其构成要素中的结构要素的界定和规范,因为其结构要素的主要内容包括问责主体、问责实体和问责机关,强调三者的逻辑关系和职能配置。

一、法治化问责主体相对保守

从全面守法的角度看,行政问责法治化的问责主体无论从形式上还是从内容上都要严格依法办事,尤其在行使行政问责权力时更应该严格遵循法律规范,但在现实问责实践中问责主体易于出现主动或被动的缺位现象。

(一)从问责的主观意愿看,重形式效果、轻实质意义

行政问责自从2003年在我国普遍得到认可后,在不同层面和不同领域都得到了广泛推进。由于对行政问责的认识尚未深入,所以主观上诸多行政问责主体对行政问责赋予了更多的甚至唯一的惩治的色彩,希望通过行政问责的实施达到对政府出现的行政不当行为等起到杀鸡儆猴、杀一儆百的作用,于是突出行政问责的形式化表现和效果,忽视行政问责的内在法理逻辑和现代治理价值的追求,甚至出现权责不一、责罚不清的现象,久而久之使我国行政问责效果的公信力受到极大影响,出现形式效果与实质效果不相一致的现象,这就是行政问责主体对行政问责法治化建设的法理逻辑和法治价值在主观认识上的缺位。行政问责若要取得良性的具有公信力的法治化效果,就必须在重视形式效果的同时更加重视实质效果的发挥,而且形式效果一定要为实质效果服务,而不是相反。这个行政法治化的实质效果就是通过问责使受到不当行政行为侵害的多数人的意志和利益得到应有的恢复,使公平正义得以彰显,对问责客体的惩处只是实现实质效果的手段而不是目的,有利于这个法治价值目的实现的手段即是必要的手段,否则都是形式主义的、不可取的、背离法治基本原则的。

(二)从问责的客观条件看,重形势需要、轻规范执行

行政问责法治化要求行政问责必须依据多数人的意志和利益的体现即法律法规的规定来行使,即依法问责,这是行政问责法治化最起点性的要求,否则行政问责法治化即失去了基本前提,行政问责权谋化、利益化就不可避免。但在现实实践中,社会发展是丰富多彩的,阶段性、特殊化的情境在所难免,在行政问责的法治化要求即法律法规的遵行和社会发展出现的特殊情势的需要这两个客观条件同时存在的情况下,如何科学有效地推进行政问责?现代行政问责法治化的要求应该是特殊情况特殊处理必须在遵行法律法规的前提下

才能实现,特殊情况特殊处理必须在法律法规规定的范围内实施,或经过法律法规认可的程序要求的前提下才能操作,再特殊的情势也不是能够突破法律法规底线的理由,否则,法律法规就必然成为橡皮图章,最终损害全局的、长远的行政问责法治化的真正实现。我国在以往的行政问责中一定程度上出现了重形势需要、轻规范执行的现象,实质上是现代法治观念淡薄,以至于客观上受制于特殊情势的局部需要和眼前效果而忽视现代法治的全局规范和根本价值,是在政府依法行政过程中法律主体缺位的一种表现,也是违背职权法定原则的一种形式,是行政问责法治化建设中必须摒弃的行政行为。

二、法治化问责客体相对强势

行政问责的问责客体主要是行政机关及其工作人员,这是当今世界各类国家治理结构中最主要的、最庞大的组成部分,而且随着社会不断发展,社会公共事务越来越复杂化、精细化,行政机关无论在人员数量还是在权力分量上都有不断膨胀的欲望和趋势。所以对行政机关及其工作人员进行监督和问责,实践中的难度必然会越来越大。我国是一个传统上政府就具有相对优势的国家,加之对政府问责还处于初步发展阶段,在行政问责推行中,主观上行政机关自身对应该接受问责的观念的认识是否到位、客观上对政府进行行政问责的符合现代法治要求的制度建设是否到位,都会导致行政机关及其工作人员在被行政问责中忽视甚至轻视问责价值和问责制度的现象,从而表现出主观上和客观上的越位现象。

(一)从主观认识上看,重行政效果、轻社会效益

行政权力相对强势、立法及司法权力相对弱势在我国长期以来是一个希望不断得以纠正的客观存在,但到目前为止没有得到根本性的纠正,这与现代法治建设在我国起步较晚有重要的关系,具体到行政问责法治化进程中就是作为问责客体的行政机关及其工作人员,相当部分根深蒂固地认为只要行政

行为的动机是善意的、为公的就不应该承担任何责任,即使承担一定的责任也是可以原谅的,从而在行政行为的表现中出现重行政效果、轻社会效益的现象。重行政效果就是过于强调行政效率,即所谓甩开膀子干,过于强调行政结果,即所谓为公不为己,认为这些都是对的,不应问责或问责只应该走走形式,不应处罚或处罚了也应很快恢复,以至于行政机关及其工作人员在行使行政权力时,甚至在接受行政问责过程中承担被问责质询义务时仍然有我行我素的倾向,实质上是违背法律法规规定的越位行为,是一种违法行政行为,也是一种违背行政问责法治化要求的行为。在现实中带来的恶果是行政的数量性、实体性结果或许达到,而行政为民的目的、追求公平正义的要求没有得到实现,最终结果往往是政府的执行力到位了、而政府的公信力下降了。

(二)从客观制度上看,重细节纠正、轻权力调整

行政问责法治化的根本目的是要通过行政问责这一路径使多数人的意志和利益得以体现和实现,这种体现和实现的过程是全方位的,这其中即包括对具体行政细节的纠错,也包括对行政权力及其架构的调整,而且在这两种问责路径中,前者应该多适用于事微责轻的情形,问责更显表面化,后者应该多适用于事大责重的情形,问责更具实质性。但在我国以往的问责制度建设中,更多表现的是前者,而后者不仅不常见,而且形式大于内容的抽象化制度设计较为普遍。如,在行政官员问责中,有些党委及其负责人与政府及其负责人对相关事务的实质性决策权的大小与承担问责责任的大小不尽匹配,有些地方行政问责的条文规定中甚至屏蔽了党委及其负责人应该承担的相关行政事务的决策责任;即使在行政问责制度中涉及相关行政权力行使者尤其是主要负责人的问责责任,作出了权力调整的规定,如免职等规定,但很少对权力调整后的权力再生行为进行规范,以至于现实中问责免职有时候成为责任官员调整工作岗位的一种重要路径,严重影响了行政问责的公信力。从问责制度层面上看,实质上是制度性设计在客观上给予了行政权越出规范的暗示和胆量,造

成行政问责客体出现制度诱导性的越位现象。

小　结

　　本章"我国行政问责法治化的现实困境与路径选择"实质是通过对行政问责实践中长期存在而又难以解决的重点难点问题剖析,为推进我国行政问责法治化进程找准关键点和着力点。基于行政问责法治化理想模式的基本框架:生产良法上的权利本位和法制完备、落实良法上的权力制约和全面守法,本章主要从四个方面进行分析。

　　首先,从生产良法的权利本位的角度看,我国行政问责法治化存在本质认识上的不充分,如问责文化较为缺失、问责理念存在一定的错位。这就要求在行政问责法治化推进过程中,必须强化对其实现要件中的实质要件的培育和倡导。

　　其次,从生产良法的法制完备的角度看,我国行政问责法治化存在体制构成上的不完善,如问责体制的不够通畅、问责制度的相对滞后。这就要求在行政问责法治化推进过程中,必须强化对其实现要件中的形式要件的改进和完善。

　　再次,从落实良法的权力制约的角度看,我国行政问责法治化存在规制形式上的不到位,如问责私权较为缺失、问责公权的力度有待加强。这就要求在行政问责法治化推进过程中,必须强化对其构成要素中的规则要素的重构和改进。

　　最后,从落实良法的全面守法的角度看,我国行政问责法治化存在基本结构上的不平衡,如问责主体相对保守、问责客体相对强势。这就要求在行政问责法治化推进过程中,必须强化对其构成要素中的结构要素的界定和规范。

第五章 我国行政问责法治化的实现机制

"机制"一词最早源于希腊文,原指机器的构造和工作原理。后来人们将"机制"的概念引入到自然科学和社会科学等诸多领域,从研究的视角看,机制主要是指研究对象各要素之间的结构关系和运行方式,其中结构关系体现的是"机理",运行方式体现的是"规制"。法学研究中会经常引入机制的概念,其主要原因在于法学是一门实践性很强的学科,只有将机理与规制结合起来才能使法学研究的实践性得以充分展现、使法学的社会功用得以真正发挥,所以我们会在不同的治理领域内经常看到法的实现机制的提法。如何理解法的实现机制呢?《中华法学大辞典》给出了这样的阐释:法的实现的机制,有两层含义:一是用以保证对社会关系实现有效影响的各种法律手段和社会手段的有机联系的统一体。包括法的实现的法律机制和法的实现的社会机制、心理机制。法的实现是法的要求在社会中转化为现实的过程和结果。法的实现过程既有法律手段的作用,又有心理因素、社会因素的作用,这些方面的作用分别构成法的实现过程中的法律机制、心理机制和社会机制,法的实现是这几种机制共同作用的结果。它们相互联系、相互作用、相互交织。在理论上可以抽象分析为法的实现的法律机制、心理机制和社会机制,在现实中,它们并不独立存在,而共同构成法的实现机制的内容。二是有时专指法的实现的法律机制。① 可见,法的实现的机制包括法律机制、心理机制、社会机制,它们分别通过法律手段的作用、心理因素的作用、社会因素的作用来构成,即便在理论上可以抽象分析为三类机制,而在现实中,这三类机制并不是独立存在的,而是共同构成法的实现机制的内容。

正是基于以上对法的实现机制的认识,本研究在具体分析我国行政问责法治化的实现机制时,是在结合我国行政问责法治化的积极探索和多位困境的已有分析的基础上,本着在实践中全面推进行政问责法治化的现实需要出发,所以无论在机理分析还是从规制构建上,都不是单纯地把行政问责法治化的实现机制看成是狭义的法律机制,而是看成是以法律机制为主导的由心理机制、社会机制与法律机制共同构成的行政问责法治化的实现机制。具体表现就是,第一节对我国行政问责法治化的认识机理的分析,就是在法律机制基础上突出强调价值认同的心理机制的需要来具体分析我国行政问责法治化实现机制的价值源流;第二节对我国行政问责法治化的功能机制的分析,就是在法律机制基础上突出强调现实功用的社会机制的需要来具体分析我国行政问责法治化实现机制的现实必然;第三、第四节对我国行政问责法治化的机制路径和机制构建的分析,就是基于规范有序的法律机制的需要来具体分析我国行政问责法治化的实现机制。

通过行政问责问卷调查的结果分析(如图 26 所示),也可以看出以法律机制为主导的由心理机制、社会机制与法律机制共同构成的行政问责法治化实现机制的研究逻辑的现实性。当问及当前行政问责法治化存在问题的主要成因时,选项相对比较集中的是:政治体制改革需亟待深化、问责法治建设滞后、问责制度有效供给不足、问责观念滞后这四个选项,这四个选项从关联性上讲,问责法治建设滞后、问责制度有效供给不足直接与法律机制建设相关,政治体制改革需亟待深化与广义上的社会机制关联度较高,问责理念滞后与

---

① 孙国华主编:《中华法学大辞典(法理学卷)》,中国检察出版社 1997 年版,第 71 页。

心理机制有较密切联系,所以这也体现了以法律机制为主导的由心理机制(包括认识机理)、社会机制(包括功能机理)与法律机制(包括机制路径和机制构建)共同构成行政问责法治化的实现机制。

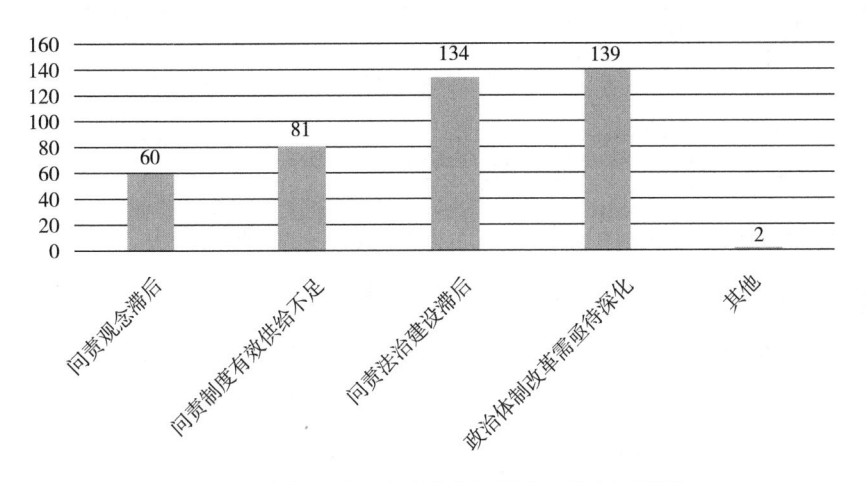

图26 当前行政问责法治化问题存在的主要成因

（柱状图数据：问责观念滞后 60；问责制度有效供给不足 81；问责法治建设滞后 134；政治体制改革需要待深化 139；其他 2）

第一节 我国行政问责法治化的认识机理

法治政府建设是我国社会主义法治国家建设的重要内容和关键环节,为了进一步促进法治政府建设,中国共产党十九大报告明确提出了到2035年我国"法治国家、法治政府、法治社会基本建成"的目标。法治政府建设的重点和难点在于推进和实现依法行政,而依法行政的推进和实现不仅是一个法律制度不断完善的过程,更是一个法治精神不断塑造的过程,这个法治精神正是行政问责得以开展的内在基础。如前文所述,行政问责法治化构成要素的规则要素中,对问责条件进行了设置,实质上问责条件设置的根本依据主要不是法律规范中的现有法条,而是影响政府行为的法治精神,从价值追求上讲,这种法治精神的集中体现就是政府依法行政所秉持的德性要求,以及依据德性要求所产生的对行政行为正当性的合理评价,所以分析政府依法行政的德性要求是界定行政问责条件的前提、是评判行政行为正当性的基础。比如,行政问责法治化的问责条件包括问责事由和问责标准两个方面,其中问责事由主要阐述的是问责的范围,对政府依法行政德性要求存在依据及其在我国的现实体现的分析,意在为全面深刻认识和厘清问责事由提供理论依据和实践指导。

一、我国依法行政德性要求的存在

作为道德哲学关注的重要主题的德性,其研究最早是从个体层面开始的。"德性"概念来源于英文单词"virtuousness"或"virtue",体现的是品德或品质,意味着力量或卓越。亚里士多德认为:"人的德性就是使人成为善良,并获得其优秀成果的品质。"[1]我国古人讲"为政以德"、"物得以生谓之德",认为"德"是一种道德规定或要求。可见,德性是人的一种优秀的品德或品质,是人们将社会道德要求内化成了个人内在的信念和要求的一种品德或品质,是人之为人的基本要求。[2] 同时,柏拉图和亚里士多德又把德性描述成"创造个人和社会利益的习惯、愿望和行动"。[3] 所以,德性也表征了实现繁荣和产生活力的条件,与有意义的目标、高尚、个人繁荣等概念有关,它是面对困难和挑战时人的道德肌肉、意志力和体力的基础,是道德哲学家和宗教思想家推崇的个人核心特征。[4] 尽管个体德性的存在是社会和善共融、进步有序的基础和保证,但作为个体的人的社会性和实践性的本质需要,决定了个体结为组织的必然性及其在人类生存发展中不可或缺的重要意义,尤其是随着社会结构的复杂化、组成的多元化、发展的快速化,组织在维系和推动社会发展中的作用

---

[1] [古希腊]亚里士多德:《尼各马可伦理学》,中国社会科学出版社1999年版,第35页。
[2] 员金松:《行政管理中德性的价值与生成路径》,《河南师范大学学报(哲学社会科学版)》2012年第4期。
[3] [古希腊]亚里士多德:《尼各马可伦理学》,中国社会科学出版社1999年版,第50页。
[4] Caza A, et al. "Ethics and ethos: The buffering and amplifyingeffects of ethical behavior and virtuousness". *Journal of Bus-iness Ethics*, 2004, 52(2): 169-178.

愈发显要,而要使组织在社会发展中的维系和推动作用的能量达到正向最大化,组织层面的德性塑造和弘扬就成为促进社会进步必不可少的着力点和动力源。①

"组织德性"的英文表述是"Organizational Virtuousness"或"Organizational Virtue",与个体层面的德性研究相比,组织层面的德性研究兴起较晚,尽管在古希腊,德性概念就已适用于个人和组织,人们认为德性可以在个体身上展现出来,也可以在集体层面体现出来。在当代,麦金太尔是最早开始系统研究组织德性的学者,研究成果体现在其著作《德性之后》。目前,组织德性的概念已被越来越广泛地接受和运用,并逐步形成相对共识:组织德性是组织作为整体的伦理性格特征,可以通过个体或集体行为、组织文化、组织结构,以及鼓励个人德性行为的组织政策和程序体现出来。组织德性并不具有"非有即无"的性质,不管是个人还是组织,都不可能完全具有德性或完全不具有德性,也不可能在所有的时间都具有德性。组织德性具有三个关键的概念属性:人类影响,即组织德性可以帮助个体展现道德品质、进行自我控制和遵守卓越原则;道德美德,即组织德性代表了什么是好的、正确的和值得培养的;社会改善,即组织德性创造超越组织自身利益的社会价值,换句话说,组织德性为社会创造利益而不追求互惠或回报。②

依法行政本质上是一种组织行为,这里的组织从宏观上讲指的是政府,从微观上讲包括体现政府意志、履行政府职能的各级各类行政主体,可见,依法行政是一种通过各级各类行政主体来体现政府意志、履行政府职能的组织行为。因为组织德性可以通过个体或集体行为体现出来,所以政府的组织德性就可以通过各级各类行政主体的依法行政行为体现出来,换言之,政府的组织德性实质上规定了依法行政这一组织行为的内在品质。这就意味着政府的组织德性与行政主体的依法行政行为之间存在一种要求与被要求的逻辑关系,

---

① 张华民:《依法行政的德性要求及其现实观照》,《现代法学》2014年第2期。
② 刘云:《组织德性研究回顾与展望》,《外国经济与管理》2012年第2期。

即政府的组织德性的存在必然产生与之相应的依法行政的德性要求,政府的组织德性是依法行政的德性要求的前提和归宿,依法行政的德性要求是政府的组织德性的响应和表征。

依法行政的德性要求基于政府性质和功能所蕴含和追求的信念和价值而存在,而政府是历史的、实用的,所以依法行政的德性要求是一种抽象见之于具体的政府德性的响应和表征。依法行政的德性要求至少具有以下几方面的关联属性:一是时间性和空间性,即依法行政的德性要求在不同的历史时期和社会环境下,其内涵和外延是不尽相同的,这是因为在不同的时空条件下政府的性质和功能所蕴含和追求的信念和价值是存在差异的;二是价值性和功用性,即依法行政的德性要求首先要体现人们寄予政府所当然追求的德性正义的价值目标,但这种价值目标并不是茫然存在的,它自始至终都在对政府执政的合法性进行证明、对政府执政的合理性进行评定;三是主观性和客观性,即依法行政的德性要求总是以一种人们主观认同的政府应有的德性正义的表现形式出现,但其内容从根本上依然取决于社会生产力的发展水平和生产关系与之相适应的程度;四是稳定性和发展性,即依法行政的德性要求实质上反映的是人们对社会存在的观念性认识,作为一种思想提炼其具有相对的稳定性,但基于对社会进步的适应其又具有必然的发展性。

二、我国依法行政德性要求的体现

政府的组织德性的核心和灵魂在于德性正义。古希腊人普遍认为,正义是人的一种主要的德性,而且正义作为人的一种德性必定是与善相关的。亚里士多德在柏拉图"正义是一种整体的德性"的观点的基础上,进一步论证了德性正义的性质,认为正义是一种完全的德性,是一切德性的总汇。美国学者Gerald M.Pops 和 Thomas J.Pavlak 主张当前行政管理人员应恢复正义并将正义作为道德的核心价值,"因为正义是一个基本的、被广泛共享的能够被理解和实际应用的美德。"①他们认为,正义不仅是行政组织的重要价值特征,也是行政人员的道德的基本要求。可见,政府的德性正义包含了依法行政在不同伦理视角下的全部主题:既体现了民主社会自由、平等的价值追求,也蕴涵着依法行政本身所具有的公共利益的价值取向,同时也是行政管理人员德性的体现。② 政府的德性正义是依法行政德性要求的核心价值所在,也是实现依法行政德性要求的关键,因为,行政主体如果不具备正义德性,正义的规则只能是一纸空文,正义的秩序更难以实现,所有德性要求都只能束之高阁。行政主体只有具备正义德性,才能作出正义的决策,进而采取正义的行动,依法行政的德性要求才能真正得到提倡与践行。

政府的德性正义不仅标示着依法行政德性要求的价值取向,而且顺应时代发展在不断更新和界定着依法行政德性要求的具体内容。在当下中国,法治政府建设正处于不断推进、不断完善的发展阶段,与其关联的社会文化、体制架构、行为方式在行政管理破旧立新的转型过程中都在发生着深刻的变革,与此相适应,顺应时代发展的政府的德性正义促使依法行政德性要求的具体内容由传统趋向现代、由保守趋向开明,突出表现为"严格、规范、公正、文明"的依法行政德性要求的提倡与践行。具体来说:严格体现了依法行政在执法精度上的德性要求,强调依法行政必须认真仔细、精益求精,摒弃缺乏原则、随意执法的工作作风;规范体现了依法行政在执法准度上的德性要求,强调依法行政必须恪守规则、遵循标准,摒弃经验至上、无视程序的工作作风;公正体现了依法行政在执法信度上的德性要求,强调依法行政必须不偏不倚、维护公信,摒弃徇私枉法、背离民意的错误理念;文明体现了依法行政在执法善度上的德性要求,强调依法行政必须以人为本、促进和谐,摒弃唯我独尊、迷信强权的错误理念。

严格、规范、公正、文明的德性要求不仅贯穿于依法行政的整个过程,而且

---

① Gerald M. Pops, Thomas J. Pavlak, *The case for justice: Strengthening Decision Making and Policy in PublicAdministration*, San Francisco, California: Jossey-Bass Inc, 1991:169.

② 杨冬艳:《论公共行政正义三重伦理维度的统一》,《国家行政学院学报》2010年第2期。

也涉及依法行政的所有领域,即严格、规范、公正、文明的德性要求通常是以整体作用于依法行政实践的整体,不存在只需要严格、规范德性要求而不需要公正、文明德性要求的依法行政过程和领域,反之亦然。但是,严格、规范、公正、文明的德性要求与依法行政实践的不同方面之间的关联程度是有差异的。依法行政作为一种政府行为,至少包括依法和行政两个方面,而这两个方面与依法行政德性要求的关联程度是有区别的。一方面,针对法律法规,行政主体必须坚持"依法",这是依法行政的前提要求,而法律法规的既定性和文本性决定了行政主体的依从性,不难理解,严格、规范是最能体现依从性内在品质的德性要求,因为依从性就意味着对行政主体自由与个性的相对限制,而这种相对限制的程度和效果除了依赖法律法规的条文约束外,另一个重要途径就是通过行政主体对严格、规范的依法行政德性要求的养成、认同和践行。另一方面,针对行政对象,行政主体必须履职"行政",这是依法行政的实践基础,而现代社会瞬息万变的发展景象决定了法律法规中赋予行政主体的行政自由裁量权的普遍存在甚至不断扩大,不难理解,公正、文明是最能反映行政自由裁量权自我约束内在品质的德性要求,因为行政自由裁量权意味着对行政主体自由与个性的相对放任,而这种相对放任的程度和效果除了依赖法律法规的条文约束外,另一个重要途径就是通过行政主体对公正、文明的依法行政德性要求的养成、认同和践行。以上依法行政德性要求的不同要素与依法行政实践的两个方面之间的关联性虽然存在程度上的差异,但这种差异是相对的、可变的,而依法行政德性要求对依法行政实践的普遍作用是绝对的、永恒的。

第二节　我国行政问责法治化的功能机理

在全面推进依法治国的实践中,人们越来越认识到法治政府建设是法治国家建设的重中之重,因为政府不仅是国家公权力中最大的主体,而且政府的行政权也是公权力中与公民权利联系最广泛、最紧密的公权力,所以开展问责法治化建设,首先必须从政府开始、把政府作为重点。在行政问责问卷调查中,当被问及在我国"当前最需要加强问责的对象在哪个公权力系统"时,多数人选择的是"政府系统",有116人,占57.4%。

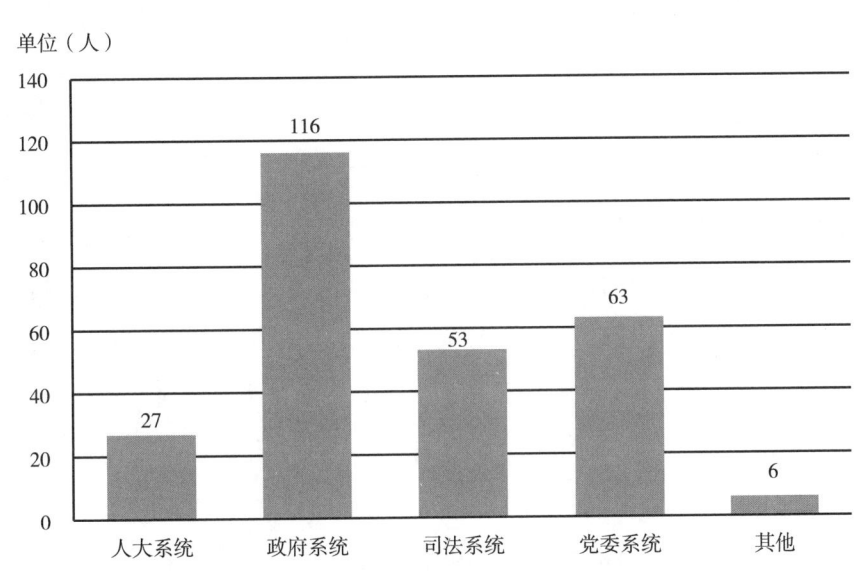

图27 当前最需要加强问责的公权力系统

公权力系统	人数
人大系统	27
政府系统	116
司法系统	53
党委系统	63
其他	6

针对政府依法行政,党和国家政策层面有过多次相同的重要表述,比如中国共产党的十八大报告指出"推进依法行政,切实做到严格规范公正文明执法",纪念现行宪法公布施行30周年的报告中又提到"规范政府行为,切实做到严格规范公正文明执法"。"切实做到严格规范公正文明执法"的要求已经不限于依法行政法律制度本身,而是更深刻地反映了依法行政法治精神所蕴含的丰富内容和现实需要,所以加强对推进依法行政与严格规范公正文明执法之间内在关系的研究对完善当前我国法治政府建设具有重要的现实意义。比如,行政问责法治化的问责条件包括问责事由和问责标准两个方面。其中问责标准主要阐述的是被问责性质行为应达到的不当性程度,对政府依法行政德性要求实际功用及其在我国的具体实践的分析,有利于为全面深刻认识和衡量问责标准提供方向指引和现实依据。

一、依法行政德性要求在我国的实际功用

以严格、规范、公正、文明为主要内容的依法行政德性要求在我国的提倡和践行对促进经济社会转型期我国的法治建设有着重要的现实作用。

(一)在现代法治政府建设中的导向作用

一方面是价值导向作用。现代法治政府建设的核心是推进依法行政,所以依法行政的德性要求最直接、最全面、最深刻地反映了法治政府建设的价值取向,而政府的价值取向体现了政府的善与恶、决定着政府的公信力,严格、规范、公正、文明的依法行政德性要求的提倡和践行,有利于促进政府趋善避恶,彰显政府的合法性、提升政府的公信力。另一方面是实践导向作用。法治政府建设必须依赖于行政主体的具体行政行为才能得以实现,不同的行政主体因为地位、角度、利益等的不同其从事行政管理的理念也各不相同,表现在法治政府建设中的作用效果不仅不尽相同,有时甚至相反,严重影响法治政府建设进程,而严格、规范、公正、文明的依法行政德性要求是行为组织乃至行为个人的共性的品质体现,具有普适性和感召力,有利于不同的行政主体形成共同的行政管理理念,从而依据德性要求制定合理准则、采取有效步骤、形成正向合力,促进法治政府建设健康发展。

(二)在公民法治素养提升中的示范作用

一方面是理念示范作用。我国经济社会的转型不可避免地带来公民思想观念的转型,这种思想观念的转型有正向的也有反向的,对公民素质的提升更是增减不一,而这其中对现代法治理念形成最具示范性的主体莫过于转型中的政府。毋庸讳言,近年来政府在公民心目中公信力的提升可谓步履维艰,这与转型中政府执法为民的理念难以凸显甚至多有负面展现有重要的关系。而反映严格、规范、公正、文明的依法行政德性要求的法治政府建设是一个提升

政府公信力的契机,因为依法行政德性要求的提倡和践行可以改进执法行为、重塑政府形象、增强政府信誉,而任何一个富有法治公信力的政府对社会都是强大的正能量辐射源,可以引导公民法治理念的形成、促进公民法治素养的提升。另一方面是行为示范作用。依法行政是一种组织行为,这种行为代表了国家的意志、政府的意图,同时这种行为作用的对象主要是广大公民,所以依法行政是联系政府与广大公民之间的最直接、最广泛的行为方式,尽管政府可以因之而影响公民、公民也会因之而影响政府,但政府的权威和功能决定了前者的作用往往大于后者的作用,尤其品质卓越的法治政府的行为对广大公民的守法行为具有强烈的示范作用,而严格、规范、公正、文明的依法行政德性要求是促进政府走向法治、走向卓越的重要思想保证。

(三)在法治社会价值重塑中的整合作用

一方面是对社会价值的评价作用。评价作用更多地是针对既有社会价值而言的。社会转型中社会价值的重塑过程首先面临的问题就是对已有社会价值的态度,是肯定、否定还是扬弃?这就要有一个能体现时代发展要求的被普遍认同的价值标准。严格、规范、公正、文明的依法行政德性要求是政府德性正义的具体体现,是法治社会主体行为必须具有的优秀品质的具体内容,对于缺乏现代法治理念和实践的我国传统的社会行为来说,是其能否适应现代法治社会发展需要的重要评价标准。另一方面是对社会价值的引领作用。德性正义是在对野蛮、专制、强权和无视人权的社会观念进行彻底否定的基础上建立起来的现代社会价值理念,不仅契合了我国在传统社会向现代社会尤其是向现代法治社会转型过程中对正义的重新认识并以之指导实践的现实需要,而且契合了人类社会不断走向民主、法治、人权的发展大势,符合我国社会转型需要又超越我国社会现实存在,对我国现代法治社会的价值重塑具有引领作用,而严格、规范、公正、文明的依法行政德性要求作为德性正义的具体体现将有力促进引领作用的充分发挥。

二、依法行政德性要求在我国的实践面相

依法行政德性要求的价值在于指导依法行政实践。尽管《全面推进依法行政实施纲要》的颁布实施已有十四个年头,依法行政实践也取得了明显进步,但法治政府建设的基本目标显然还未能全面实现。针对依法行政的基本内容,结合依法行政的德性要求,分析依法行政基本内容与德性要求的内在联系,通过依法行政德性要求在依法行政实践中的提倡和践行来进一步推进依法行政进程在当下就显得十分必要。

尽管依法行政的德性要求对依法行政的指导作用是普遍的,但由于德性要求不同要素的侧重点不同,再加之我国依法行政实践的具体要求不同,所以依法行政德性要求的不同要素与依法行政基本内容的不同方面相互间的具体联系和实质影响存在差异,我们只有基于普遍而突出重点,才能更好地理解并推进依法行政取得实效。

依法行政的基本内容主要包括以下几个方面:合法行政、程序正当、合理行政、诚实守信、权责一致。合法行政和程序正当更多体现的是"依法",其德性要求主要表现为严格、规范,具体到我国依法行政现状,合法行政要更加突出严格、程序正当要更加突出规范。合理行政和诚实守信更多体现的是"行政",其德性要求主要表现为公正、文明,具体到我国依法行政现状,合理行政要更加突出公正、诚实守信要更加突出文明。权责一致可以说是我国依法行政中的薄弱环节和关键症结,在我国当下不仅要突出严格、规范的德性要求,也要突出公正、文明的德性要求。

(一)对于合法行政

合法行政要求行政主体实施行政管理,应当依照法律、法规、规章的规定进行;没有法律、法规、规章的规定,行政主体不得作出影响公民、法人和其他组织合法权益或者增加公民、法人和其他组织义务的决定。尽管中国特色社

会主义法律体系已基本建成,有法可依有了基本保障,但由于长期受封建专制文化和计划管制理念的影响,行政主体在依法行政实践中有法不依、执法不严的现象还相当普遍,严重阻碍了依法行政进程,当前已成为进一步推进依法行政的重点和难点。究其原因,从依法行政德性要求的角度看,突出表现为"严格"依法、"严格"执法的德性要求的缺失,导致依法的工具性、执法的随意性成为常态思维和习惯行为。所以在合法行政方面必须对行政主体加强以"严格"为主要内容的德性要求养成教育,使行政主体自觉做到严格遵守包括职权法定、法律优位、法律保留等在内的现代行政法治基本要求,并使其认识到有法不依、执法不严的社会危害性以及对其进行严格问责的正当性。

(二)对于程序正当

程序正当要求行政主体实施行政管理,除涉及国家秘密和依法受到保护的商业秘密、个人隐私以外,应当公开,注意听取公民、法人和其他组织的意见;要遵循法定程序,依法保障行政管理相对人、利害关系人的知情权、参与权和救济权;行政管理人员履行职责,与行政管理相对人存在利害关系时,应当回避。"正义不仅要实现,而且要以看得见的方式和步骤去实现"[1],但由于我国政府行政素有"重实体、轻程序"的传统思维,行政主体往往基于行政行为目的的合法性、正当性而忽视甚至无视程序的要求和规定,导致行政程序违法在我国政府尤其是基层政府行政违法案件占据很高的比例。究其原因,无论是法律文本中有关程序条文的规范性还是行政主体行政行为的规范性都存在很多不足,尤其是我国至今还未颁布统一的国家层面的行政程序规范性文件,这些都易导致行政程序的失范。从依法行政德性要求的角度看,突出表现为程序"规范"的德性要求的缺失,所以应当强化将以程序"规范"为主要内容的德性要求贯穿于行政程序立法和行政程序执法的全过程,真正促进程序理念

---

[1] [英]丹宁勋爵:《法律的正当程序》,李克强、杨百揆、刘庸安译,法律出版社1999年版,第11页。

的养成、推进依法行政的进程,《湖南省行政程序规定》的颁布和实施就是一个十分有益的尝试。

(三)对于合理行政

合理行政要求行政主体实施行政管理,应当遵循公平、公正的原则;要平等对待行政相对人,不偏私、不歧视;行使自由裁量权应当符合法律目的,排除不相关因素的干扰;所采取的措施和手段应当必要、适当;实施行政管理可以采用多种方式实现行政目的的,应当避免采用损害当事人权益的方式。随着经济社会的不断发展,不仅行政权的职能范围在逐步扩大,而且行政权的自由裁量性也愈发凸显,这就为行政权行使中的滥权和寻租提供了可能和方便,在经济快速发展和社会发生转型的我国这些现象更易产生,当前反腐倡廉形势依然严峻就是明证。为了规范权力、防止腐败,除了科学立法、严格执法外,从依法行政德性要求的角度看,尤其要突出以"公正"为主要内容的依法行政德性要求的提倡和践行,要使公正不仅成为行政主体依法行政的规则要求,更要成为行政主体依法行政的思维习惯和品质需要。

(四)对于诚实守信

诚实守信要求行政主体公布的信息应当全面、准确、真实;非因法定事由并经法定程序,行政机关不得撤销、变更已经生效的行政决定;因国家利益、公共利益或者其他法定事由需要撤回或者变更行政决定的,应当依照法定权限和程序进行,并对行政管理相对人因此而受到的财产损失依法予以补偿。从依法行政德性要求的角度看,诚实守信突出反映了"文明"执法的德性要求,遵循的是信赖保护原则,其对应的反面即是虚伪自利、野蛮狡诈。近年来在多个地方不时发生的暴力执法事件,已经成为整个社会关注的焦点,严重损害了政府形象,究其原因,多与行政主体缺乏诚实守信、罔顾"文明"执法的德性要求有直接的关系。"民无信不立",所以为了改善政府形象、提高政府公信力,促进行政主体诚实守信,必须突出强调以"文明"执法为主要内容的依法行政德性要求,使行政主体从职业道德的高度去反思野蛮执法、抵制暴力执法、崇尚诚信执法、追求文明执法。

(五)对于权责一致

权责一致要求行政主体依法履行经济、社会和文化事务管理职责,要由法律、法规赋予其相应的执法手段;行政主体违法或者不当行使职权,应当依法承担法律责任,实现权力和责任的统一;依法做到执法有保障、有权必有责、用权受监督、违法受追究、侵权须赔偿。然而在我国,到目前为止行政管理中有权无责、有责无权等权责分离的现象仍常有发生,不仅使正在兴起的行政问责的制度功能难以有效发挥,更使依法行政中合法行政、程序正当、合理行政、诚实守信等内容的实现失去有力的保障,所以这一依法行政中的薄弱环节和关键症结成为推进法治政府建设中必须优先破解的难题,提倡和践行依法行政的德性要求就是破解难题的重要途径之一。权责一致本身最能同时体现依法行政实践的两个方面和德性要求的所有要素:权即职权,要求职权法定,体现"依法",其离不开严格、规范的德性要求;责即责任,要求追究责任,体现"行政",其离不开公正、文明的德性要求,所以权责一致在我国当下不仅要突出严格、规范的德性要求,也要突出公正、文明的德性要求,只有这样才能真正促进权责一致难题的解决,而且通过权责一致的落实去倒逼其他依法行政环节的真正实现。①

第三节 我国行政问责法治化的机制路径

随着我国民主政治的推进和市场经济模式的构建,我国现有的行政问责实践已不能很好地适应现实情势的需要,必须加快行政问责法治化建设。如

---

① 张华民:《依法行政的德性要求及其现实观照》,《现代法学》2014年第2期。

前文所述,行政问责法治化是指由代表公共利益或关联利益的相关主体、通过特定机关,根据多数人的意志、对不履行或不正确履行职责而损害公众权利或公民权利的行政工作人员追究责任、并使受损公众权利或公民权利得以最大程度恢复的过程以及该过程的规范化。行政问责法治化不等于行政问责制度化,行政问责制度化只是行政问责法治化的一种表象,它不能涵盖行政问责法治化以体现多数人意志和利益为核心的实质内容。行政问责法治化因契合了社会进步的需要和公众理性的期待已经成为行政问责发展的必然趋向。我国现代法治建设的不成熟性决定了我国行政问责法治化建设面临诸多问题。再具体结合我国近些年来行政问责实践探索的经验和我国已有的体制环境和文化背景,同时参照行政问责法治化理想模式的内在理念和机制架构,从我国行政问责法治化机制路径的选择上看,主要有以下几个重要方面:以突出权利本位为核心塑造问责文化、以保障公众参与为根本更新问责理念、以强化权力制约为关键健全问责体制、以加快统一立法为重点完善问责制度、以促进权利救济为基础提升问责文明。

一、以突出权利本位为核心塑造问责文化

影响我国法治化问责文化形成的因素很多,如传统思维习惯、政治演进过程、物质生产条件等,但从根本上说,贯穿于其他一切因素之中且对我国法治化问责文化尚未确立起决定作用的因素是权利本位思想的缺失,主要表现在对私权利和公共利益的漠视。在行政问责问卷调查中,当被问及"你认为政府最不可容忍的失职行为有哪些"时,选择"回避责任、不作为"的有81人,占40%,"决策失误造成公共利益损失"的有68人,占34%,"跨界越权、滥用公权力"的有34人,占17%,三者共占91%,如图28所示。

公权力产生于私权利并服务于私权利,回避责任、不作为是一种漠视私权利的行为,决策失误造成公共利益损失是一种轻视私权利的行为,跨界越权、滥用公权力是一种藐视私权利的行为,三者的内在共性就是权利本位意识淡

第五章 我国行政问责法治化的实现机制

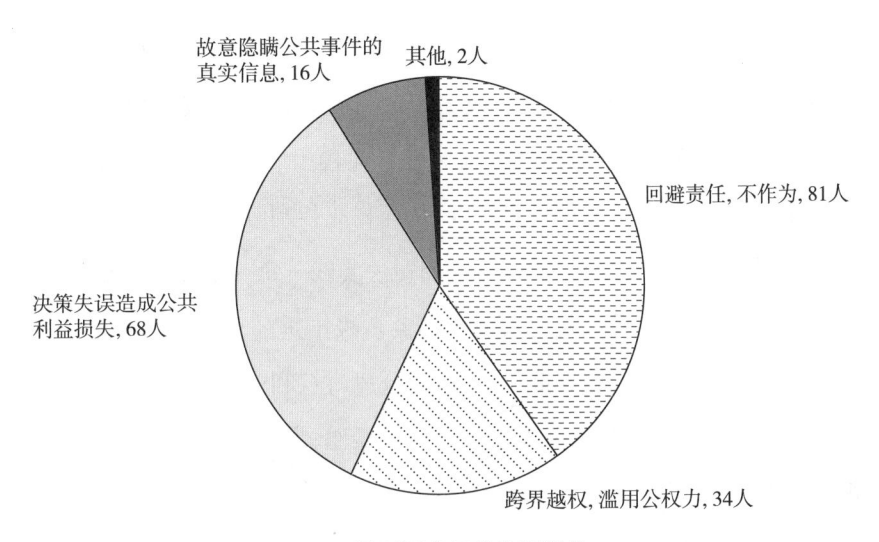

图28 最不可容忍的失职行为

饼图数据：
- 故意隐瞒公共事件的真实信息，16人
- 其他，2人
- 回避责任，不作为，81人
- 跨界越权，滥用公权力，34人
- 决策失误造成公共利益损失，68人

薄,没有树立起政府的行政权力必须体现好、维护好、实现好公民权利的基本理念,更没有养成权利本位、权利优先、服务权利、保障权利的权利文化,这在行政问责法治化进程中体现得较为明显。

权利本位思想的缺失是我国传统习惯思维中集体利益高于个人利益长期存在的前提条件、是我国大一统政治集权模式长期存在和发展的必然要求、是我国商品经济等现代生产方式长期难以充分发展的内在原因。权利本位思想缺位的必然结果是公权力对私权利的漠视和轻视以及私权利对公权力的畏惧和无奈,因而从根本上导致我国行政问责中"重国家崇拜、轻权利需求"和"重明哲保身,轻匹夫有责"传统文化现象的存在。要使我国建立起以权利本位为核心的现代法治化问责文化,灌输问责理念和加强道德教化对于我们这样一个有着极为悠久的灌输和教化历史的国度来说,仍然有需要但绝非最重要。目前最重要的,一是建立起真正体现权利本位的国家权力结构。国家的一切权力来源于人民是现代民主政治的应有之意,这就决定了公民权利的实现和保障既是现代国家权力产生和建构的根本原因,也是其存在和发展的价值所在,任何个人或少数人的践踏权利本位的权力狂想都必然遭到谴责和否定。

这种国家权力结构的构建必须遵循"由权利产生权力、由权力制约权力、由权利否定权力"的逻辑主线,使国家权力行使者在权利否定权力的过程中切实感受到权力因权利而存在、使私权利拥有者在权力服务权利的过程中切实感受到监督国家权力就是维护自身权利,从而树立权利意识、促进法治问责。二是大力开展真正维护权利本位的立法和司法实践。每一部充分体现公民权利实现和保障的法律法规的制定和颁布都会积极推进公民权利意识的提高,因为法律法规对公民权利的尊重和认可,使公民对权利的认识由抽象到具体、由模糊到明确、由不可触及到可以预测和可以操作,为公民捍卫权利提供了可能的路径,如《行政诉讼法》、《劳动法》、《民法典》等法律的颁行无不是提高公民权利意识的助推器。同时,每一次充分体现公民权利实现和保障的司法实践尤其是经典判决都是公民乃至整个社会法治意识进步的生动教材,其宣扬法治的作用往往是一般的灌输和说教所难以企及的,中外法治进程中均不乏此例,因为它们都以最直接的方式、最有效的结果向公众展示:无论面对个人、组织还是国家,权利的维护不仅是正当的、现实的,而且是应该的、必须的。①

二、以保障公众参与为根本更新问责理念

理念,是作为社会主体的人的一种主观思想认识,是人的思维对事物的规律及本质经过长期认识和判断而形成的观念、信念、理想和价值的总和。法治化行政问责要求以权力受到制约、程序保持公正、权利得到保障为其基本理念,而我国行政问责曾出现"重权力问责、轻权利问责"和"重应急效果、轻实质效益"的理念错位。更新我国行政问责理念从根本上依赖于公众广泛而有效地参与到行政问责过程之中。在行政问责问卷调查中,当被问及"您认为最有力、最持久的问责动力来源于哪里"时,135人选择"公众的监督",占总人数的66.8%,远高于其他选项而位列第一,如图29所示。

---

① 张华民:《行政问责法治化建设的对策》,《党政论坛》2011年第2期。

第五章　我国行政问责法治化的实现机制

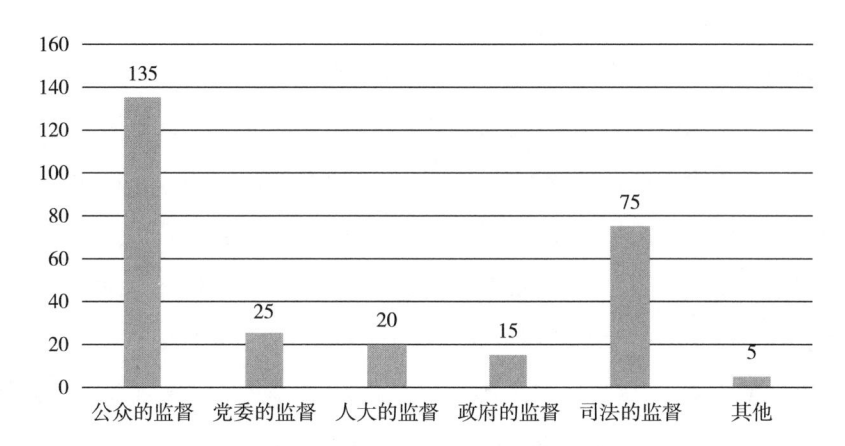

图29　最有力、最持久的问责动力来源

（柱状图数据：公众的监督 135；党委的监督 25；人大的监督 20；政府的监督 15；司法的监督 75；其他 5）

要进一步认识以保障公众参与为根本更新问责理念的深刻含义：其一，只有公众参与问责才能真正实现由"权力问责"走向"权利问责"。权力问责与权利问责的关键区别在于：权力问责的根本目的在于维护权力的存在和延续，而权利问责的根本目的在于公众权利和公民权利的实现和保障。尽管现代民主政治从逻辑上诠释了权力产生于权利并服务于权利的内在联系，但由于权力本身具有独立和膨胀的天性，所以权力一旦由权利产生之后，其背离权利甚至侵害权利的冲动和举动就从未停止，而且这种背离和侵害在民主意识欠缺和民主制度欠成熟的国家则愈加明显。在我国，要使问责能真正羁束权力且使权力始终服务于权利，拥有权利的广大公众采取各种方式广泛而有效地参与问责过程不仅是根本路径而且是根本保证，也只有这样，法治化问责理念才能真正形成和深入人心。其二，只有公众参与问责才能真正实现行政问责维护权利、促进发展的实质效益，而不是仅仅追求应急效果。问责实质效益的发挥依赖于问责实体正义和程序正义的实现，其中实体正义表现为公众权利的实现和保障，程序正义表现为过程的公开、公正、透明。程序正义不仅是实体正义的保证，也是问责发挥实质效益的关键，而从本质上说公众参与才真正是程序正义产生的条件和存在的基础。一方面，公众参与的广泛性和经常性决定了公众参与问责必须依赖有效的程序,否则就会出现无序问责;另一方面,公众参与问责的权利要真正摆脱利害权力人的干预,法治化的程序设置是最有力的保障手段,否则权利问责最终将走向虚化和人治化。在我国,公众参与问责除了公民个人通过法治化程序直接参与问责外,更多的是通过能够代表多数人利益的特定组织依照法治化程序行使问责权。这种特定组织有直接和间接之分,直接组织是通过公众直接选举产生的,如代议制机关;间接组织是指由公众直接选举产生的组织再通过一定程序产生并赋予特定功能的组织,如政府有关机构、司法机关等。法治化问责程序(如公开、透明等)能够有效规范特定组织的行为、排斥个别人或少数人意志的专断,从而使多数人的意志能够贯穿问责的始终,以保证问责实体正义的实现。

三、以强化权力制约为关键健全问责体制

权力制约和权力监督都是监控权力运行的具体形式,权力制约强调的是以权力合理分配为前提条件的权力之间的相互制衡,而权力监督更多表现为权力内部不同组织之间的约束,尤其是上级对下级的事后监督。相对于权力制约来说,权力监督一直是我国控制权力运行和防范权力滥用的首要的机制安排,因为它契合了我国历史上长期存在的封建专制统治和当代曾经实行的高度集中计划体制的需要,即"监督制度在中国非常发达并有顽强的生命力,究其原因,它与中国社会以权力为核心的精妙绝伦的金字塔型的社会结构与官僚体制相关"[①]。但随着我国民主政治的进步、市场经济的发展以及社会结构的深刻变化,传统的权力监督机制已经不能适应现代权力控制需要且弊端日益显现,我国行政问责中"重同体问责,轻异体问责"及由此衍生的问责客体选择上"重形式对象、轻实质对象"的现状就是例证。在行政问责问卷调查中,当被问及是否同意我国当下"问责以同体问责为主、异体问责十分薄弱"

[①] 孙笑侠、冯健鹏:《监督,能否与法治兼容?——从法治立场来反思监督制度》,《中国法学》2005年第4期。

时,选择"完全同意"的24人,占12%,"比较同意"的117人,占60%,"一般同意"的46人,占23%,三者共占总人数的95%,如图30所示。

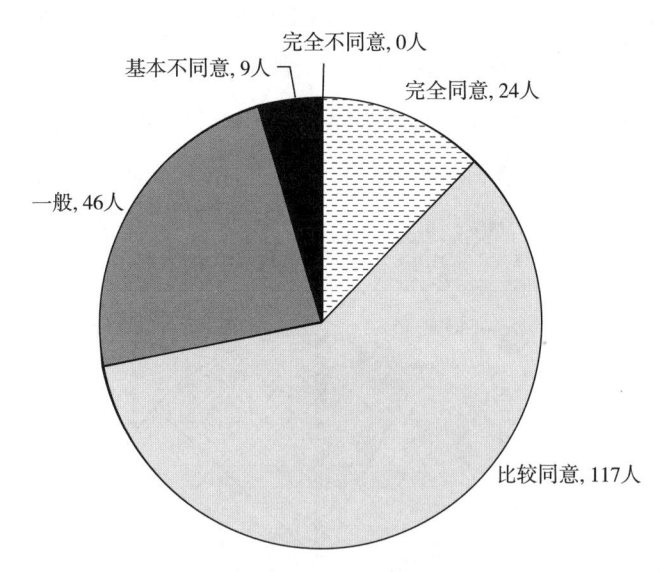

图30 公众对"问责以同体问责为主,异体问责十分薄弱"的看法

若要真正根除"谁来监督监督者"和"只拍苍蝇、不打老虎"的现有问责痼疾,我国必须强化权力制约、健全问责体制。在着力构建有利于公众直接参与问责的机制的基础上,重点加强两方面建设。一是改进现有行政问责机制,关键是合理界定行政体制内的问责主体而且增强并保障其独立性和权威性;二是从实质上建立起独立于行政权的体现权力制约要求的行政问责机制。这种问责机制在问责主体的设置上,突出其异体性、制衡性和权威性。在问责形式的选择上,突出其外部性、他律性和威慑性,如建立弹劾制度,使自律性的引咎辞职制度作为必要的补充,因为弹劾具有他律性,具有足够的威慑力,弹劾制度的存在就是一种价值。

四、以加快统一立法为重点完善问责制度

我国长期以来行政问责制度建设主要以地方政权机关为主,在问责主体、

问责客体、问责范围、问责程序、问责方式等多方面,不同地区的问责规范存在非常大的差别,造成同事不同罚、同责不同罚现象的大量存在,与公平公正的法治社会基本理念相去甚远,也与我国以单一制为主体的国家结构不相适应。所以从全国看,问责的社会效果比较有限,甚至导致随意问责的负面影响。在行政问责问卷调查中,当被问及是否同意我国当下"问责的范围和内容模糊不清"时,选择"完全同意"的27人,占13%,"比较同意"的118人,占58%,"一般同意"的40人,占20%,三者共占总人数的91%,如图31所示。

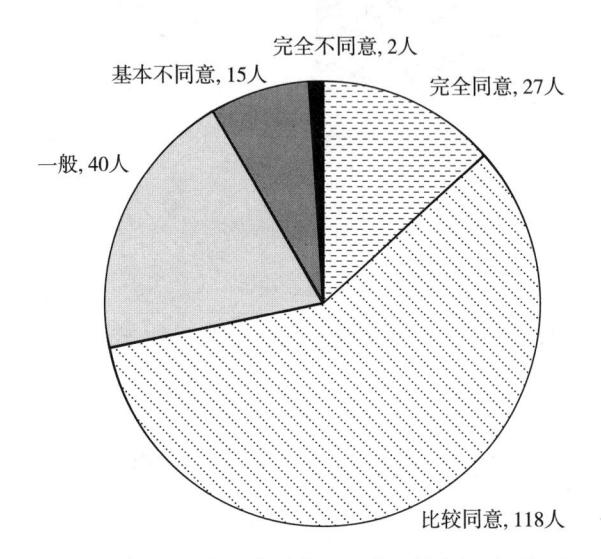

图31 公众对"当前问责的范围和内容模糊不清"的看法

随着行政问责制在法治政府建设中的地位和作用日益凸显,必须纠正这种"重制度颁行、轻制度统一"、"重实体规范、轻程序规范"的现象,加快统一立法、完善问责制度已成为提升问责公信力、体现政府责任心的必然要求。加快统一立法、完善问责制度的重点在于:其一,必须提高立法层级。目前,部门规章和地方规章是我国行政问责立法的主要形式,至今为止,我国尚未制定一部国家层面的行政问责法律和法规,如全国人大立法或国务院立法。依我国立法惯例,对于某些有待进一步考察的立法事项,一般先地方或部门实践,待时机成熟时才上升到国家层面。行政问责已经过多年、多地方、多部门的立法实践和实际操作,其立法意义、规范构成和实践要求都得到了充分体现,可以说到了时机成熟上升到国家层面立法的时候了,否则长期不统一、低层次的问责乱象将严重影响法治政府建设的进程。其二,必须统一问责规范。问责规范的统一要求问责制度在权力与责任、权利与义务的设计上必须坚持统一的标准,包括问责主体的产生和类型、问责客体的性质和范围、问责事由的内涵和外延等都必须有统一的明确规定,特殊情势下的特殊规定只能是统一原则前提下的例外,从而维护法律面前人人平等的法治尊严,从国家层面、从制度上克服我国现实问责中普遍存在的问责规范不统一现象。其三,必须突出程序建设。我国执法和司法实践中存在"重实体、轻程序"传统观念的重要原因之一,就是我国从古至今的法律制度建设中一贯忽视或轻视程序规范的制定,使执法或司法的程序依据缺乏,尽管近年来程序法制建设有了快速发展,但与现代程序正义的法治要求依然相距甚远。纵观我国数十部有关行政问责的地方规章和部门规章,除浙江、深圳、公安部等制定的少数法规、规章中辟专章规定问责程序外,绝大多数法规、规章中的问责程序散见于实体规范中且条文稀少、难以操作。所以,在统一立法中必须突出程序规范、开辟专章规定,而且避免过于原则和脱离实际,使行政问责在公正的可操作程序保障下实现其维护公众权利的法治目标。

五、以促进权利救济为基础提升问责文明

"没有救济的权利不是真正的权利",这说明权利的存在与权利的救济不可分离,权利的真正实现必须以权利的有效救济作为保障。行政问责实践中一样存在权利救济问题,而我国行政问责中权利救济的存在明显不足。在行政问责问卷调查中,当被问及是否同意"当前问责救济规定滞后或不合理,被问责官员复出的程序不透明"时,选择"完全同意"的41人,占20%、"比较同意"的112人,占56%、"一般同意"的38人,占19%,三项共占总人数的95%,如图32所示。

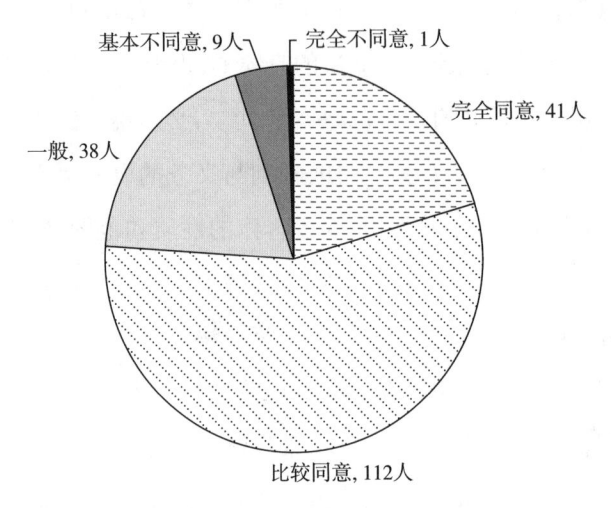

图 32 公众对"当前问责救济规定滞后或不合理，被问责官员复出的程序不透明"的看法

（饼图数据：完全同意，41人；比较同意，112人；一般，38人；基本不同意，9人；完全不同意，1人）

行政问责实践中的权利救济有其不同于其他权利救济的内容,比较典型的是权利救济的对象既包括公众权利、公民权利,也包括问责客体的权利。一是对公众权利或公民权利的救济。对公众权利或公民权利的救济是行政问责取得实效的重要体现。问责的目的不仅在于惩前毖后,还在于使失当或非法权力行使造成的不良后果得到纠正。行政机关及其公务人员失当和非法行使公权力造成的不良后果主要表现为对公众权利或公民权利的损害,这种损害不仅要通过对行政机关及其公务人员的惩罚而使公众或公民重新树立起对正义理念的信仰来救济,还要通过对受损物质和精神的充分补偿而使公众或公民感受到权利的不可侵犯来救济,从而达到以权利的救济来提升问责的社会效果。在行政问责法治化过程中,基于行政问责的特殊性,被救济的公众或公民与问责主体之间不是必然对应的,有可能被救济的公众或公民就是问责主体本身,也有可能被救济的公众或公民是问责主体之外的群体或个人。因为行政问责不完全等同于现有的一般诉讼,问责主体提起行政问责既可以是自身利益的需要,也可以是自身利益之外的利益的需要,如被不当或不合理行政

行为侵害的与问责主体没有直接利益关联的正当的或公益的利益的需要。二是对问责客体的权利的救济。对问责客体合法权利的救济是行政问责法治化走向成熟的重要体现。问责客体尽管在行使公权力过程中侵犯了公众权利或公民权利,但这不应成为其合法权利遭受侵犯的理由,其所受惩罚必须符合权责罚相一致原则的要求,而不能随意泛化,其合法权利一样应受到法律无差别的保护,这也是"法律面前人人平等"的具体体现。问责客体权利的救济除了其基本人权受侵犯时能够得到平等救济外,更重要的是其对涉及被问责事项的合理疑问、辩解、申诉等都能够有有效的救济渠道和及时的救济结果。当然,正因为问责客体涉及的是行政机关或行政公务人员,在我国传统封建专制的吏治文化背景下,社会对专制官场"官官相护"的潜在意识根深蒂固,所以行政问责法治化要使对被问责机关或问责官员的权利救济得到社会的真诚接受,就必须通过更加科学、更加严苛的法治化程序来保障对问责客体权利救济的公正性,这个程序中最重要的程序就是救济过程的公开透明,"阳光是最好的防腐剂",通过公开透明来提升对问责客体合法权利进行救济的公信力,包括对官员复出的合法权利的救济。[①]

第四节 我国行政问责法治化的机制构建

基于对我国政府行政问责必要性和行政行为正当性的认识,针对我国政府依法行政现状,结合行政问责实践中构成要素的属性与功能,参照行政问责法治化的理想模式(见图33,横坐标表示的是生产良法,纵坐标表示的是落实良法),我国行政问责法治化实现机制的构建在以下四个方面有待进一步完善。一是通过"行政问责法治化结构要素的科学界定",即问责主体、问责客体、问责机关等的厘清和设置,促进生产良法的权利本位和落实良法的权力制

---

① 张华民:《我国行政问责的法治化思考》,《行政法学研究》2010年第4期。

约两大理念的实现;二是通过"行政问责法治化规则要素的理性设置",即问责条件、问责标准、问责规范等的明晰和协调,促进生产良法的法制完备和落实良法的全面守法两大理念的实现;三是通过"行政内部问责法治化机制的调整完善"和"行政外部问责法治化机制的优化变革",充分体现行政问责法治化实现要件即形式要件和实质要件的基本要求,并借助行政问责法治化构成要素即结构要素和规则要素的运作,从而促进行政问责法治化进程中四个理想合力的实现,即四个关键路径组合:强化问责的个体性和异体性、强化问责的实质性和主动性、强化问责的个体性和主动性、强化问责的实质性和异体性,其共同的核心要求是:个体性、异体性、主动性、实质性。

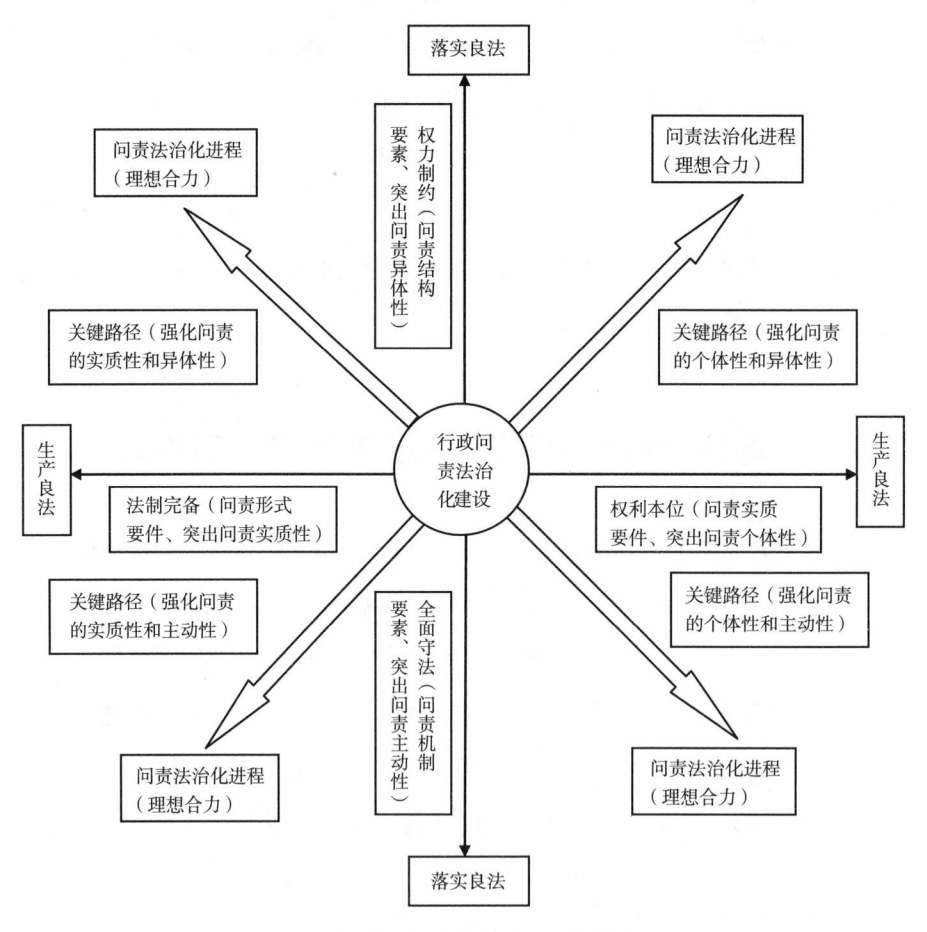

图 33 行政问责法治化建设理想模式图

一、行政问责法治化结构要素的科学界定

开展行政问责,首先是明确行政问责的构成要素,界定出与具体行政环境相适应的行政问责构成要素体系,使各构成要素在问责运行过程中发挥出应有的功能。在我国,行政问责的结构要素主要包括问责主体、问责客体、问责机关三个方面。

(一)问责主体

行政问责的问责主体是指依法享有和行使问责职权、承担问责义务和责任的相关组织或个人。行政问责主体总的可以分为两类,一是组织性的行政问责主体,体现公权性质,在现代民主国家中,符合现代法治要求且能够体现问责权力制约的问责主体的组织形式主要有代议机关、司法机关、行政机关;二是个体性的行政问责主体,体现私权性质,从当前行政问责的发展现状看,最主要的可归纳为社会公众和新闻机构这两个问责主体。从我国当前行政问责的现实状况看,我国组织性的行政问责主体依然是行政问责主体的最主要组成部分,个体性的行政问责主体仍然处在逐步发育阶段而直接发挥的作用十分有限。这主要与传统文化中公权优势地位的存在和我国现有公权的结构形式有着密切的关系。在传统文化中在对待公权与私权的认识上,我国一直存在浓厚的官本位思想,其主要表现就是公权具有天然优势和权威,在一定程度上其具有万能性,人们寄予公权太多的信任和希望,自然对公权本身的纠错也寄希望于公权自身,而私权在人们的观念中不仅天然具有相对公权的依附性,而且其公信力也存在诸多不确定性。在我国现有公权结构中,公权在现有国家治理中发挥的作用也是私权无法企及的,而政府在公权结构中又具有相对突出的优势和作用,表现在行政问责权力架构中,除党的相应机关外政府自身的相应机构发挥着明显的问责主体功能,其他公权问责主体尤其是私权问责主体发挥的问责作用都十分有限,而且其他公权问责主体及私权问责主体

发挥作用的方式很大程度上也是直接和间接通过政府相应机构来实现的。当然,从现代世界范围的行政问责主体构成看,组织性的行政问责主体与个体性的行政问责主体相比整体都是处于优势地位、发挥主导作用,只是现代民主国家在公权性质的组织性行政问责主体在发挥问责主导作用的同时,私权性质的个体性行政问责主体的作用越来越突出,而且渠道更多和效力更强。

在我国当前的行政问责主体结构的完善中,重要的是结合我国基本国情和我国文化特征对行政问责主体从类别和功能上做一个科学的、明确的界定,这个界定的重点是对个体性的行政问责主体的范围和功能的认定。

1. 进一步完善组织性行政问责主体

在我国,组织性行政问责主体是行政问责的主要主体,目前主要有人大、监察委员会、司法(法院、检察院)、行政机关内部机构三部分组成。为了提高行政问责的力度和广度,不仅要充实已有组织性的问责主体,还要结合我国具体政权结构开拓新的行政问责主体。

首先,在完善人大问责方面。我国各级人大对由其产生的政府都有监督的权力,这是我国人大《监督法》的明确规定。人大问责在具体执行中的主体是人大及其常委会,问责的对象是政府及政府官员。随着行政问责在现代国家治理中作用的突显,行政问责客体业已扩展到政府机构行使公权力的所有职员,人大问责主体局限于人大及其常委会,再加之人大及其常委会还负有立法等诸多职能,要全面有效地履行好人大问责的职能,有必要成立隶属于人大的专门的人大问责机构以及专职问责人员,专门从事人大对政府行使问责的职能。专门成立的人大问责机构可以作为人大的行使行政问责职权的专职机关,代表人大行使除必须由人大及其常委会作为主体行使问责权之外的其他行政问责权;也可以作为人人行使行政问责权的内部办事机构具体承办相关问责事项,行政问责主体依然仅仅由人大及其常委会来担当。目前,就我国人大行使行政问责的现状,当下第二种即成立专门的行政问责内部办事机构比较合适,经过人大问责制度和经验的进一步成熟,逐步过渡到由人大及其常委会、人大问责专职机关分别行使相应问责职能的人大问责主体结构,以更好地适应现代社会民主形势发展的需要,充分实现人大对政府行使问责权的全覆盖,促进现代政府建设和人权保障。

其次,在完善司法问责方面。我国司法问责包括法院问责和检察院问责,而且这种问责主要是通过司法案件的形式体现出来,如行政诉讼、对政府官员的贪污渎职等行为的公诉等。作为行政问责主体类型,我国的法院问责、检察院问责的主体清晰明了,当前的主要问题在于如何通过机构完善从而提高司法问责的效果,路径有两个方面。一是从司法机关外部来说,主要是使司法机关作为行政问责主体必须具有充分的独立性,这种独立性的根本体现就是法院和检察院的问责依据是且仅仅是法律,不受其他任何机关、团体和个人的干预,这也要求法院和检察院办理问责事务的职员必须是具有相应法律资格的人,而不是所有人;二是从司法机关内部来说,问责涉及政府及其行政执法人员,这是一个具有共性的团体,所以法院、检察院内部应根据职能分工设立专门的负责行政问责事务的内部机构,作为法院、检察院的专职问责办事机构,以提高司法问责的专业化水平和效率,同时适应对政府及其人员问责全覆盖的工作需要,而司法以外的问责职能则尽可能剥离司法部门,如预防、宣教等职能。2018年党和国家机构改革中国家监察委员会的建立,从优化机构的职能角度讲是一次有益的探索。

再次,在行政机关内部机构问责方面。在我国现有政府体系内,具有直接监督行政人员行为并有相应问责权能的机关主要是行政监察机关、审计机关。这些是属于政府机关的内部监督和问责,基于这种同体问责的属性,所以行政问责主体的界定主要考虑如何降低问责主体与问责客体之间的利益相关性,正是这种内在需要决定了政府内部问责主体的设置应着重考虑两个方面。一是问责主体尽可能集中,因为是政府内部问责,政府内部的部门与部门之间有着千丝万缕的联系,问责机构越多联系越复杂,问责主体的独立性相对越差,问责的抗干扰性就越弱,所以政府内部部门的监督监察机构可一到两个,具体到我国现实中,可以是监督监察机构和审计部门,尽量不能有更多问责主体,更优选择是一个政府部门只有一个问责机构,如将与问责相关的审计职能归并到监督监察机构,其他审计职能依然分开。一是将问责主体尽可能相对独立,因为问责公信力的基础在于问责的公正性,而公正的有力保障则是避免利益关联而保持独立,即便是在行政内部机构之间也要保持相对独立,或者将行政内部的问责职能尽可能独立于政府,从而更加有力保证内部问责效果。2018年党和国家机构改革中将原行政监察局归并于国家监察委员会,在一定程度上体现了政府监督监察机关独立于政府存在的可能性和必要性。

2. 进一步强化个体性行政问责主体

因为个体性行政问责主体属于私权性质的主体,更多表现的是个体的意志和利益,优点在于与行政公权之间具有根本上的独立性,但在被问责客体政府公权力面前相对弱势,所以个体性行政问责主体的问责作用的发挥,要么依赖于组织性问责主体的作用,要么个体间联合起来依赖于一定的平台聚集个体的力量来达到问责的目的。我国个体性行政问责主体依据上述特性分析,可分为两类:社会公众、新闻媒体。

首先,在强化社会公众问责方面。社会公众问责是现代民主政治发展的必然结果,而且随着社会现代化的不断深入,社会公众问责的需求和力度会越来越大,这种趋势将越来越明显,而且不为任何人的意志为转移。面对现实和趋势,追求现代化的国家治理方式都会主动适应社会公众问责发展的需要。我国社会公众问责近年来发展较快,也产生了较大的影响,如原南京市江宁区房管局长周久耕案、原重庆市北碚区委书记雷政富案,但到目前为止,社会公众问责规范化、法治化的程度仍然不高,在问责过程中社会公众的主动权难以保障。要充分发挥社会公众问责的积极效果,就必须对社会公众问责主体进行清晰的认定,有两个方面需要重点考虑。一是必须认可所有的公民都是社会公众开展问责的主体,无论公民是单个个体还是组成群体,只有这样才能更好地发挥社会公众在问责中体现的让行政问责全覆盖的作用,尽管社会公众问责要达到实质效果更多的还要借助组织化的行政问责路径;二是鼓励社会公众组成群体来担当行政问责主体,因为个体的力量不仅有限,而且专业性、职业性都受到很大影响,组成群体尤其是结合专业或职业特点组成的社会公众群体,国家可以从法律层面确认这些群体的社会公众问责的主体资格,这样不仅有利于提高公众问责的水平和效果,而且有利于提高公众问责的积极性和影响力。

其次,在强化新闻媒体问责方面。我国现在的新闻媒体主要有报纸、电视、网络媒体等,基本实行的是媒体自身发展的企业化运作模式,即独立的民事主体身份。在我国行政问责法治化建设进程中,应大力发展新闻媒体在问责中不可取代的作用。现代问责尤其个体性行政问责的效果很大程度上依赖信息公开的程度,而信息公开除了公权机关主动公开外,社会公众获取信息的主要渠道就是新闻媒体,信息占有越多、越准确,社会公众问责的效果就越好。所以我国在新闻媒体作为个体性行政问责主体上,一是对一切合法合规的新闻媒体都赋予他们行政问责主体的资格,这种资格主要内容就是它们有权获取政府信息且有权公布政府信息;二是要在法律法规规定的范围内积极鼓励新闻媒体的发展,让每一个具有行政问责主体资格的新闻媒体享有高度独立性和报道自由权,不仅起到监督政府行为的作用,而且有利于提高国民素质和社会公众问责能力。

(二)问责客体

如前文所述,行政问责中的问责客体是指在法律规定和认可的前提下对行政问责主体的监督、质询和申诉等行为负有回应、担责义务的行政机关或其行政事务执行人。行政问责客体既可以是行政机关,即组织性的行政问责客体,也可以是行政事务的执行人,即个体性的行政问责客体。在我国现有国家治理结构中,组织性的行政问责客体一般认为是政府及其所属部门,个体性的行政问责客体主要是指在政府部门从事公务的工作人员。随着我国现代民主意识的增强和国家治理现代化发展的要求,无论是组织性的行政问责客体还是个体性的行政问责客体,都应顺应时代需要作出科学的调整,使问责客体既能承担得起问责的责任负荷,又能体现现代问责权责一致的基本要求。

1. 组织性的行政问责客体

组织性的行政问责客体的界定有形式上的和实质上的。其一,形式上的行政问责客体主要是指从机构上讲具有特定行政职能规定的具体行政部门及其负责人才能成为行政问责客体的行政主体,这类行政问责客体的认定相对简单,责任承担流程也相对明晰。在我国现有行政问责规范和具体问责实践中,形式上的行政问责客体一直是当然的承担责任的主体,从表面看这其实是符合现代法治基本原则权责一致的要求的,但在我国现实权力结构中,权责一致的逻辑链条并不这样单调,而是有着自身的独有特色,这就涉及实质上的行政问责客体问题。其二,实质上的行政问责客体主要是指从形式上看这类主体并不具有行政职权,至少是在形式上不具有行政职权,但在一定行政事项尤其是重大行政事项中这类主体具有相当的影响力甚至是实质上的决定者,这类形式上不具有行政职权资格而实质上具有相当影响力甚至实质决定权的主体就是实质上的行政问责客体。在我国行政事务的决策过程中,来自各级党委及其负责人的直接干预行政事务决策过程及结果的现象并不少见,当然除我国政党政治中具有的党对政府及其所属部门的政治方向和组织人事等方面的领导外,这种直接干预行政决策过程及结果的行为从实质上讲应当承担相应的行为责任,否则就会出现形式上的权责一致掩盖实质上权责一致,导致形式上的法治掩盖实质上的法治,最终出现"替罪式问责",从而严重影响行政问责的公信力。这就要求我们在界定组织性的行政问责客体时既要考虑到形式上的问责客体也要考虑到实质上的问责客体,在当下主要包括两个类型:一是政府及其所属部门,二是直接干预行政决策过程及结果的行为人,主要是各级党委及其负责人。对第二类行政问责客体的问责规范和程序可以通过法律法规的特殊条款加以明确规定。

2. 个体性的行政问责客体

在我国个体性的行政问责客体主要是指政府部门从事公务的工作人员，而且行政责任的产生是由公务人员自身的原因导致的。从我国行政现实看，个体性的行政问责客体的界定在我国也存在形式上的和实质上的。其一，形式上的行政问责客体主要是指政府部门因自身行政行为不当而承担被问责任的公务人员，这些行政问责客体因为有明确的职权和资格，被认定为行政问责客体相对难度小，范围比较清晰而且问责程序也较成熟。其二，实质上的行政问责客体主要是指在我国行政实践中，没有规范的行政职权和资格但实质上从事的是行政行为，因自身行为原因而必须承担该行为不良后果的行为主体。这类主体在我国很多是以事业单位及其所属员工或企业及其所属员工的形式出现，在我国已有法律法规中有相当部分已参照政府公务人员管理，从而具有了行政主体资格，但现在仍然还有相当数量的从事实质性行政工作而形式上不具有行政职权和资格的行为主体，也必须将其纳入行政问责客体的范围，这样不仅可以规范所有从事行政行为者的行为，而且会使我国公务员队伍建设逐步走向成熟，从而通过行政问责法治化建设促进法治政府建设的实现。

（三）问责机关

如前文所述，行政问责中的问责机关主要指的是基于问责主体依法对问责客体的不当或不对行为提出的问责诉求，依据问责程序而使问责事务得以具体落实的问责执行机关。问责机关的存在形式是与行政问责的性质和范围密切相关的，尤其与行政问责的问责主体的性质和形式直接关联，因为行政问责的问责客体只能是行政机关及其行政事务执行人，性质和形式单一，而行政问责的问责主体在现代民主架构下是多元的，至少包括组织性的行政问责主体如代议机关、司法机关、行政机关以及个体性的行政问责主体如社会公众、新闻机构等。所以，行政问责的问责机关的设立可以分为两类：一是行政机关内的问责机关，二是行政机关外的问责机关。我国现有权力架构下的行政机关是一个职能丰富、体系庞大、地位突出的公权组织,作为行政问责客体,其被问责的范围和内容都非常的面广量大,仅仅依靠行政机关内的问责机关或行政机关外的问责机关完成纷繁复杂的问责事务事实上很难达到良好的效果,所以在我国的行政问责的问责机关的构建中必须更加突出行政机关内的问责机关或行政机关外的问责机关的分立设置和职能充实。

1. 行政机关内的问责机关

从我国问责发展的历程看,我国行政问责的大多数已有案例都属于行政机关内部开展的问责,只是到目前为止,我国行政机关内部开展问责的问责机关,在不同地区和不同部门差别很大,既有一级政府作为问责执行机关的,也有政府内部相关部门作为问责执行机关的,还有同时多个部门承担问责执行职责的。这样的设置不仅使行政机关内的问责机关分散、问责力量难以集中,而且还会因为不同部门思考问题和考虑利益的角度不一样,而使问责出现不同地区、不同部门之间把握的尺度不相一致甚至大相径庭,从而影响行政内部问责的效果和公信力。所以在我国推进行政问责法治化的过程中,行政机关内部问责法治化建设的一个重要内容就是设置相对独立且统一的行政机关内的问责机关,使其专职从事行政问责的执行工作,以保证行政内部问责的一致性和权威性。从当前行政体制结构看,比较合适的应是政府内部的司法局或司法局内设的专职机构,因其不仅本身工作职能具有的法治属性与行政内部问责法治化的严格依法的内在要求相契合,而且其具备相应的专职机构和专业人才,为行政内部问责法治化具体实践提供了条件。

2. 行政机关外的问责机关

随着我国法治化建设的不断推进,在行政问责领域的一个重要体现就是行政问责主体越来越多元化,这既是行政权因愈加强势而必须愈加接受监督和制约的需要,也是现代民主政治不断发展的需要。我国行政机关外部的问责主体也客观存在多元化,如人民代表大会、监察委员会、人民法院、人民检察院、社会公众、新闻机构等,各问责主体之间相互性质不同、形式多样,若每个问责主体对应一个问责机关,则会出现多系统问责、多形式问责的现象,不仅规范难以统一,而且各系统直接执行问责与其问责主体的身份也相悖,有"既当运动员又当裁判员"的嫌疑,难以保证问责的公正性,也不符合行政问责走向法治化的内在要求。所以,从行政机关外的问责机关设置来说,我国也应设置一个相对独立且统一的行政机关外的问责机关,使其专职从事行政问责的执行工作,以保证行政外部问责的一致性和权威性。从当前国家机构的组成看,比较合适的应是国家机构中新设的监察委员会或监察委员会内设的专职机构,因其不仅本身工作职能具有的法治属性和监督属性与行政外部问责法治化的依法独立的内在要求相契合,而且其具备相应的专职机构和专业人才,为行政外部问责法治化具体实践提供了条件。

在我国行政问责法治化推进中,问责机关的职能也主要体现在对行政问责主体的问责诉求按照法定程序予以落实,所以其主要是一个执行程序的机关,而不是一个操作实体的机关,所以无论是行政机关内的问责机关还是行政机关外的问责机关,都必须依赖问责主体和问责客体提供的问责材料依法依规履行问责执行的职能。

综合以上对我国行政问责法治化结构要素中问责主体、问责客体、问责机关三者关系的论述可以看出,针对我国政府不当行政行为引起的矛盾,从作为现实社会化解矛盾纠纷机制中的三个实体机构,三者之间不可避免地存在相互联系,甚至还有必要的协调交流;从作为秉持现代法治理念以追求矛盾纠纷化解的公平正义为依归的现实机制,三者之间必须保持利益上的相互独立,形成相互制约的三角结构关系,从而促进问责参与者之间既相互监督、又循环制约,避免绝对问责权的存在。所以,我国行政问责法治化结构要素关系图也可用图34表示。

二、行政问责法治化规则要素的理性设置

在我国,行政问责的规则要素主要包括问责条件、问责方式、问责规范三

```
        ┌────────┐                    ┌────────┐
        │ 问责主体 │────────────────────│ 问责客体 │
        └────────┘                    └────────┘
              \                      /
               \                    /
                \   ┌────────┐    /
                 \──│ 问责机关 │──/
                    └────────┘
```

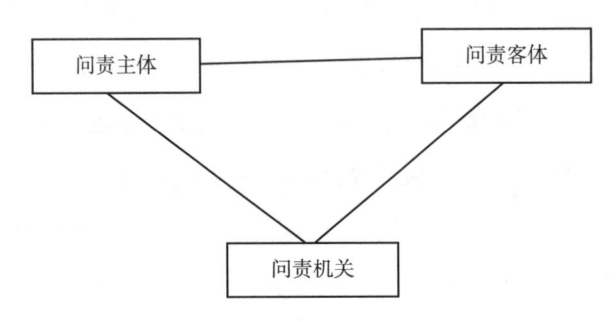

图 34　我国行政问责法治化结构要素关系图

个方面内容。

(一)问责条件

行政问责法治化的问责条件涉及问责依据的范围和标准,是行政问责内容合法性的直接体现和关键所在,尽管其内容要有一定的表现形式,但法治化问责其合法性的基础在于体现多数人的意志和利益。问责条件主要由问责事由和问责标准两个层面构成。行政问责法治化的问责事由是指应该受到问责的不当行政事务的范围,问责标准是指行政行为应受问责则其不当性必须达到的严重程度。针对我国行政问责发展的历程和现状,在问责事由和问责标准上应该做有别于问责相对成熟国家的设计。

其一,在问责事由上,即不当行政事务的范围上,处于问责发展初始阶段的我国,应以限量提质、树立公信为重要考量因素。从法治化的角度看,已有行政法规规定了的应该受到行政法律制裁的非法行政行为不宜再纳入行政问责的范围,否则会出现对同一不当行政行为重复、多次处罚的结果,出现行政行为纠错的混乱;另外行政行为人的思想过程不应纳入行政问责的范围,不能因为行政问责主要问的是现有行政法律规定外的不当行政行为之责就无限扩大至思想层面,否则就根本违反了现代法治基本原则。除此之外,在我国应该把行政问责的不当事务范围更多限定在与国计民生息息相关、社会影响面广量大的行政领域,不宜在问责初期就追求问责面面俱到,否则其结果容易出现草草应付、虎头蛇尾,影响公众对初生的行政问责的认同和信赖。当下我国一些地方政府制定的行政问责相关规范性文件中对问责事由的规定都比较容易出现面面俱到的现象,意图在于全面治理不当行政行为,但结果是很难达到预期的目标,真可谓"理想很丰满、现实很骨感"。之所以在我国对应受问责的不当行政行为范围要有较大的限制,首先是我国与行政问责相关的理论认识、制度设计、机构设置都处于起步时期,很不成熟,必须有一个完善的过程,这个过程中理智的选择是集中力量抓重点、千方百计出效益;其次是我国体制国情不同,不可能照搬照抄国外已有经验,必须更多依靠自我创新,再加之普通公众对行政问责的了解不够全面深入,若全面推开、匆忙上阵,过多的不理想的问责结果在所难免,这样会大大影响问责的公信,反而不利问责的健康持续发展。

其二,在问责标准上,即行政行为应受问责则其不当性必须达到的严重程度上,我国应该以提高门槛、强化执行为重要考量因素。这主要也是基于我国行政问责发展现状而提出的。所谓提高门槛,就是在针对应受行政问责行为的不当性达到的严重程度而言,应将其不当的程度值提高,使不当性比较轻微的行政行为当下尽可能排除在应受问责的范围之外,集中现有的问责力量应对影响较大的有严重不当性的行政作为,提高问责的质量。所谓强化执行,即既然提高了问责门槛,应问责的行政行为的范围在问责事由限量的前提下会进一步缩小,那么对数量适度的行政问责行为的具体问责执行就必须强调严格,无论是从问责制度的设计、问责机构的设置还是问责事务的处理,必须全面从严,使每一起案件无论从实体权利保障上还是从程序公正追求上都最大限度体现公众对现代行政问责的期待和尊重,衡量行政问责执行严格与否的标准就是公众对问责过程和结果的满意度,这是我国行政问责进一步健康发展和发挥作用的基础和前提。

(二)问责方式

行政问责法治化的问责方式主要是分析在现代法治理念下问责类型如何

设置、问责过程如何规范的问题,问责方式是相对于问责内容且为内容服务的问责的具体外在表现,主要包括问责形式和问责程序两方面内容。

其一,在问责形式上,即根据需要设置的行政问责的类型,根据不同类型的划分,我国问责形式的侧重点也有所不同,大致有三种划分类型。一是基于制约的问责理念,行政问责可以分为自律性问责和他律性问责,在我国当下的行政问责实践中,应该首先强调他律性问责,再向他律性问责与自律性问责并重过渡。实质上,在我国问责实践中,自律性问责从形式上讲一直都是存在的,比如领导干部接受处分中出现的引咎辞职制度,但这种制度的长期存在并没有达到通过规范来有效防止不当行政行为发生的效果,可见我国问责实践中最为缺乏的制度和实践主要不是自律性问责,相反,我国缺乏的是他律性问责。他律性问责的开展主要不是依赖行政行为者的内心确定而是依赖于外部力量的评判,所以具有更强的威慑力,典型的比如弹劾制度,而我国现在依然没有建立起这种制度。从最急迫最有效的角度出发,我国现在应该首先强调他律性问责制度的推进和完善,在形成他律性问责有效社会效应的基础上再向他律性问责与自律性问责并重的良好问责局面去架构。二是基于问责的目的要求,行政问责可以分为预防性问责和惩罚性问责,在我国当下的行政问责实践中,应该首先强调惩罚性问责,再向惩罚性问责与预防性问责并重过渡。在我国预防性问责一直以来是问责的主要部分,如通报批评、诫勉谈话等,形式上这种着眼于教育感化和警示作用的问责形式应该更能体现现代治理文明,但事实是在以预防性问责为主要部分的政府责任承担体系中,预防的效果并不如人意,诸多腐败现象的发生与软弱无力的政府问责之间是有一定关系的。面对这样的现实,我国在不断完善预防性问责的基础上,当下应该重点强调惩罚性问责对规范行政行为的重要作用。实质上,作为政府治理的手段,预防性问责不一定能产生惩罚性问责的实质效果,但惩罚性问责一定会产生相当程度的预防性问责的效果,尤其在我国一党长期执政的政府架构下惩罚性问责所具有的惩罚与预防并存的这种问责方式是法治化问责更为迫切地需要,这是执政党自我完善与自我纠错的有力武器。在惩罚性问责形成稳定效果的前提下,才能更好地促进惩罚性问责与预防性问责协调发展、共同作用。三是基于问责的机制结构,行政问责可以分为同体性问责和异体性问责,在我国当下的行政问责实践中,应该首先强调异体性问责,再向异体性问责与同体性问责并重过渡。严格意义上说,我国现有的问责形式大多数都是同体性问责,因为大多都是中国共产党统一领导下的体制内的问责主体与问责客体之间产生的问责关系,是广义上的同体性问责。利益关联性强的问责主体与客体之间的问责一般情况下其效果是难免要受到相互间共同利益需要的影响的,除非有利益关联的双方主体都存在着超出关联利益的超然价值认同,这在现实中是非常难得的,我国的多年问责效果和公信度就说明这种想象。所以我国要突出强调异体性问责的重要性并逐步构建体系。当然,当下我国要在党统一领导下的国家权力架构内,从立法、司法、守法等权力制约的角度设计出符合我国现实国情的异体性问责机制,如人大问责、司法问责等,以及中国共产党第十九次代表大会提出的监察委员会的设立等,使广义上的同体性问责富有更加充分的异体性因素,从而提高监督问责的力度和效果。同时,鼓励和促进利益关联性更小的异体性问责体系的构建,如公众问责、媒体问责等,最终构建起中国特色的高效有力的行政问责体系。

其二,在问责程序上,即行政问责过程中行政问责主体和行政问责客体在时间和空间上必须遵循的步骤和条件。我国"重实体、轻程序"的习惯思维和做法依然存在,在行政问责法治化推进的过程中,尤其要注重问责程序的建设。行政问责程序建设主要包括时间和空间上的程序设计两个方面。在时间上,一是要强化时间期限的要求,在我国当下,为了突出程序的重要性,应该在时间期限的设定上从紧,以增强时间在问责法治建设中程序价值;二是要强化时间次序的要求,在时间次序上逐步形成刚性规范。因为我国公众对程序漠视的最重要表现就是对行政行为先后次序的淡漠,只要结果正确、程序先后无关大体是一部分政府公务人员行政行为无视程序合法的直接理由,也是一些行政行为出现不当甚至违法的重要原因,在行政问责法治化进程中必须从初期就强化时间次序的设计和执行,形成良好的程序法治理念和基础。在空间上,一是要强化身份特征的界定,使行政问责由形式上的权责统一走向实质上的权责统一。我国的权力结构形式和国家治理模式在事实上容易出现形式上的权责统一与实质上的权责统一不完全一致的现象,这种表面上的权责统一会掩盖很多替罪式问责,从而严重影响行政问责的公信力,强化身份特征的界定在我国当下就是要在原有制度基础上,实事求是把不当行政行为的任何性质的决策者都列入问责客体,避免张冠李戴现象的出现。二是要强化地域限制的界定,使行政问责依据规定做到公开,实现公正与效果的统一。在我国当下尤其要做到使行政问责的具体问责过程必须依据需要在规定的地域内、规定的人员范围内进行,避免暗箱操作,同时也避免在事实不够充分、依据不够准确的情况下出现负面影响;另外,要保证问责决定的传达或公布必须根据需要在规定的地域和人员范围内进行,使问责既达到惩戒效果也发挥警示作用。

(三)问责规范

行政问责法治化的一个重要内容就是要建立起相对统一的、独立的、稳定的行政问责规范。现代行政问责的主体更加多元、内容更加广泛、程序更加细化,要使行政问责更能体现公平公正,必须将上文中的问责条件和问责方式等内容以行政问责规范的形式表现出来。强调问责规范的建设在我国行政问责法治化过程中显得尤为突出,因为我国的行政问责起步较晚,正在由制度性、政策性问责走向法治化问责的过渡阶段,原有的行政问责制度碎片化、应急化现象比较明显,而统一性、独立性、稳定性欠缺。在我国行政问责法治化建设过程中,强调行政问责规范建设应突出以下几个重要方面。

1. 规范的统一性

我国仍处在法治化的推进阶段,行政问责规范化建设处于初创阶段,更多的是以局部尝试的形式表现出来,不同部门、不同地区、不同层级的问责规范在形式和内容上都有很大的区别,从构成上讲,多元化现象较为突出。从行政问责走向法治化的角度来说,行政问责规范具有统一性是保障行政问责公平公正的重要条件,而且这种统一无论从形式还是从内容上都必须得以最充分的体现。同时,在我国推进法治建设的现阶段,法制体系还不完备、不成熟,法治实践也在不断完善,行政问责的实践效果更加依赖于行政问责规范自身的协调统一。

2. 规范的独立性

规范的独立性是指行政问责规范要独立于其他法律规范而单独存在。在现代法治国家关于问责的规定存在于其他相关的法律规范中是一个十分普遍的现象,这一是受行政问责发展时间不长的影响,同时也与行政问责是与行政行为这一形式和内容都极为丰富和复杂的行为特征相关联的。随着行政问责的深入推进和社会对行政问责正义性的要求越来越高,促进行政问责规范独立于其他相关规范的趋向也越来越明显,这契合了现代法治发展规律。我国不是一个有判例法传统的国家,相反长期大一统的国家治理结构使我国的法制带有更多的大陆法系的特点,追求法律制度的独立严谨,这在行政问责法治化过程中对行政问责规范的独立性提出了更高、更加迫切的要求。

3. 规范的稳定性

在我国,政府的行政职能范围极广、内容极为丰富,这也决定了我国政府行政行为必然面对复杂多变的行政事务,然而,尽管因行政行为面对事务繁杂且必须追求行政效率等的需要使行政行为相较于其他公权行为具有更大的灵活性,从而使调整行政行为的规范也相对具有更强的灵活性,但从我国法治化建设的要求和克服行政问责随意性较强的现实需要出发,强化行政问责规范的稳定性就成为行政问责法治化建设的重要内容。行政问责规范的稳定性在两个方面必须特别强调,一是行政问责规范的文本内容必须具有稳定性,不因频繁调整从而影响其权威性。这在我国因为行政问责规范的地域性、部门性较为明显,其易变性更强,所以应更加突出规范的稳定性。二是行政问责规范的执行结果具有稳定性,非经法定程序任何人和任何组织都不得随意更改和怠于执行,以体现行政问责的严肃性。我国行政问责结果的执行因为原有法治化不强、随意性较大,尤其是官员复出的规范性调整不够,导致社会的质疑,所以我国要进一步强调行政问责规范执行结果的稳定性,通过公开透明的程序设计保证问责结果执行的公信力。

综合以上对我国行政问责法治化规则要素中问责条件、问责标准、问责规范三者关系的论述可以看出,针对我国政府不当行政行为产生的矛盾,从作为现实社会化解矛盾纠纷规范的三个重要范畴看,三者之间不可避免地存在着相互联系、相互配合、相互协调的关系;从作为秉持现代法治理念以追求矛盾纠纷化解的公平正义为依归的基本规范看,三者之间必须保持范围清楚、界线明晰、规制有序,具体说问责条件和问责标准之间是并列的,二者作为核心内容包含在问责规范之中,从而促进行政问责法治化建立在科学、合理、稳定、可信的有现实操作性的规范体系之上。所以,我国行政问责法治化规则要素关系图也可用前文提及的图14表示。

三、行政内部问责法治化机制的调整完善

我国行政内部问责在整个行政问责体系中是起步较早、机构设置较完整、行使问责实践较频繁的问责体制设计。尽管在我国政府依法行政、廉洁行政中发挥了重要作用,但从我国政府法治化建设和现代化建设要求看,行政内部问责存在的局限性也是显而易见的。主要体现在以下几个方面。

一是监督不够彻底。我国现行的国家政权体制要求有一个相对稳定的政府组织结构,这个结构的稳定不仅体现在机构的稳定上,而且体现在政府组成人员的稳定上;我国现行的权力构成要求有一个集中统一领导下的权力协同机制,这种协同不仅体现在不同权力部门之间力量的协同,而且体现在不同权力部门之间人员的协同。目前,我国政府内部开展行政问责的形式主要有以下几种,一是政府内部相互对应的上级对下级部门和人员的监督问责,二是作

为组织的监察部门和审计部门对政府其他部门和人员的监督问责。基于对我国权力结构稳定性和协调性的分析,表现在政府内部的行政问责中就是,在稳定性方面,政府作为一个整体无论是机构设置和人员构成都是相对稳定的,而且这个稳定的机构设置和人员构成的事务性质和追求目标也是相对统一和稳定的,表现在利益关联上就是利益趋同性较强而制衡性弱;在协调性方面,政府各部门在党的统一领导下围绕共同的事业和目标开展工作,所以部门间不仅业务联系密切,而且部门间人员流动也比较频繁,包括监察部门、审计部门与其他政府部门之间的业务联系和人员流动都没有特别的限制,这就易于形成事实上的熟人社会和团伙文化,表现在监督力度和效果上就是形式性较强而实质性较弱。总之,利益关联上的利益趋同性较强而制衡性较弱、监督力度和效果上的形式性较强而实质性较弱,这些决定了我国行政内部问责所要求的监督很难彻底。在现实中的监督政府的实践中,来自利益趋同性小、监督实质性强的政府外部的党的纪律检查机构和来自公众的、媒体的监督在社会和群众中产生的影响要比来自利益关联性较强、监督实质性较弱的行政内部上下级之间、监察部门和审计部门与其他行政部门之间的监督大得多的原因,正在于此。

二是问责不够到位。我国行政内部问责一直存在着问责不够到位的现象。造成这个现象的原因从大的方面看与监督不彻底的原因相似,即行政内部主体之间在利益关联上的利益趋同性较强而制衡性较弱、监督力度和效果上的形式性较强而实质性较弱,从而导致问责出于共同利益的需要和应对形式的存在而易于流于表面,屡屡出现轻责代替重责、调离代替惩处等问责现象。除此之外,另一导致行政内部问责不够到位的原因是权责分配不明晰或错位。所谓不明晰,主要是指政府内部机关之间、机关内部不同职能部门之间、具体职能行使者之间的权力和责任的分工不明确,从而难以确定实质上的责任承担者,问责只能从形式上追求完整,使问责实质上难以到位;所谓错位,主要是指基于我国特定的权力构成,在政府的行政行为中,有少数尤其是重大行政决策中,实质上的决策者和形式上的决策者并非始终、完全一致,尤其是在相应党委以及其领导者直接参与行政具体事务的决策过程时,由于没有正确把握党委领导和事务执行之间的内在关系,往往出现越俎代庖的现象,但相应党委以及其领导者毕竟不是政府行政人员身份,不具有受行政内部问责的主体资格,所以仅从形式上运行行政问责程序,则必然使非决策者或次要决策者承担了决策者或主要决策者的问责责任,出现结构性的问责不到位现象。

三是机制不够完善。行政内部问责机制不够完善,既包括制度规范不够完善,也包括机构设置不够完善。制度规范不完善方面,长期以来我国调整行政内部问责的法律制度主要有《行政监察法》(已于2018年3月20日废止,以下同)和《审计法》以及其他相关行政法律法规,其中有些规范性文件并非是专门针对行政内部问责的,如2016年7月8日起施行并经过2019年9月4日修订的《中国共产党问责条例》,包括行政内部问责但不限于行政内部问责。就针对行政内部问责的主要法律《行政监察法》和现行《审计法》而言,就有其不完善之处,如:原《行政监察法》的现有规范使我国行政监察机关在实际工作中权力刚性不够,缺乏一定的裁决和惩罚权力,更多的是使用《行政监察法》中规定的检查权、调查权、建议权和有限的行政处分权和问责处理建议权,这样的权力配置严重限制了行政监察机关进一步发挥作用。再如:现行《审计法》规定审计机关只有建议权、制止权等,没有更为严厉的追究责任的措施,因而导致审计风暴年年有,而违法违规使用资金甚至贪污腐败的现象依然得不到有效的遏制,严重影响了审计问责的效果。① 机构设置不完善方面,我国的主要体现在于行政内部问责的问责权力行使部门的机构独立性不够,从而影响其问责职能的充分发挥。如:原行政监察机关独立地进行监督监察活动是行政监察工作顺利运行的保障,我国行政监察机关实行的是多重领导体制,既对本级人民政府和上一级监察机关负责并报告工作,同时又由于

---

① 段振东:《内部行政问责的合理性基础及制度完善》,《学术探索》2013年第12期。

1993年行政监察机关与党的纪律检查机关合署办公,因此还受纪律检查机关的领导,形成了事实上三重领导的局面,这种三重领导体制使得行政监察机关履行职能过程中受到很大的干扰和制约,监察机关难以独立自主地对同级政府部门及其工作人员进行监督监察,从而影响监督职能的有效发挥。再如:我国现行的审计体制是隶属于国务院的行政型审计模式,即审计署直属于国务院,职责是监督和检查各级政府和部门对国家财政支出的使用情况,并且其在1996年开始向全国人大常委会做审计工作报告,各级地方审计机关隶属于对应的同级政府,受同级政府领导,但又以同级政府为审计监督对象,其本身缺乏应有的独立性,影响了其监督作用的发挥。①

面对监督不彻底、问责不到位、机制不完善的现状,我国行政内部问责体制的进一步完善必须走问责法治化的道路,使行政内部问责的理念以体现多数人的意志和利益为核心,使行政内部问责的实践以多数人的意志和利益的实现为基础。具体到我国实际,结合行政问责法治化的理想模式,主要在四个方面促进行政内部问责体制的法治化建设,从生产良法的角度看:一是强化权利本位理念,促进公众参与;二是强化法制完备理念,促进职能调整。从落实良法的角度看:一是强化权力制约理念,促进机构完善;二是强化全面守法理念,促进科学评估。

(一)强化权利本位理念,促进公众参与

在行政内部问责中,强化权利本位,即政府的一切权利来自于私权利保护和实现的需要,政府公权力的存在必须以私权利的存在为前提,所以除了法律规定的特殊情形外,政府公权力的行使必须接受广大私权利主体的监督就成为必然要求。这里的权利本位,既包括群体性权利本位,也包括个体性权利本位。群体性权利本位主要体现在要求除了被问责的行政机关外的所有行政机

---

① 段振东:《内部行政问责的合理性基础及制度完善》,《学术探索》2013年第12期。

关在充当民事主体身份时以及其他一切具有民事主体身份的组织和团体都是政府公权力的来源,同时也是政府公权力保护的对象,所以所有这些组织和团体都具有监督政府公权力运行的合法性。个体性权利本位是指社会中存在的所有公民,公民的权利也是政府公权力的来源和保护的对象,每一个公民都具有监督政府公权力运行的合法性。基于此,在行政内部问责的法律法规建设中,必须突出具有民事主体身份的组织和团体以及广大公民等社会公众对政府公权力行使的监督和问责的作用,尤其要强调对公权力开展监督和问责的主体资格的界定和规范、监督和问责的途径、监督和问责的程序、监督和问责的效果等进行全面的规定,从而提高行政内部问责的社会性和公信力。

(二)强化法制完备理念,促进职能调整

法制完备包括形式性完备和实质性完备。形式性完备主要体现在有关行政内部问责的法律法规的数量和领域基本齐全;实质性完备是指形式性完备的问责法律法规其内容是否反映了多数人在问责上的意志和利益的需要及其实现。我国目前的行政内部问责从制定良法的角度看,在形式上和实质上都存在着有待完善的地方。在形式上,尽管直接和间接涉及行政内部问责的法律法规数量并不少,但具体适用的行政内部问责的条文规范比较分散,操作的标准也不相一致,具体到《行政监察法》和《审计法》,问责的职能也只是其所规定的政府监察部门和审计部门在《行政监察法》和《审计法》法律规定中的部分职能,而且这部分职能更多体现的是监察部门和审计部门的预防和调查职能,纠错和处罚权的设置和行使相对比较少,所以这样不利于行政监察效果的发挥。在实质上,已有的关于行政内部问责的法律法规的内容既体现了行政机关本身工作和利益的需要,也反映了社会对行政内部问责的要求,但整体上相对突出了行政机关本身工作和利益需要,而与问责法律法规的内容必须以反映多数人的意志和利益的需要和实现为根本和基础有不相适应之处。所以基于对生产良法在形式性完备和实质性完备上的不足的认识,我国行政内

部问责法治化建设有两个方面应突出强调,一是制定相对统一的行政内部问责法律,至少应该与外部问责结合起来集中制定一部行政问责法律,以强化行政问责意识、提高行政问责效果;二是在制定有关行政内部问责的法律和规范时,必须在内容上充分体现多数人的意志和利益,尤其强化行政监督部门和审计部门的问责的专职专责性,减少非监督问责的职能,同时丰富问责的手段路径、强化问责的惩处力度,达到预防和惩治行政不当行为的社会效果,构建清正廉洁的现代政府。

(三)强化权力制约理念,促进机构完善

权力制约包括同体性权力制约和异体性权力制约,而且这种分类也是相对的。在我国行政内部问责实践中,上级对下级、专职问责行政部门对其他行政部门的问责,从政府架构体系来说都属于一个系统,具有同体性;但从政府架构体系内部的职能分工来说,不同行政部门之间也存在各自的职能范围和利益需求,又具有异体性。但现实中,基于政府行政职能本质上的同一性,以及我国政府构成的相对稳定性,所以行政内部问责中同体性权力制约的作用和影响远远大于异体性权力制约的作用和影响,降低了行政内部问责的公信度,这就要求在行政内部问责机构的完善中,必须以促进内部问责的同体性向异体性转化为基础,最大限度提高行政内部权力制约的实质效果。因此,我国行政内部问责机构完善在以下两个方面应着力推进:一是使行政监察部门、审计部门成为行政内部最独立机关。尽管行政内部机构的独立性是相对的,但依然要进一步推进行政监察部门、审计部门的相对独立性,尤其是强化行政监察部门的独立性。行政监察部门的独立性重点通过两个路径达到,首先是减少行政监察部门的上级领导机构数,逐步实现垂直单一领导,避免多头领导、多面干预;其次是精简职能强化力度,所谓精简职能即行政监察部门专事监督问责、排除无关职能,如宣传、培训等职能,所谓强化力度即加大行政监察部门履行监督监察职能的能力和力度,使其在单一的职权范围内具有强大的威慑力,避免流于形式。二是通过专职化专业化来推进行政内部问责的独立性。无论是上下级之间的问责还是专门问责行政机关开展的问责,都逐步走向专职化专业化,专职化要求从事问责的人员身份专一、统一资格,专业化要求从事问责的人员有专业知识、专业思维,而且在专职化专业化的基础上逐步实现问责人员职业和职务的稳定化、长期化。

(四)强化全面守法理念,促进科学评估

全面守法包括守法主体的主观守法愿望大于客观守法压力的主动守法,以及守法主体的客观守法压力大于主观守法愿望的被动守法。从行政问责法治化建设的角度看,行政问责的过程应该是使行政执法者由被动守法逐步走向主动守法的过程,行政问责的成效应该由行政执法者主动守法相对被动守法的比值的提升来作为重要衡量标准。为了实现这样一个良性发展的行政问责法治化的效果,在严格问责和惩处的同时,必须加强对行政过程的监督和引导,使问责的压力传导至行政行为所有主体、所有过程,所以构建对行政部门和行政执法人员全覆盖的绩效评估体系就显得十分必要。评估体系的构建必须明确三个方面:一是评估对象是普遍的,即绩效评估全覆盖,包括单位和个人;二是评估实施是全程的,即绩效评估涉及行政行为持续的始终,包括事前、事中、事后。三是评估结果是必用的,即绩效评估必须和物质利益、精神评价相结合,对不当行为的评价结果作为行政内部问责的问责依据。科学构建和实施评估体系对促进行政问责促使行政执法者由被动守法逐步走向主动守法、行政执法者主动守法相对被动守法的比值的不断提升将发挥制度性作用。

四、行政外部问责法治化机制的优化变革

行政外部问责是相对于行政内部问责而言的,即除去行政内部问责之外的所有行政问责的总称,典型特征是行使问责权的主体不是政府及其管辖下的行政机关。行政外部问责是现代民主政治的重要形式,体现了现代民主倡

导的权力制约和制衡。具体到我国,行政外部问责在监督实践中要远远晚于行政内部问责而出现,如我国历史上在各时期的国家权力架构内部都有监察或类似监察机构的存在,而很少有真正意义上的外部监察或类似监察机构。所以我国行政外部问责无论在理论储备还是在实践经验上都没有行政内部问责充分,表现在问责实践中各类外部问责内容和形式都存在不少有待改进的地方,尤其是以下几个方面。

一是人大监督缺乏刚性和有效性。尽管我国在政治体制结构中赋予全国及地方人大在全国或所在地方最高国家权力机关的地位,而且明确其监督政府的职责,且颁布了《中华人民共和国各级人民代表大会常务委员会监督法》,但从实际效果看并不太理想,表现在各级人大常委会的组成人员,不少是各级政府机关调过来的临近退休的同志,一些同志有"退居二线"、"船到码头车到站"、"可以歇歇脚了"的思想,加之他们与原单位同志有着多年的同事关系,这使得他们在行使人大监督职权时存在"不愿监督"的情况;人大自身建设仍需进一步完善,导致监督水平不高,因为人大就监督事项了解情况和掌握资料的方式具有一定的随机性、片面性和局限性,人大对监督事项的把握容易停留在表象思维和经验常识上;关键程序设置易于虚化,导致监督刚性不足,因为与人大监督相关的法律和制度规定不够明确和具体,对现实操作的指导性较弱,而且《监督法》规定的质询、特定问题调查、撤职等监督权力和手段,易于流于法规程序上的虚设,难以在实践中得到很好落实;①关键领域监督存在缺位,导致监督效果不佳,因为尽管对重大事项进行监督是宪法和组织法赋予人大及其常委会的权力,但在实践中,这一权力的行使缺乏具体有效而可行的办法。

二是司法问责缺乏规范且易受干扰。这里讲的司法问责指的是司法机关作为问责主体对行政机关及其公务人员人员不当行政行为进行的问责。司法

---

① 张华民:《提升地方人大监督能力:最新进展、主要问题、关键因素、重要途径——基于L市的实证调查》,《中共天津市委党校学报》2017年第11期。

问责不够规范指的是司法问责与对违法行为通过司法程序依法惩处之间的关系不够明晰、各自职权范围及其行使缺乏制度界定,以至于把正常的通过司法程序依法办理案件的行为等同于司法问责行为,既不利于正常司法功能的发挥,也使针对不当行政行为的司法问责行为缺乏特色、失去效用,因此应该对司法问责在主体、内容、程序上做一个体制化设计。这里指的易受干扰是指我国司法机关在行使职权时受其他国家机关的影响一直存在,尽管党的十八大以后我国司法改革取得很多进步,尤其在司法独立行使职权方面作出了较大努力,但是因为司法问责的对象主要是政府机关尤其涉及行政官员这样的特殊性,所以避免受到司法以外组织和个人的干扰不仅是司法问责中现实存在的问题,也是司法问责取得实质效果必须解决的难题。

三是公众问责缺乏信息且渠道不畅。公众问责是指公众作为问责主体对政府及其公务人员不当行政行为提起问责、推动问责甚至直接参与问责的行政外部问责形式。在现代民主国家里,公众问责逐步成为行政问责的重要形式,我国行政问责实践中,公众问责客观上也发挥着越来越重要的作用。在我国,公众问责仍处在初步发展时期,信息缺乏且渠道不畅,导致盲目性、自发性还普遍存在。所谓信息缺乏,指的是社会公众很难获得政府内部与相关行政行为关联密切的真实、具体的信息,即便有国家《政府信息公开条例》,但具体到公众要获取对公众问责有利的涉及行政行为不当性的充分信息仍然存在诸多障碍。所谓渠道不畅,是指社会公众是一个庞大的群体,有个人的问责行为,也有群体的问责行为,无论是问责主体的形式还是问责内容的性质都纷繁复杂,当下,我国在制度层面和实践操作中都还缺少有效、便捷的促进公众问责的渠道设计和运作。

四是媒体问责缺乏有力保障且空间不足。在现代民主治国理念下,新闻媒体对公权力运行的监督作用越来越突出,而且在现实中发挥的作用也确实越来越大。我国的行政问责实践中由于媒体参与而推动的问责案例已有很多,既是我国行政问责发展起步阶段的重要特色,也是我国行政问责取得较快发展的重要推动力量。随着我国行政问责的进一步推进,我国现有的媒体问责面临的困境也越发突出,主要表现在两个方面:一是保障不力,二是空间有限。所谓保障不力,是指媒体对社会的报道尤其对政府及其公务人员不当行政行为的报道,受被报道对象的干扰很多,当具有较大能量的被报道对象特别是强大公权力干预媒体甚至伤害媒体时,媒体所受的保护不能很好地满足媒体面临的风险的需要,从而影响媒体监督的深度。所谓空间有限,是指随着公民民主意识和权利意识的不断增强,社会对行政问责的要求和期待也越来越高,无论是行政问责所涉及的广度和深度都大大超过以往,而媒体所能涉及的行政问责领域并没有同步拓开,于是在问责的广度和深度上越来越难以满足社会的需要,从而影响媒体问责的社会效益。

在我国问责实践中,行政外部问责出现的问题的解决,除了要不断提高法治意识和现代问责理念外,实践层面上重要的是构建起有利于行政问责走向法治化的现代机制。结合行政问责法治化的理想模式及我国问责的具体情况,行政外部问责法治化建设应在以下四个方面的进一步完善机制构建:一是综合考量权利本位与权力制约,合力推进信息公开与公众参与;二是综合考量法制完备与全面守法,合力推进立法民主与渠道畅通;三是综合考量权力制约与法制完备,合力推进机构独立与运行有力;四是综合考量权利本位与全面守法,合理推进组织高效与问责自觉。

(一)综合考量权利本位与权力制约,合力推进信息公开与公众参与

权利本位具体表现为群体性权利本位与个体性权利本位,在我国当下行政问责实践中,群体性权利本位相对于个体性权利本位来说一直处于优势,所以强化个体性权利本位是推进行政问责法治化的重要内容。个体性权利本位的实现离不开个体对行政公权力设置和运行的有效信息的获知,所以信息公开是强化个体性权利本位意识、实现个体性权利本位价值的必然要求。权力

制约具体表现为同体性权力制约和异体性权力制约,我国当下行政问责实践中,同体性权力制约相对于异体性权力制约来说一直处于优势,所以强化异体性权力制约是推进行政问责法治化的重要内容。在我国整体议行合一的治理架构中,社会公众的制约相对体制内机构来说是最彻底的异体性制约,所以公众参与问责就是强化异体性权力制约、推进异体性行政问责的必然要求。基于我国行政问责现状,强调权利本位的个体性和权力制约的异体性,就必须切实构建有效的信息公开和公众参与机制。政府信息公开方面,在进一步明确公开为原则、不公开为例外的理念前提下,必须设立专门的政府信息公开机构、政府信息公开评估机构,明确政府信息公开失职的法律责任形式和责任承担主体。公众参与问责方面,必须用法律的形式明确群体和个人的问责主体资格、扩大问责主体范围,设立专门的公众获取政府信息的渠道、公众参与行政问责的渠道,鼓励公众参与问责有效组织形式的创新,建立提升公众参与问责能力的培训机制,从而全方位促进公众参与行政问责。

(二)综合考量法制完备与全面守法,合力推进立法民主与渠道畅通

法制完备具体表现为形式性法制完备与实质性法制完备,在我国当下行政问责实践中,形式性法制完备相对于实质性法制完备来说一直处于优势,所以强化实质性法制完备是推进行政问责法治化的重要内容。实质性法制完备的实现离不开多数人的意志和利益通过民主机制贯穿于法律之中,所以立法民主是强化实质性法制完备意识、实现实质性法制完备功能的必然要求。全面守法具体表现为被动性全面守法和主动性全面守法,我国当下行政问责实践中,被动性全面守法相对于主动性全面守法来说仍然占主体地位,所以强化主动性全面守法是推进行政问责法治化的重要内容。在我国行政问责推崇民主立法的前提下,为问责主体构建有利于民主表达、民主参与的可靠的、可行的问责渠道就是关键,所以当下畅通问责渠道已经成为推动被动性全面守法

转向主动性全面守法的关键环节。基于我国行政问责现状,强调法制完备的实质性和全面守法的主动性,就必须进行有利于行政问责立法民主和渠道畅通的机制构建。推进立法民主方面,不仅要完善行政外部问责的法律体系,更重要的是行政外部问责的法律涉及所有国家机关和社会公众,所以突出问责立法的民主性,使问责立法至少提高到行政法规的层面,直至国家法律的最高层级,以避免各地方、各部门多头、多层立规、立法,保证问责法律法规的权威性。畅通问责渠道方面,不仅要在法律制度上规定普遍适用的问责渠道,更要结合不同问责主体、不同问责性质、不同问责内容构建专门的可行的有效的行政外部问责渠道,体现问责普遍性和特殊性一体推进,从而拓宽问责范围、提高问责效率。

(三)综合考量权力制约与法制完备,合力推进机构独立与运行有力

如前所述,我国当下行政问责实践中,就权力制约而言,同体性权力制约相对于异体性权力制约一直处于优势,强化异体性权力制约是推进行政问责法治化的重要内容;就法制完备而言,形式性法制完备相对于实质性法制完备一直处于优势,强化实质性法制完备是推进行政问责法治化的重要内容。基于我国行政问责现状,强调权力制约的异体性和法制完备的实质性,就是我国行政外部问责机构设置和问责权力运行应遵循的基本理念。从行政外部问责的问责主体的机构设置看,同体性问责是我国目前行政问责的主色调,若进一步提升行政外部问责的质量和效果,必须强化行政外部问责的异体性。行政外部问责的异体性主要通过三个方面去实现:一是部门独立,即涉及行政外部问责的各级各类部门之间相互独立设置,这既包括从公权性质上划分的部门之间的独立,如人大、司法与政府等不同部门及其设置的问责机构之间的相互独立,也包括各公权部门内部设置的行使问责职权的机构与本部门其他机构之间的独立,即设置专门的问责机构,如人大、司法、政府所直属部门的内部设

置独立的专职的问责机构。二是人员独立,即涉及行政外部问责的各级各类部门的问责工作人员之间相互独立,这既包括从公权性质上划分的部门之间问责工作人员的独立,如人大、司法与政府等不同部门及其设置的问责机构之间问责工作人员的相互独立,也包括各公权部门内部设置的行使问责职权的工作人员与本部门其他机构工作人员之间的独立,如人大、司法、政府所直属部门的内部设置的问责机构中的问责工作人员,这里尤其要解决人大和政府部门中同时具有双方职务和身份的工作人员的回避问题,根本办法是所有人大与政府组成人员的完全分立。三是利益独立,因为从根本上说部门与部门之间、机构与机构之间、工作人员与工作人员之间独立与否,关键在于其之间的利益是否独立,只有利益独立则部门、机构、人员才能真正独立,所以要在制度上和分配上避免相互间存在利益关联,以保证问责的公平公正。从行政外部问责的问责权力的运行依据看,形式性法制完备仍是我国目前行政问责的主要依据,若进一步提升行政外部问责的质量和效果,必须强化行政外部问责法制完备的实质性,即从法制的实体内容和程序规范上都必须通过民主反映多数人的意志和利益,避免问责法制内容和程序的部门利益化、个人利益化,只有体现多数人意志和利益的内容和程序的法制才能保证问责权力运行的正当性,从而促进问责权力运行的高质量、高效果。

(四)综合考量权利本位与全面守法,合理推进组织高效与问责自觉

如前所述,我国当下行政问责实践中,就权利本位而言,群体性权利本位相对于个体性权利本位一直处于优势,强化个体性权利本位是推进行政问责法治化的重要内容;就全面守法而言,被动性全面守法相对于主动性全面守法一直占主导比例,强化主动性全面守法是推进行政问责法治化的重要内容。基于我国行政问责现状,强调权利本位的个体性和全面守法的主动性,就是我国行政外部问责完善组织形式和提高问责自觉应遵循的基本理念。从组织高

效来说,在行政外部问责中,体制内的人大、司法机关以及上级机关,本身就具有严密的组织架构和体系,在问责实践中最需要通过组织构建从而提高问责效果的是公众问责这种行政外部问责形式。公众问责自发性较强,对问责事项的了解也难以完全真实和一致,因此导致公众问责集中不够、力量不足、效果不佳,所以为提高公众问责的力度,应该鼓励公众成立符合法律规定的由相应领域的个人组成的主要行使问责职能的社会组织,以社会组织的形式集中个人力量开展更有效率的问责工作。因为来自于公众的自发行为,所以鼓励和引导公众积极成立专职化、专业化的问责组织,自然会大大增强问责力量、提升问责效果。从问责自觉看,主要是提高问责的结果与多数人意志和利益的契合度,契合度高,问责自觉性就强,契合度低,问责自觉性就弱,所以全面守法的主动性实质上是问责法律法规体现多数人意志和利益的程度的反映,这也要求行政外部问责的法律必须通过充分体现民意的国家机关来制定,比如全国性的法律法规层面,从而提高问责法制的权威性,同时提高问责权力行使者的正义性和自觉性。

五、行政问责法治化机制构建的现实图景

这里所要阐释的行政问责法治化机制构建的现实图景,正如前文所述,主要是基于对我国行政问责法治化的认识机理和功能机理的阐述,在对我国政府行政行为正当性和行政问责必要性形成共识的前提下,针对我国政府依法行政现状,结合行政问责实践中构成因素的属性与功能,参照行政问责法治化的理想模式,从四个方面进行机制缕析和构建,最后总结归纳为一个相对完整的现实图景:一是通过"行政问责法治化结构要素的科学界定",即问责主体、问责客体、问责机关等的厘清和规定,促进生产良法的权利本位和落实良法的权力制约两大理念的实现;二是通过"行政问责法治化规则要素的理性设置",即问责条件、问责标准、问责规范等的明晰和设定,促进生产良法的法制完备和落实良法的全面守法两大理念的实现;三是通过"行政内部问责法治

化机制的调整完善";四是通过"行政外部问责法治化机制的优化变革",充分体现行政问责法治化实现要件即形式要件和实质要件的基本要求,并借助行政问责法治化构成要素即结构要素和规则要素的运作,从而促进行政问责法治化进程中四个理想合力的实现,即四个关键路径组合:强化问责的个体性和异体性、强化问责的实质性和主动性、强化问责的个体性和主动性、强化问责的实质性和异体性,其共同的核心要求是:个体性、异体性、主动性、实质性。以下从四部分具体阐释现实图景。

通过本节第一部分"行政问责法治化结构要素的科学界定"的阐释,即通过对我国行政问责法治化结构要素中问责主体、问责客体、问责机关的厘清和规定,结合我国行政问责实践在结构要素方面取得的现实经验和存在不足,并结合现代法治理念进行改进和塑造,从而达到重点促进现代法治主义两大基本要求中的两大基本理念即生产良法的权利本位和落实良法的权力制约两大理念的实现的目的,如图35所示。

权利本位 ← 三要素内在统一 — （问责主体 问责客体 问责机关）— 三要素独立分设 → **权力制约**

图35 行政问责法治化结构要素与现代法治基本理念关系图

通过本节第二部分"行政问责法治化规则要素的理性设置"的阐释,即通过对我国行政问责法治化规则要素中问责条件、问责标准、问责规范的明晰和设定,结合我国行政问责实践在规则要素方面取得的现实经验和存在不足,并结合现代法治理念进行完善和规范,从而达到重点促进现代法治主义两大基本要求中的另外两大基本理念即生产良法的法制完备和落实良法的全面守法两大理念的实现的目的,如图36所示。

将图35、图36合并在一起简化成一幅图示,即用结构要素来代替构成自身的问责主体、问责客体、问责机关三要素,用规则要素来代替构成自身的问

第五章　我国行政问责法治化的实现机制

图36　行政问责法治化规则要素与现代法治基本理念关系图

责条件、问责标准、问责规范三要素,且结构要素和规则要素都是通过在行政问责法治化实现机制构建中发挥作用才促进了现代法治主义两大基本要求的实现,即结构要素重点促进了生产良法的权利本位和落实良法的权力制约两大理念的实现,规则要素重点促进了生产良法的法制完备和落实良法的全面守法两大理念的实现,如图37所示。

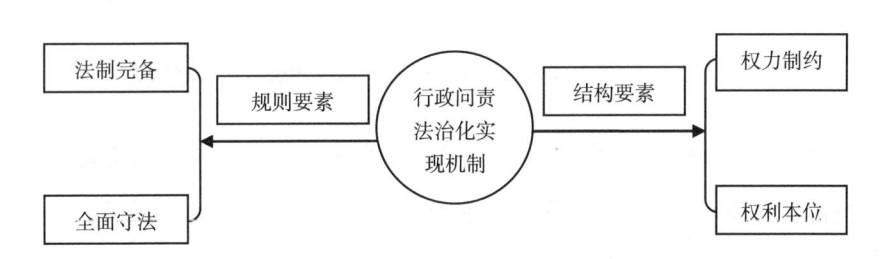

图37　行政问责法治化构成要素作用图

通过本节第三部分"行政内部问责法治化机制的调整完善"和第四部分"行政外部问责法治化机制的优化变革"这两大部分的阐释,充分体现行政问责法治化实现要件中的两大要件即形式要件和实质要件的基本要求在两类行政问责法治化机制构建中的指导作用和现实功用,同时借助行政问责法治化构成要素即结构要素和规则要素的运作,从而达到促进现代法治主义两大基本要求即生产良法和落实良法的实现的目的。具体说,一是通过我国行政问责实现要件中形式要件(即体系完备和制度健全)取得的现实经验和存在不足的分析,并结合现代法治理念进行完善和规范,从而达到重点促进现代法治主义两大基本要求中生产良法的法制完备和落实良法的全面守法两大理念的实现的目的。二是通过我国行政问责实现要件中实质要件(即主权在民和权责统一)取得的现实经验和存在不足的分析,并结合现代法治理念进行完善和规范,从而达到重点促进现代法治主义两大基本要求中另外两大基本理念即生产良法的权利本位和落实良法的权力制约两大理念的实现的目的,如图38所示。

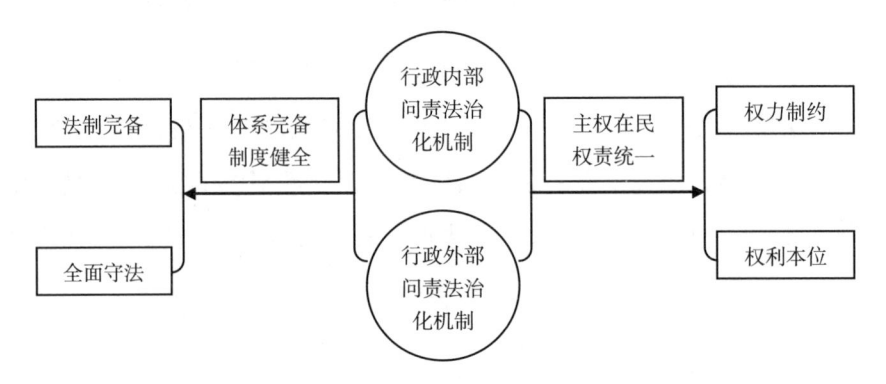

图38 行政内部、外部问责法治化实现机制与现代法治基本理念关系图

图38可以简化,以便更加简明易懂。即:用行政问责法治化实现机制来代替行政内部问责法治化实现机制和行政外部问责法治化实现机制,因为后面二者即是行政问责法治化实现机制的两个组成部分;用形式要件来代替构成自身的体系完备、制度健全二要件,重点促进现代法治主义两大基本要求中生产良法的法制完备和落实良法的全面守法两大理念的实现;用实质要件来代替构成自身的主权在民、权责统一二要件,重点促进现代法治主义两大基本要求中另外两大基本理念即生产良法的权利本位和落实良法的权力制约两大理念的实现,图38简化后可用图39表示。

综合行政问责法治化构成要素作用图和行政问责法治化实现要件作用图,可以看出,在我国行政问责法治化实现机制的构建,正是通过行政问责法治化构成要素即结构要素和规则要素的理性运作,同时通过行政问责法治化实现要件即形式要件和实质要件的全面规范,从而促进现代法治主义两大基本要求即生产良法(包括权利本位和法制完备两大理念)和落实良法(包括权

第五章　我国行政问责法治化的实现机制

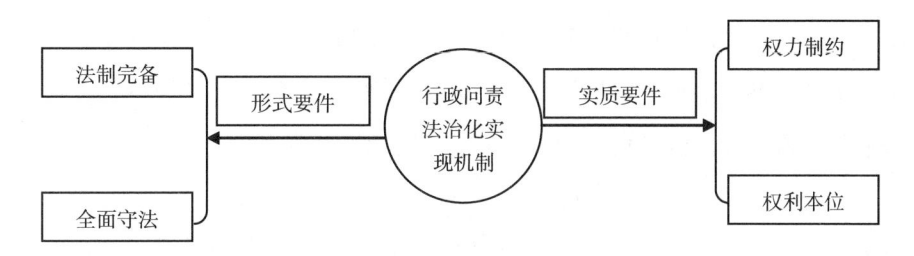

图39　行政问责法治化实现要件作用图

力制约和全面守法两大理念）的实现,进而促进行政问责法治化进程中四个理想合力的实现,即四个关键路径组合:强化问责的个体性和异体性、强化问责的实质性和主动性、强化问责的个体性和主动性、强化问责的实质性和异体性,其共同的核心要求是:个体性、异体性、主动性、实质性。所以将行政问责法治化构成要素作用图和行政问责法治化实现要件作用图依据内在联系合并在一起,同时展示二者对促进行政问责法治化实现机制构建的作用,可作为行政问责法治化实现机制的构建图,如图40所示。

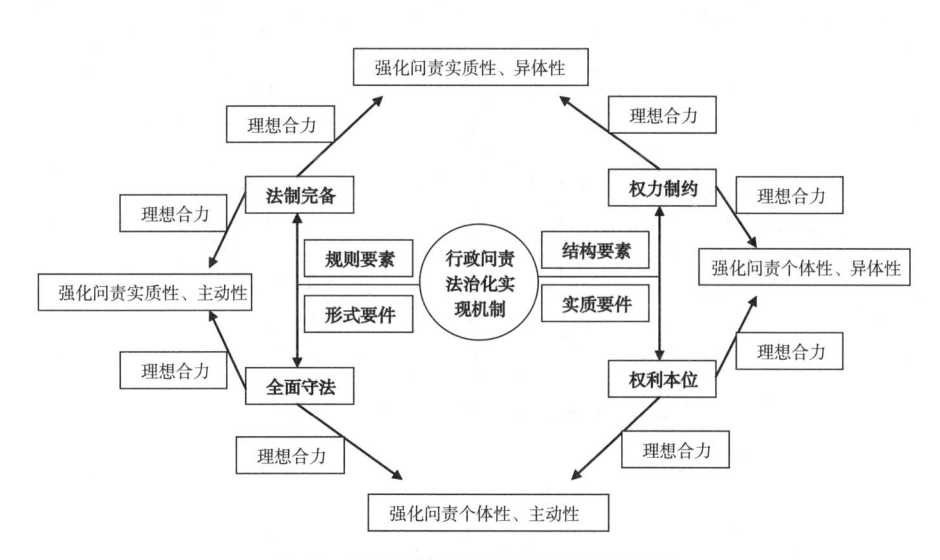

图40　行政问责法治化实现机制构建图

通过对行政问责法治化实现机制构建图的分析,我们可以看出这种结合我国行政问责法治化实践而构建的实现机制图,从理论逻辑和实践路径上都是与行政问责法治的理想模式(如图41所示)相契合的,它不仅体现了现代法治主义基本要求在我国法治实践中的示范效用,而且展示了我国行政问责法治化实践必须反映现代法治基本要求的科学性和现实性。

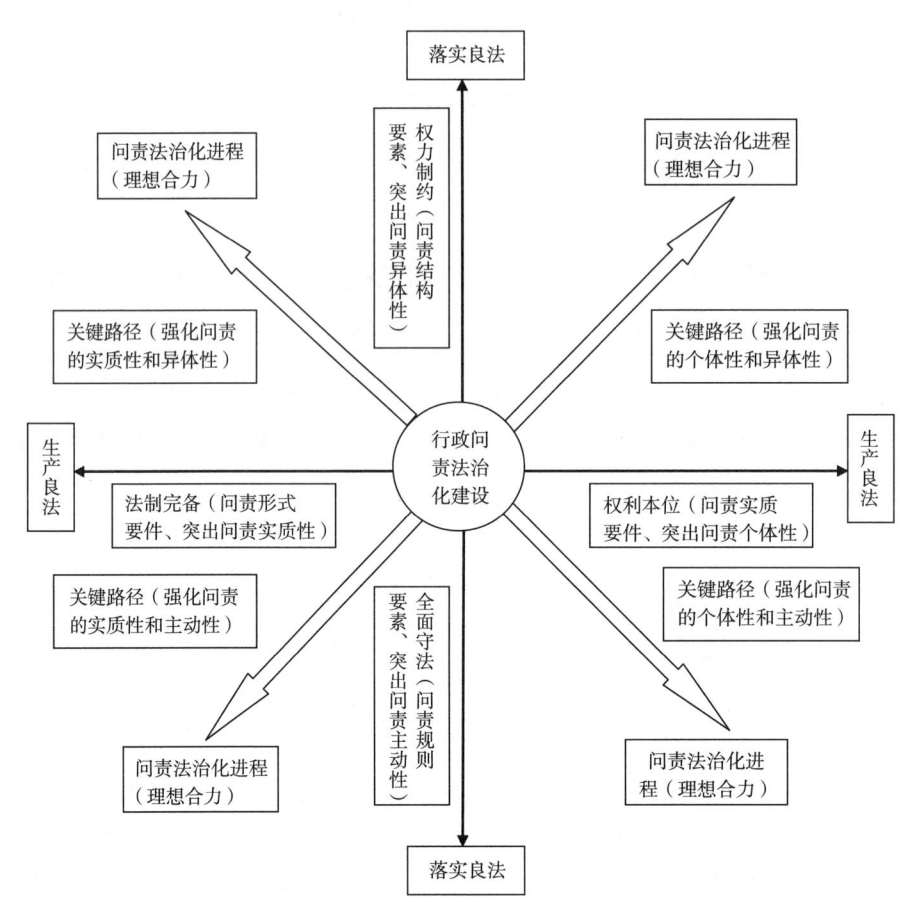

图 41 行政问责法治化建设理想模式图

小　　结

本章"我国行政问责法治化的实现机制研究"是在前述基本理论阐释和实践经验总结的基础上,试图对进一步推进我国行政问责法治化健康发展在

第五章 我国行政问责法治化的实现机制

理念上进行系统化缕析和在实践上进行机制化构建,意在为我国行政问责法治化提供具有针对性和实用性的对策建议。本章主要从五个方面进行阐述。

首先,通过对我国政府行政问责法治化的认识机理的分析,进一步深层次明晰我国行政问责法治化的发展趋向。价值辨别和趋向判断的认识机理是建立在对政府依法行政德性要求的本质内涵及其在我国的现实体现的分析的基础上。从实现机制研究的角度看,分析依法行政德性要求的本质内涵及其在我国的现实体现可以直接为深刻认识和厘清行政问责的问责事由提供理论依据和实践指导。

其次,通过对我国政府行政问责法治化的功能机理的分析,进一步阐明我国行政问责法治化建设的现实可能和操作标准。行政问责现实必然性的功能机理是建立在对依法行政德性要求在我国的实际功用和具体实践的分析的基础上。从实现机制研究的角度看,分析依法行政德性要求的实际功用及其在我国的具体实践可以直接为设定行政问责的问责标准提供理念指引和现实参照。

再次,通过对我国行政问责法治化的机制路径的研究,从总体上阐述我国行政问责法治化建设的方向和架构,为我国行政问责法治化机制构建提供思路和框架参考。主要路径包括:以突出权利本位为核心塑造问责文化,以保障公众参与为根本更新问责理念,以强化权力制约为关键健全问责体制,以加快统一立法为重点完善问责制度,以促进权利救济为基础提升问责文明。

复次,针对我国行政问责法治化的机制构建进行研究,主要依据上述理念和路径分析,结合前文行政问责法治化理想模式的坐标架构和逻辑思路,全面分析进一步推进我国行政问责法治化在规制体制上的要求和建构。主要从四个方面进行阐述:行政问责法治化结构要素的科学界定、规则要素的理性设置、行政内部问责机制的调整完善、行政外部问责机制的优化变革。

最后,基于我国行政问责实践,参照行政问责法治化的理想模式,从四个方面进行机制缕析和构建,最后总结描述为行政问责法治化实现机制的现实图景,借助图景阐明我国行政问责法治化实现机制构建的过程,正是通过行政问责法治化构成要素即结构要素和规则要素的理性运作,同时通过行政问责法治化实现要件即形式要件和实质要件的全面规范,从而促进现代法治主义两大基本要求即生产良法和落实良法的实现,进而促进行政问责法治化进程中四个理想合力的实现。

第六章 我国党群系统问责与行政问责法治化实现机制的衔接

中国特色的政治体制决定了党群组织在我国国家治理中的作用的特殊性。中国共产党是代表最广大人民根本利益的马克思主义政党,党的性质决定了党在社会主义中国必然居于长期执政的地位。党领导下的各类社会团体如共青团、妇联、工会等在我国的国家治理中也长期稳定地发挥着重要作用。接受中国共产党领导的各民主党派也是我国国家治理中的重要力量。所以,在我国现有的公务员制度设计中,执政的中国共产党、具有公权职能的社会团体(如共青团、妇联、工会)、八大民主党派等的机关及其工作人员是纳入公务员单位和人员管理的,或者是参照公务员单位和人员管理。既然这些党群系统的机关和人员在我国国家治理中发挥着重要作用,实质上行使了公务的职能,那么对党群组织的机关和人员的公务行为进行合理的约束就是现代民主社会的必然要求。实际上,我国对党群组织机关或人员的公务行为一直存在着现实的约束,尤其是执政的中国共产党对自身机关和党员的行为的约束在制度要求上是远远超过普通法律的要求的,即通常说的"纪严于法、纪在法前",如《中国共产党廉洁自律准则》第一条就明确规定"坚持公私分明,先公后私,克己奉公",这是一般国家法律很难达到的更高的标准。无论是党群组织的纪律还是国家的规范,都有一个普遍的要求,这就是对违反者必须给予相应的惩罚,而随着现代经济社会发展而产生的问责制度及机制就是其中的一种重要惩罚形式。中国共产党为了严格要求自己的党员维护党规党纪,先后出台了两个有关问责的规范性文件,即 2009 年颁布实施的《关于实行党政领导干部问责的暂行规定》和 2016 年颁布实施的《中国共产党问责条例》(已于 2019 年修订),而在政府层面现在全国无论是从中央还是到地方都已出台了大量的有关问责的规范性文件,且无论是政党的还是政府的在现实社会中都发挥着作用,同时在我国执政党党员和政府公务员存在着相当大的身份重合性,所以这些有关问责的规范性文件在发挥作用的同时也存在一些有待完善的地方。因此,从理论上和实践中如何衔接好二者之间的关系对我国国家治理尤其是规范公权力的行使具有十分重要的意义。

第一节 衔接的法理分析

在我国问责实践中,事实上客观存在着双规或是多轨的问责形式,从而使问责无论从程序、内容还是处理结果上都体现了各自特色,尤其是政府机关对公务人员进行的行政问责与执政党对党员干部进行的组织问责之间的差异性对问责效果的发挥产生诸多影响,其中的不协调、不顺畅现象的存在一定层面影响了问责公信力的提升,所以,促进党群系统问责与行政问责相协调、建立起二者之间的衔接机制就成为我国问责取得实质性进展、整体性突破的关键环节。本研究以执政党的组织问责与政府的行政问责的衔接为主要模型阐述其法理分析和机制构建。执政党的组织问责与政府的行政问责相衔接的前提和基础是二者都必须实行法治化,尤其在我国政治体制架构内更应该如此,因为中国特色社会主义最本质的特征是中国共产党的领导,中国共产党的人民性的本质属性和现代法治的多数人意志的核心要义在根本上是一致的。当前,政府的行政问责实行法治化无论在西方发达国家还是在我国法治政府建设实践中都已经是基本事实和发展趋向,而中国共产党的组织问责的法治化

第六章 我国党群系统问责与行政问责法治化实现机制的衔接

建设在理论和实践中都有待进一步研究和推进。具体说来,在我国以党的组织问责为代表的党群组织问责与政府行政问责衔接、且衔接实行法治化,其法理分析如下。

一、是法治主义普遍性基本要求决定的

党群系统问责与行政问责法治化衔接是法治主义普遍性的基本要求决定的。以执政党为例。自从党的十五大明确提出"建设社会主义法治国家"开始,现代法治建设在我国国家治理中的重要性就愈加突显,行政问责法治化的不断推进也是在这样的背景下逐步深入的。正如前文所述,现代法治主义具有两个基本属性,即根本性和普遍性,法治的根本性是从法是多数人意志和利益的体现的角度看的,从规范上讲它是一切国家治理合法性的根本来源以及治理行为的根本遵循。也正是法治主义的根本性才延伸出法治主义的普遍性,即体现多数人意志和利益的法必须被普遍遵守,在国家主权所及的范围内任何人、任何团体都必须遵守,不允许有任何超越法律之上的人和团体的存在。这一点,在我国党内法规和国家法律中都有明确的体现,如2017年修改的《中国共产党章程》在"总纲"中明确指出"党必须在宪法和法律的范围内活动"。2018年新修改通过的《中华人民共和国宪法》第五条规定:"一切国家机关和武装力量、各政党和各社会团体、各企业事业组织都必须遵守宪法和法律。一切违反宪法和法律的行为,必须予以追究。""任何组织或者个人都不得有超越宪法和法律的特权。"民主和专制、法治和人治的一个基本区别就是民主法治排斥特权的存在,而专制人治不仅存在特权而且依赖特权,我国是一个不断完善的社会主义民主法治国家,排斥特权是社会主义民主法治的应有之意。2018年颁布实施的《中华人民共和国监察法》赋予监察委员会的一项重要职能就是"问责",《监察法》第十一条第三款就规定了监察委员会具有"对履行职责不力、失职失责的领导人员进行问责"的职责。这些政策法规的规定实质上就是对党的组织问责与行政问责法治化衔接的一种制度化认可,

只是在当下中国,这种衔接的具体实现机制的设计如何能够更好地具有针对性和有效性。

其他党群组织因在党的统一领导下在我国不同领域、不同层面长期存在,根据法治主义的普遍性要求,既然党的组织问责接受法治化,其他组织接受问责法治化便理所当然。

二、是党群组织行为的公权属性决定的

党群系统问责与行政问责法治化衔接是党群组织行为的公权属性决定的。以执政党为例。国家治理层面的问责的本意蕴含着违背众人之托、怠于众人之事、损及众人之利而向众人承担由此所生之责的内容。众人之托、众人之事、众人之利的实现既是公权产生的基本前提、也是公权存在的基本形式,所以国家治理层面的问责是基于公权的存在而存在的。行政权是现代国家治理中典型的公权力,是与众人联系最密切、最直接的公权力,所以行政权的行使必须接受众人的监督并因此而产生问责比较好理解,而且这种问责必须法治化,体现多数人的意志和利益,就更是理所当然。政党组织的行为是否要接受问责、接受的问责是否要法治化,这是一个要具体分析的问题。所有的政党都应该有问责的存在,这是现代政党的性质决定的,因为现代政党从来都不是因为一个人的利益和意志而存在的,至少是一群有着共同的政权价值认同的人的集合体,既然是一群人的集合体,就必然存在着集合体的共同意志和利益,集合体中任何一个人和组织的行为若不符合集合体的共同意志和利益,就有可能受到相应的问责,以使集合体的意志和利益得以恢复,使政党能够延续。政党接受的问责是否要法治化,这是由政党现实所处的地位决定的,因为法治化是一个国家主权范围内多数人意志和利益体现的规范的遵循,而不是一个人或一个集团的意志和利益体现的规范的遵循,所以一个没有拥有政权的政党组织的行为不具有公权性,问责是一种内部制度的需要,而不是法治化的表现,而拥有政权的政党尤其是长期拥有政权的政党,其组织的行为因为其

第六章 我国党群系统问责与行政问责法治化实现机制的衔接

长期执政的现实功能从而实质上具有了公权的作用,所以这样的政党组织的行为不仅要接受组织内部制度性的问责,还要接受所有公权都必须接受的多数人意志和利益体现的法治化的问责。在我国中国共产党是代表最广大人民根本利益的长期执政的党,是一切事业的领导核心,党的长期执政和领导核心的地位决定了党的组织的行为实质上是一种影响多数人意志和利益的公权的行为,是国家治理中发挥枢纽和指导作用的关键环节,所以是一种实质性的公权力的存在,对公权的问责必须实现法治化,以体现多数人意志和利益所追求的公平正义。而我国政党组织的权力行使者与政府行政权力的行使者存在大量的身份重复和利益关联,因而使党的组织问责与行政问责法治化衔接是实现党的组织问责法治化最现实的路径。

我国党群系统的其他组织在党的统一领导下在自己特定的领域长期发挥着不可取代的作用,这种作用的公权性虽然范围有限但客观存在,所以与党的组织问责法治化一样,其他党群组织行为的公权性决定了其问责必须实行法治化。

三、是党群职能经费的财政属性决定的

党群系统问责与行政问责法治化衔接是党群职能经费的财政属性决定的。以执政党为例。作为有公权性质的党的组织行为的开展,尽管有党费的部分保障,但党费的专款专用性,以及党组织行为在国家治理中的核心作用的发挥,使其难以以党费作为经费支撑,事实上党组织治理国家行为的经费更多是由财政来支持的,如党组织工作人员的公务员身份决定其薪水的财政给付性,其实公权行为由财政支持本身就是现代财政的基本内容。财政的来源主要是公民的纳税所得和全民及集体性企业的利润收入,即财政来源于人民的劳动,所以财政支持的所有行为都必须对人民负责、受人民监督,问责就是人民监督财政支持行为是否符合人民意愿和需要的重要形式,人民如何使这样的问责落到实处呢?就必须通过体现多数人的意志和利益的规范来衡量财政

支持的行为的合理性和合法性,并使不合理不合法的行为纠正到合理合法的轨道上来,这个过程实质就是问责法治化的过程。党组织在国家治理中的行为是国家财政支持的行为,所以党的组织问责必须法治化就是现代财政经费属性的内在要求,因而在经费层面上与行政问责法治化具有相同的逻辑前提。

其他党群组织因在党的统一领导下在我国国家治理中的行为主要也是由财政支持得以运行的,根据财政来源于人民要求问责法治化,与党的组织问责接受法治化一样,其他党群组织也必须接受问责法治化,并与行政问责法治化相衔接。

第二节 衔接的机制构建

尽管我国党群组织因其组织行为的公权属性和职能经费的财政属性决定其应当接受法治化问责,但其与行政问责法治化在主体范围、行为过程以及行为责任及其救济上毕竟存在内容和形式上的差别,所以在我国要使行政问责法治化建设取得实践上的应有效果,就必须把行政问责与党群组织问责的法治化建设加以统筹考虑,构建起二者有效联动、运行通畅的问责衔接机制。这种衔接机制可以从问责结构要素、问责规则要素、内部问责机制、外部问责机制四个方面进行分析。

一、问责结构要素上的衔接

结构要素主要包括问责主体、问责客体、问责机关三个方面。

(一)党群组织的问责主体

如前文所述,行政问责主体总的可以分为两类,一是组织性的行政问责主体,体现公权性质,在现代民主国家中,符合现代法治要求且能够体现问责权力制约的问责主体的组织形式主要有代议机关、监察机关、司法机关、行政机关等;二是个体性的行政问责主体,体现私权性质,从当前行政问责的发展现状看,最主要的可归纳为社会公众和新闻机构这两个问责主体。为了促进行政问责与党群组织问责相衔接,党群组织的问责也应当从这两类主体上主动与行政问责相协调。

第一,明确党群组织问责的组织性问责主体,使其与行政问责的组织性问责主体相衔接。

在我国,组织性行政问责主体是行政问责的主要主体,目前主要有人大、司法(法院、检察院)、行政机关内部机构三部分组成。针对这三部分问责主体,党群组织的组织性问责主体的建构应该与党群组织的工作性质和方式加以区分。一类是直接参与行政事务、行使行政职权的行政机关体系内的党群组织及其工作人员,对其进行问责的问责主体应该与行政问责的问责主体保持一致,即包括人大、司法(法院、检察院)、行政机关内部机构三部分问责主体,如行政机关内部直接设置的党群组织及其工作人员,其直接参与行政事务,有的因为双重职务身份(如党政职务双肩挑)而直接行使行政职权,就必须同行政公务人员一样接受相同问责主体的问责。另一类是间接参与或影响行政事务的独立于行政机关的党群组织及其工作人员,对其进行问责的问责主体应该与行政问责的问责主体有所区分:当问责主体事由人大、司法(法院、检察院)机关行使时,其与行政问责的问责主体保持一致,当问责主体是由行政机关内部机构行使时对其则不能适用,因为独立的党群组织的行为因其职权的公权性和经费的财政性而接受国家专责监督主体如人大、法院等的问责是理所当然,但其接受行政机关内设的内部监督主体的监督不符合职责权相一致的要求。其实,2018年我国新成立的国家及各级监察委员会在一定意义上正是将党群组织问责与行政问责的组织性问责主体相协调、相统一的具体形式,也是党群组织问责与行政问责在问责主体相衔接上的有益尝试。

第二,强调党群组织问责的个体性问责主体,使其与行政问责的个体性问责主体保持一致。

任何行使公权力的组织和个人、任何使用纳税人的钱的行为都必须接受来自于公民、纳税人的监督,党群组织和行政机关一样,必须接受广大的个体性问责主体的监督,与行政问责的个体性问责主体完全保持一致,而且在随着现代民主政治的发展,个体性问责主体的地位和作用将得到不断提升。如前文所述,个体性行政问责主体属于私权性质的主体,更多地表现个体的意志和利益,优点在于与行政公权之间具有根本上的独立性,但在被问责客体政府公权力面前相对劣势,所以个体性行政问责主体的问责作用的发挥,要么依赖于组织性问责主体的作用,要么个体间联合起来依赖于一定的平台聚集个体的力量来达到问责的目的。目前我国个体性行政问责主体主要有两类:社会公众、新闻媒体,强调党群组织问责的个体性问责主体的作用,主要在促进社会公众和新闻媒体问责方面与行政问责保持一致。

(二)党群组织的问责客体

问责中的问责客体是指在法律规定和认可的前提下对问责主体的监督、质询和申诉等行为负有回应、担责义务的组织或其公务执行人,可见,问责客体包括组织性问责客体,还包括个体性问责客体。行政问责客体既可以是行政机关,即组织性的行政问责客体,也可以是行政事务的执行人,即个体性的行政问责客体,与行政问责客体相同,党群组织问责客体也包括组织性问责客体和个体性问责客体两类。无论是组织性问责客体还是个体性问责客体,都应顺应时代需要作出科学的调整,使问责客体既能承担得起问责的责任负荷,又能体现现代问责权责一致的基本要求。

1. 党群组织的组织性问责客体

从与行政问责法治化建设相衔接角度看,党群组织的组织性问责客体可以分为两类:一是直接参与行政事务、行使行政职权的行政机关体系内的组织性问责客体,对其进行问责的问责主体应与行政问责的问责主体保持完全一致,包括所有的组织性行政问责主体和个体性行政问责主体。二是间接参与

第六章　我国党群系统问责与行政问责法治化实现机制的衔接

或影响行政事务的独立于行政机关的组织性问责客体,对其进行问责的问责主体应与行政问责的问责主体有所区分,除个体性问责主体与行政问责一致外,在组织性问责主体中则不包括行政机关内部设置的问责主体。

2. 党群组织的个体性问责客体

在我国党群组织的个体性问责客体主要是指党群组织中从事公务的工作人员,而且责任的产生是由工作人员自身的原因导致的。从与行政问责法治化建设相衔接角度看,党群组织的个体性问责客体也可以分为两类:一是直接参与行政事务、行使行政职权的行政机关体系内的个体性问责客体,对其进行问责的问责主体应与行政问责的问责主体保持完全一致,包括所有的组织性行政问责主体和个体性行政问责主体。一是间接参与或影响行政事务的独立于行政机关的个体性问责客体,对其进行问责的问责主体应与行政问责的问责主体有所区分,除个体性问责主体与行政问责一致外,在组织性问责主体中则不包括行政机关内部设置的问责主体。

(三)党群组织的问责机关

如前文所述,行政问责中的问责机关主要指的是基于问责主体依法对问责客体的不对或不当行为提出的问责诉求,依据问责程序而使问责事务得以具体落实的问责执行机关,基于这种认识,党群组织的问责机关指的也是党群组织问责中使问责事务得以具体落实的问责执行机关。行政问责的问责机关的存在形式是与行政问责的性质和范围密切相关的,尤其与行政问责的问责主体的性质和形式直接关联,所以行政问责的问责机关的设立可以分为两类:一是行政机关内的问责机关,二是行政机关外的问责机关。事实上,在我国党群组织问责的问责机关也因为党群组织被问责的范围和内容面广量大,所以在问责机关的构建中也应突出党群组织内的问责机关或党群组织外的问责机关的分立设置和职能充实。以党的问责制度建设为例,《中国共产党问责条例》规定的就是党的组织内的问责机关,《中华人民共和国监察法》中就涉及党的组织外的问责机关的规定。

1. 党群组织内的问责机关

从党的组织问责发展为例看,我国党的组织问责的大多数已有案例多数属于党的组织内部开展的问责,且到目前为止,党的组织内部开展问责的问责机关,在不同地区和不同部门差别比较大,既有一级党委作为问责执行机关的,也有纪律检查相关部门作为问责执行机关的,还有同时多个部门承担问责执行职责的。这样的设置不仅使问责机关分散、问责力量难以集中,而且还会因为不同部门思考问题和考虑利益的角度不一样,而使问责出现不同地区、不同部门之间把握的尺度不相一致甚至大相径庭,从而影响内部问责的效果和公信力。所以从党群组织问责机关与行政问责机关相衔接的角度看,党群组织内的问责机关也应当趋向机构的集中统一设置,而且在党群机构设置中具有相当的独立性,现在党的组织问责中逐步将党的组织内的问责机关集中于党的纪律检查机关的做法就是一种统一设置趋向的体现。当党群组织内的问责机关具有相对独立性,行政机关内的问责机关也具有相对独立性,二者之间的衔接就不仅在形式上易于缕清,而且在内容上也易于交流,彼此之间可以根据问责主体和问责客体的性质和隶属关系而互通信息、共享资源,这样更有利于达到精准问责的效果。

2. 党群组织外的问责机关

从党的组织问责发展为例看,随着我国法治化建设的不断推进,在党的问责领域的一个较突出体现就是问责的主体越来越多元化,这是现代民主政治不断发展的表现。目前对党的组织提出问责的外部问责主体之间彼此性质不同、形式多样,若每个问责主体对应一个问责机关,则会出现多系统问责、多形式问责的现象,不仅规范难以统一,而且问责的公正性也难以保证,不符合问责走向法治化的内在要求。所以,从党群组织外的问责机关设置来说,我国也应设置一个相对独立且统一的党群组织外的问责机关,如国家机构中的监察委员会或监察委员会内部的专职部门对一切行使公权力包括党员在内的公职

第六章　我国党群系统问责与行政问责法治化实现机制的衔接

人员的监督问责就是趋向独立统一设置问责机构的体现。有了党群组织外的问责机关独立性设置和行政机关外的问责机关的独立性设置,那么二者之间的衔接就会更加务实和迅捷,彼此之间通过依据问责主体和问责客体的性质和隶属关系而互通信息、共享资源,从而促进在外部问责上达到精准问责的效果。

在我国党群问责法治化推进中,问责机关的职能也主要体现在对党群问责主体的问责诉求按照法定程序予以落实,所以其主要是一个执行程序的机关,而不是一个操作实体的机关,所以无论是党群组织内的问责机关还是党群组织外的问责机关,都必须依赖问责主体和问责客体提供的问责材料依法依规履行问责执行的职能。

二、问责规则要素上的衔接

问责的规则要素主要包括问责条件、问责方式、问责规范三个方面。

(一)党群组织的问责条件

问责条件主要由问责事由和问责标准两个层面构成。问责法治化的问责事由是指应该受到问责的不当行为的范围,问责标准是指行为应受问责则其不当性必须达到的严重程度。针对我国问责发展的现状,党群组织问责在问责事由和问责标准上应该在以下方面与行政问责做到良好衔接。

第一,在问责事由上,即不当事务的范围上,因处于问责发展初始阶段,所以党群组织问责也应以限量提质、树立公信为重要考量因素。从法治化的角度看,一是已有法律法规规定了的应该受到法律制裁的非法行为不宜再纳入党群组织问责的范围,否则会出现对同一不当行为重复、多次处罚的结果,出现行为纠错的混乱;二是行为人的思想过程不应纳入问责的范围,不能因为问责主要问的是现有法律规定外的不当行为之责就无限扩大至思想层面,否则就根本违反了现代法治基本原则;三是在我国应该把问责的不当事务范围更多限定在与国计民生息息相关、社会影响面广量大的领域,不宜在问责初期就追求问责面面俱到,否则其结果容易出现草草应付、虎头蛇尾,影响公众对初生的党群组织问责的认同和信赖。

第二,在问责标准上,即行为应受问责则其不当性必须达到的严重程度上,党群组织问责也应该以提高门槛、强化执行为重要考量因素。一是提高党群组织问责门槛,就是在对应受问责行为的不当性达到的严重程度而言,应将其不当的程度值提高,使不当性比较轻微的行为当下尽可能排除在应受问责的范围之外,集中现有的问责力量应对影响较大的有严重不当性的行为,提高问责的质量。二是强化党群组织问责的执行,既然提高了问责门槛,应问责的行为的范围在问责事由限量的前提下会进一步缩小,则对数量适度的问责行为的具体问责执行就必须强调严格,使每一起案件无论从实体权利保障上还是从程序公正追求上都最大限度体现公众对现代问责的期待和尊重,提高公众对问责过程和结果的满意度,这是我国党群组织问责进一步健康发展和发挥作用的基础和前提。

(二)党群组织的问责方式

问责方式主要包括问责形式和问责程序两方面内容。问责形式即根据需要设置的问责的类型,问责程序即问责过程中问责主体、问责客体、问责机关在时间和空间上必须遵循的步骤和条件。党群组织问责在问责形式和问责程序上应该在以下方面与行政问责做到良好衔接。

第一,在问责形式上,即在根据需要设置的问责的类型上与行政问责相衔接,因为基于我国当下行政问责的实践效果和需要,我国行政问责形式是有其现实侧重点的。一是基于制约的问责理念,问责可以分为自律性问责和他律性问责,在我国当下的问责实践中,党群组织问责应该首先强调他律性问责,再向他律性问责与自律性问责并重过渡。二是基于问责的目的要求,问责可以分为预防性问责和惩罚性问责,在我国当下的问责实践中,党群组织问责应

第六章　我国党群系统问责与行政问责法治化实现机制的衔接

该首先强调惩罚性问责,再向惩罚性问责与预防性问责并重过渡。三是基于问责的机制结构,问责可以分为同体性问责和异体性问责,在我国当下的问责实践中,党群组织问责应该首先强调异体性问责,再向异体性问责与同体性问责并重过渡。

第二,在问责程序上,即在问责过程中问责主体、问责客体、问责机关在时间和空间上必须遵循的步骤和条件上与行政问责相衔接。我国"重实体、轻程序"的习惯思维和做法在党群组织中也一定程度存在,在问责法治化推进的过程中尤其要注重问责程序的建设。在时间上,一是要强化党群组织问责的时间期限的要求,为了突出程序的重要性,应该在时间期限的设定上从紧;二是要强化党群组织问责的时间次序的要求,在时间次序上逐步形成刚性规范。在空间上,一是要强化党群组织问责的身份特征的界定,使问责由形式上的权责统一走向实质上的权责统一,实事求是地把造成不当行为的任何性质的决策者都列入问责客体,避免张冠李戴现象的出现。二是要强化党群组织问责的地域限制的界定,使问责依据规定做到对特定地域、特定人群的公开,避免暗箱操作,实现公正与效果的统一。

(三)党群组织的问责规范

行政问责法治化的一个重要内容就是要建立起相对统一的、独立的、稳定的行政问责规范,党群组织问责也不例外。强调问责规范的建设在我国问责法治化过程中显得尤为突出,因为我国的问责起步较晚,正在由政策性、制度性问责走向法治化问责的过渡阶段,原有的问责制度碎片化、应急化现象比较明显,而统一性、独立性、稳定性欠缺。从党群组织问责与我国行政问责法治化实现机制相衔接的角度看,强调党群组织问责规范建设必须考虑以下方面。

1. 规范的统一性

党群组织问责与我国行政问责法治化实现机制相衔接需要党群组织问责规范具有统一性,因为只有党群组织问责规范的统一才能使党群组织问责与行政问责在规范层面进行比较、协调、互动、借鉴具有更多的可行性、更高的有效性。我国处在法治化的推进阶段,党群组织问责规范化建设处于初创阶段,更多的是以局部尝试的形式表现出来,不同部门、不同地区、不同层级的问责规范在形式和内容上都有很大的区别,但从党群组织问责规范化角度来说,党群组织问责规范具有统一性是保障问责公平公正的重要条件,这也是党群组织问责与行政问责相衔接的逻辑前提。

2. 规范的独立性

党群组织问责与我国行政问责法治化实现机制相衔接离不开党群组织问责规范具有独立性,因为只有党群组织问责规范具有独立性才能使党群组织问责与行政问责的衔接不至于受到过多非问责因素或过多非法治因素的干扰而导致衔接偏离问责法治化的方向。规范的独立性是指党群组织问责规范要独立于其他法律规范而单独存在,随着党群组织问责的深入推进和社会对党群组织问责正义性的要求越来越高,促进党群组织问责规范独立于其他相关规范的趋向也越来越明显,这契合了现代法治发展规律。我国的法制带有更多的大陆法系的特点,追求法律制度的独立严谨,这在党群组织问责规范化过程中对问责规范的独立性提出了更高、更加迫切的要求。

3. 规范的稳定性

党群组织问责与我国行政问责法治化实现机制相衔接要求党群组织问责规范具有稳定性,因为只有党群组织问责规范具有稳定性才能使党群组织问责与行政问责的衔接不至于朝令夕改而失去应有的权威和公信,从而保证党群组织问责与行政问责的衔接的健康可持续推进。从我国法治化建设的要求和克服党群组织问责随意性的现实需要出发,强化党群组织问责规范的稳定性就成为党群组织问责规范化建设的重要内容。与行政问责规范的稳定性相衔接,党群组织问责规范的稳定性也必须强调两个方面,一是党群组织问责规范的文本内容必须具有稳定性,不宜频繁调整而影响其权威性。二是党群组织问责规范的执行结果具有稳定性,非经法定程序任何人和任何组织都不得随意更改和怠于执行,包括对官员复出的规范化调整,以体现党群组织问责的严肃性。

《中国共产党问责条例》的颁布实施在一定意义上正是党群组织问责的问责规范追求统一性、独立性、稳定性的具体体现,也为党群组织问责与我国行政问责法治化实现机制相衔接在问责规范层面提供了进一步实践的基础。

三、内部问责机制上的衔接

我国党群组织内部一直以来都设置有不同形式的内部监督机构,如中国共产党纪律检查机关就是党组织内部设置的对各级党组织和党员进行监督检查的专责机关,其他党群组织内部也通过设置专门的监督部门等形式发挥内部监督问责的作用。尽管这样的机制构建在我国党群组织内部监督问责上发挥了重要作用,但从我国政治文明建设和现代化建设要求看,党群组织内部监督问责存在的局限性与行政问责一样也是显而易见的,存在着监督不彻底、问责不到位、机制不完善的现象,从而影响监督问责的现实功用和社会效果。为了与行政问责法治化建设相衔接,以下几个方面是党群组织问责在内部问责机制构建方面应当重点考虑的内容。

(一)强化公众参与

既然党群组织问责是因为其职权的公权性和经费的财政性决定的,那么公权和财政的来源者社会公众就必然有对党群组织的行为进行监督问责的权利。从内部问责机制构建的角度分析,社会公众参与党群组织内部问责主要是通过信息提供、智力支持等手段间接参与的,所以党群组织应该为公众参与开辟有效渠道、搭建有利平台,从而使内部监督减少盲区、拓展视野。与行政问责内部体制建设一样,必须突出具有民事主体身份的组织和团体以及广大公民等社会公众对权力行使的监督和问责的作用,尤其在对公众开展监督和问责的主体资格的界定和规范、监督和问责的途径、监督和问责的程序、监督和问责的效果等进行全面的规定,以提高党群组织内部问责的社会性和公信力。

(二)突出职能调整

目前党群组织内部问责从制定良法的角度看,在形式上和实质上都存在着有待完善的地方。在形式上,尽管直接和间接涉及内部问责的规范性文件并不少,但具体适用于内部问责的条文规范比较分散,操作的标准也不相一致;在实质上,已有的关于内部问责的规范性文件内容整体上相对突出了党群组织本身工作和利益需要,而与问责法治化必须以反映多数人的意志和利益的需要和实现为根本和基础有不相适应之处。与行政问责内部体制建设一样,一是制定相对统一的内部问责规范性文件,至少应该与外部问责结合起来集中制定一部问责规范性文件,以强化问责意识、提高问责效果;二是在制定有关内部问责的规范时,必须在内容上充分体现多数人的意志和利益,尤其强化监督问责部门的问责的专职专责性,减少非监督问责的职能,同时丰富问责的手段路径、强化问责的惩处力度,达到预防和惩治不当行为的社会效果。

(三)促进机构完善

党群组织问责的内部机构完善应当以强化权力制约为根本依归。权力制约包括同体性权力制约和异体性权力制约,现实中,基于体现中国具体国情的政治体制现实,我国党群组织内部问责中同体性权力制约的作用和影响远远大于异体性权力制约的作用和影响,所以一定程度上降低了党群组织内部问责的公信度,这就要求在党群组织内部问责机构的完善中,必须以促进内部问责的同体性向异体性转化为基础,最大限度提高内部权力制约的实质效果。与行政问责内部体制建设一样,一是使党群组织的内部监督问责机构成为内部最独立机关,尽管内部问责机构的独立性是相对的,但依然要进一步推进其相对独立性;二是通过专职化专业化来推进党群组织内部问责的独立性,无论

第六章　我国党群系统问责与行政问责法治化实现机制的衔接

是上下级之间的问责还是专门问责机关开展的问责,都逐步走向专职化专业化,而且在专职化专业化的基础上逐步实现问责人员职业和职务的稳定化、长期化。

(四)加强科学评估

党群组织内部问责要达到规范权力和教育激励的效果,就必须推进对党群组织及其工作人员全覆盖的绩效评估体系的建设,使问责的压力传导至权力行为的所有主体、所有过程。与行政问责内部体制建设一样,评估体系的构建应当明确三个方面:一是评估对象是普遍的,即绩效评估全覆盖,包括组织和个人;二是评估实施是全程的,即绩效评估涉及权力行为持续的始终,包括事前、事中、事后;三是评估结果是必用的,即绩效评估必须和物质利益、精神评价相结合,对不当行为的评价结果作为内部问责的问责依据。

四、外部问责机制的衔接

外部问责是相对于内部问责而言的,即除去内部问责之外的所有问责的总称,体现在行使问责权的主体不是党群组织及其体系内的隶属机构。我国外部问责无论在理论储备还是在实践经验上都没有内部问责充分,所以我国党群组织的外部问责在监督实践中要远远晚于内部问责而出现。在现实中,党群组织外部问责的不足,主要表现在人大监督、司法问责、公众问责以及媒体问责等现代外部问责的形式与功能在党群组织外部问责中的体现都不够充分,没有很好地适应现代民主政治发展的需要。为了与行政问责法治化建设相衔接,以下几个方面是党群组织问责在外部问责机制构建上应当重点考虑的方面。

(一)进一步健全信息公开和公众参与机制

健全信息公开和公众参与机制是问责法治化进程中体现权利本位和权力

制约原则的前提,党群组织问责法治化也不例外。权利本位具体表现为群体性权利本位与个体性权利本位,在我国强化个体性权利本位是推进问责法治化的重要内容,而信息公开是强化个体性权利本位意识、实现个体性权利本位价值的必然要求。权力制约具体表现为同体性权力制约和异体性权力制约,我国当下强化异体性权力制约是推进问责法治化的重要内容,而社会公众的制约相对体制内机构来说是最彻底的异体性制约,所以公众参与问责就是强化异体性权力制约、推进异体性问责的必然要求。因此,党群组织外部问责要与行政问责法治化相衔接,就必须借鉴行政问责经验,切实构建符合党群组织性质的有效的信息公开和公众参与机制。

(二)进一步完善民主决策和渠道畅通机制

完善民主立法和渠道畅通机制是问责法治化建设进程中法制完备与全面守法原则的基础,党群组织问责法治化也不例外。法制完备具体表现为形式性法制完备与实质性法制完备,在我国当下问责实践中,强化实质性法制完备是推进问责法治化的重要内容,而实质性法制完备的实现离不开多数人的意志和利益通过民主机制贯穿于规范之中,所以民主决策是强化实质性法制完备意识、实现实质性法制完备功能的必然要求。全面守法具体表现为被动性全面守法和主动性全面守法,我国当下问责实践中,强化主动性全面守法是推进问责法治化的重要内容,而畅通问责渠道已经成为推动被动性全面守法转向主动性全面守法的关键环节。因此,党群组织外部问责要与行政问责法治化相衔接,也必须借鉴行政问责经验,强调法制完备的实质性和全面守法的主动性,进一步完善有利于问责民主决策和渠道畅通的机制。

(三)进一步优化机构独立和运行有力机制

优化机构独立和运行有力机制是问责法治化建设进程中权力制约与法制完备原则的要求,党群组织问责法治化也不例外。基于我国问责现状,强调权力制约的异体性性和法制完备的实质性,就是我国外部问责机构设置和问责权力运行应遵循的基本理念。从外部问责的问责主体的机构设置看,同体性问责是我国目前问责的主色调,若进一步提升外部问责的质量和效果,必须强化外部问责的异体性。因此,党群组织外部问责要与行政问责法治化相衔接,就必须从外部问责异体性建设的三个方面去实现:一是部门独立,即涉及外部问责的各级各类部门与问责各类主体及问责机关之间相互独立设置;二是人员独立,即涉及外部问责的各级各类部门的问责工作人员之间相互独立;三是利益独立,即部门与部门之间、机构与机构之间、工作人员与工作人员之间在制度上和分配上避免相互间存在利益关联,是保证外部问责公平公正的根本。同时,党群组织外部问责要与行政问责法治化相衔接,从外部问责的问责权力的运行依据看,进一步提升外部问责的质量和效果,还必须强化外部问责法制完备的实质性,即从法制的实体内容和程序规范上都必须通过民主机制反映多数人的意志和利益,只有这样的法制才能保证问责权力运行的正当性,从而促进问责权力运行的高质量、高效果。

(四)进一步构建组织高效和问责自觉机制

促进组织高效与问责自觉机制是问责法治化建设进程中权利本位与全面守法原则的要求,党群组织问责法治化也不例外。基于我国问责现状,强调权利本位的个体性和全面守法的主动性,是我国外部问责完善组织形式和提高问责自觉应遵循的基本理念。党群组织外部问责要与行政问责法治化相衔接,也必须从组织高效和问责自觉两个方面构建有效机制。从组织高效来说,在外部问责中,体制内的人大、司法以及上级机关,本身就具有严密的组织架构和体系,在问责实践中最需要通过组织构建从而提高问责效果的是公众问责这种外部问责形式,通过鼓励公众成立符合法律规定的社会组织,以社会组织的形式集中个人力量开展更有效率的问责工作。从问责自觉看,主要是提高问责的结果与多数人意志和利益的契合度,契合度高,问责自觉性就强,契合度低,问责自觉性就弱,这就要求外部问责的法律必须通过充分体现民意的国家机关来制定,从而提高问责法制的权威性,同时提高问责权力行使者的自觉性。

第三节 衔接的主要原则

结合以上关于党群系统问责与行政问责法治化实现机制的衔接的法理分析和机制构建,可以看出党群系统问责与行政问责法治化实现机制之间尽管具有衔接的理论与实践的必要,但在具体问责的过程中无论是从问责主体、问责客体、问责机关,还是从内部问责机制、外部问责机制来看,都不可避免地出现二者或重合、或交集、或独立等不同存在形态,所以在党群系统问责与行政问责法治化实现机制衔接的具体实践中必须秉持一些有利于衔接有效运作的原则。基于法治化的需要和行政问责的经验,除一般性的权责一致、公众参与、程序正当等问责法治化原则外,党群系统问责的原则还应当强调三个方面:民主化规范化问责原则、多重身份多重问责原则、一举多犯择重问责原则。

一、民主化规范化问责

行政问责进行法治化建设必须遵循的基本原则权责一致在党群系统问责中同样适用,这就必须坚持民主化问责、规范化问责。党群系统的组织行为因其不完全相同于现代国家治理中的权力行为,与立法权、行政权、司法权都必须有国家民主机制产生并接受民主监督不尽一致,但因其在我国有其特定的公权属性,因而在与行政问责法治化建设的衔接中应当通过民主化问责、规范化问责来保障权责一致法治原则的实现。党群系统问责尤其是内部问责加强民主化问责及规范化问责主要表现在:一是党群系统行为主体的权力和责任主要是通过党群内部的民主机制产生和确定的,也是通过党群内部的规范性文件确认的,而行政主体的行政权力是由国家的民主机制产生和确定的,是通

第六章 我国党群系统问责与行政问责法治化实现机制的衔接

过国家法律来确认的,所以党群系统行为主体的权力和责任产生的民主过程有一定的特殊性,这就直接影响到权责一致原则的针对性和适用性。二是党群系统的权责一致的监督和落实也是由党群系统内部组织来完成的,因其不属于国家机构的组成部分,所以不具有典型的国家强制力的现代法治要求,而行政主体的权责一致的监督和落实是有国家机关来完成的,即是由国家强制力来保障实现的。所以基于这两点认识,同时基于我国党群系统行为主体的公权性,要使我国党群系统问责与行政问责法治化实现机制真正衔接,党群系统行为主体的权力和责任的产生、权责一致的落实逐步走向民主化、规范化就是一种必然,即党群系统行为主体的权力和责任的产生、权责一致的落实逐步由在党的统一领导下通过国家民主机制与党群系统内部民主机制相互协同而统一产生的规范去完成,当然这是一个循序渐进的衔接过程。

二、多重身份多重问责

这是针对同一个组织或个人既在党群系统内部行使公权力,同时又在行政系统承担国家公权力,即具有党群和行政多重身份,对其进行问责应按照多重身份多重问责来处理。尤其在我国现实体制架构中,具有党群和行政多重身份的组织和个人并不少见,在党群系统问责与行政问责法治化实现机制的衔接中明确多重身份多重问责要求,就显得必要而且重要。一是党群系统问责与行政问责的规范因出于自身性质和现实的需要存在不相一致的地方在所难免,多重身份的组织和个人的同一个行为受到不同问责规范的调整也就必然存在。二是党群系统问责与行政问责的规范在没有通过国家民主机制与党群系统内部民主机制相互协同而统一产生的前提下,相互强行替代既不利于国家法律权威和尊严的树立,也难以适应现有体制架构下党群组织性质和自身职能的需要。三是具有党群和行政多重身份的组织和个人其职务的重要性也决定了其责任的严格性,既然多重身份能够行使多重权力,那么多重权力就必须承担多重责任,否则难免因选择性问责而出现重权轻责现象,另外,多重身份多重问责也是现代法治社会推崇权力分设、避免权力集中的重要体现。

三、一举多犯择重问责

一举多犯择重问责在行政问责过程中是个基本理念,这里提到的一举多犯择重问责是针对党群系统内部问责而言的,只有做到党群系统内部问责和行政问责都能秉持这一原则,多重身份多重问责才有清晰的理路,党群系统问责与行政问责法治化实现机制的衔接才能顺利实现。

并用原则是指同一个组织或个人在党群系统内部行使不同类公权力,同时触犯党群组织问责规范中多个问责条款而应受到多个问责追究,应当并用多个问责条款、承担多个问责责任;一举多犯择重问责原则是指同一个组织或个人在党群系统内部行使同一公权力,同时触犯党群组织问责规范中多个问责条款而应受到多个问责追究,应当在多个问责条款、多个问责责任中选择使用最重的问责条款、承担最重的问责责任。这样的原则要求是党群系统问责尽可能与行政问责法治化实现机制保持一致的表现,因为现代法治要求的权责一致原则体现在现实权力行使与责任承担中,就是权力的大小要与责任的大小相一致、权力的范围要与责任的范围相一致、权力行使的主体要与责任承担的主体相一致,所以,多个不当行为承担多个不同处罚、同一行为触犯多个规定则承担最重处罚在现代法治化责任追究中就被普遍采用,党群系统问责与行政问责相衔接走向法治化就必须逐步与权责一致的法治化要求相适应。

小　　结

本章对"我国党群系统问责与行政问责法治化实现机制的衔接"的研究主要是基于中国特色社会主义制度下的政权组织形式和国家治理模式,在我国问责实践中,事实上客观存在着双轨或是多轨的问责形式,从而使问责无论从程序、内容还是处理结果上都体现了各自特色,尤其是政府机关对公务人员

第六章 我国党群系统问责与行政问责法治化实现机制的衔接

进行的行政问责与执政党对党员干部进行的组织问责之间的差异性对问责效果的发挥产生诸多影响,其中的不协调、不顺畅现象的存在一定层面影响了问责公信力的提升,所以,促进党群系统问责与行政问责相协调、建立起二者之间的衔接机制就成为我国问责取得实质性进展、整体性突破的关键环节。本章的研究以前文所分析的现代法治基本要求和行政问责法治化理想模式及其在我国的具体实践为基础,就执政党的组织问责与政府的行政问责的衔接为主要模型阐述其法理分析和机制构建。本章试图从三个方面分析党群系统问责与行政问责法治化实现机制的衔接问题。

首先,以"衔接的法理分析"为理论基础,从"法治主义普遍性的基本要求"、"党群组织行为的公权属性"、"党群职能经费的财政属性"三个维度阐释执政党的组织问责与政府的行政问责相衔接的前提和基础是二者都必须实行法治化,尤其在我国政治体制架构内更应该如此,因为中国特色社会主义最本质的特征是中国共产党的领导,中国共产党的人民性的本质属性和现代法治的多数人意志的核心要义在根本上是一致的。

其次,以"衔接的机制构建"为逻辑思路,参照行政问责法治化的理想模式,从"问责结构要素上的衔接"、"问责规则要素上的衔接"、"内部问责机制上的衔接"、"外部问责机制上的衔接"四个方面阐释在我国要使行政问责法治化建设取得实践上的应有效果,就必须把行政问责与党群组织问责的法治化建设加以统筹考虑,构建起二者有效联动、运行通畅的问责衔接机制。

最后,以"衔接的主要原则"为基本遵循,结合党群系统问责与行政问责法治化实现机制衔接的法理分析和机制构建,阐述在党群系统问责与行政问责法治化实现机制衔接的具体实践中必须秉持一些有利于衔接有效运作的原则。基于法治化的需要和行政问责的经验,除一般性的权责一致、公众参与、程序正当等问责法治化原则外,党群系统问责与行政问责二者衔接还必须强调三个原则:民主化规范化问责、多重身份多重问责、一举多犯择重问责。

第七章 我国行政问责法治化实现机制与其他关联机制的协调

我国行政问责法治化实现机制与其他关联机制的协调,是指行政问责法治化与目前已有的调整公权力与私权利之间矛盾纠纷的制度机制的关系,主要包括行政问责与司法诉讼机制的协调、与行政复议机制的协调、与信访机制的协调、与党的纪律检查机制的协调等。

第一节 现代法治基本要求是各关联机制协调的基本遵循

如前文所述,现代法治的核心要义是良法善治,其基本要求主要包括两个方面:生产良法和落实良法。真正做到生产良法就必须践行权利本位、法制完备的理念,真正做到落实良法就必须践行权力制约、全面守法的理念。这些基本要求和基本理念不仅是贯彻本书行政问责法治化研究的灵魂和主线,而且也是论述行政问责法治化的实现机制与行政诉讼机制的协调、与行政复议机制的协调、与信访机制的协调、与党的纪律检查机制的协调的关系的根本遵循,这是下文中阐述每一对从机制层面具体分析协调关系的理论基础和实践依据。

第七章　我国行政问责法治化实现机制与其他关联机制的协调

一、生产良法是基本前提

生产良法是协调行政问责法治化实现机制与其他关联机制之间关系的基本前提。通过以下对各类关联机制之间协调的分析可以看出，无论协调行政问责法治化实现机制与哪一种关联机制之间的关系，都强调必须以法律的形式体现出来、固定下来，只有这样的协调才是稳定的、具有权威的。而这里说的法律一定是现代法治要求的良法，绝不是个别人、少数人或个别利益集团出于自身利益需要而拟定的规范性文件，所以就必须遵循生产良法所要求的两个基本理念。

一是突出权利本位。无论建立怎样的权力架构、无论设置怎样的国家机关，其目的都是维护和实现好公民的权利，从而达到国泰民安、和谐进步的目的，既然要维护和实现好公民的权利，根本的路径就是让公民参与权力架构、国家机关的设置，从而体现权利的要求，而这种参与的基本形式就是参与国家法律的制定，使公民的权利要求在国家法律中集中体现出来，所以我国行政问责法治化实现机制及其与关联机制的关系的法律的制定必须让公民参与其中，表现在现实中就是强调行政问责及其关联问责过程的公众参与度。在我国，因为传统文化和原有机制的影响，在权利本位的观念中，过于突出群体性权利的需求而易于忽视个体性权利的存在，所以在行政问责法治化实现机制与其他关联机制协调的法律制定中更应突出个体性权利需求的体现，避免法律内容的部门利益化倾向。

二是促进法制完备。在行政问责法治化实现机制与其他关联机制协调的法律建设中，法制完备显得尤为重要，因为不同机制之间的协调在一定意义上讲就是对机制进行规范的法律制度的协调，而且这种协调不仅需要形式上的协调，更需要实质上的协调。形式上的协调，更重要的就是体现在不仅行政问责法治化的实现机制要有法律的理性设置，而且行政诉讼机制、行政复议机制、信访机制、党的纪律检查机制等都要有法律的理性设置，而法律都有立法机关通过特定程序产生,尽可能避免不同机制之间的规范标准来自不同的规范形成体系,从而从内涵和条目上都保持协调。实质上的协调是指规范不同机制的法律之间的协调要在价值追求、法理逻辑上保持内在统一,而这种统一的基础就是体现多数人的意志和利益,避免个人利益或部门利益法制化,在行政问责法治化实践中的体现就是必须在最能集中反映多数人意志和利益的宪法的指导下和框架内形成行政问责法律及其与其他关联机制相协调的法律体系。

二、落实良法是基本路径

其次,落实良法是协调行政问责法治化实现机制与其他关联机制之间关系的基本路径。协调不同机制之间关系的渠道很多,有情感沟通、利益平衡、人际交往等,但协调公权力机构之间关系的主要路径是规范,而从根本上协调公权力机构之间关系的规范就是多数人意志和利益体现其中的法律,依法之治就是众人之治,用众人的意志来处理众人之间的矛盾、协调众人之间的关系才最具有说服力和公信力。众人之治必然排斥个别人之治、垄断之治,必然要求众人参与、众人遵守。这就必须落实体现多数人意志和利益的良法,而且在协调行政问责法治化实现机制与其他关联机制之间关系的过程中尤其要突出权力制约和全面守法。

一是加强权力制约。协调行政问责法治化实现机制与其他关联机制之间的关系在一定意义上实质就是通过对公权力的制约尤其是各关联机制中公权力之间的相互制约来达到各关联机制在维护好、实现好多数人意志和利益方面彼此配合、共同促进的效果。在协调行政问责法治化实现机制与其他关联机制之间关系的权力制约中,要处理好的问题主要有两方面:一方面是必须通过立法机关将各关联机制的权力范围作出最有说服力的明确界定,各关联机构严格按照权力界定的范围行使权力,这本身就是权力制约而且更多体现异体制约的现代法治要求;另一方面各关联机制通过制度和机构的构建达到不

第七章　我国行政问责法治化实现机制与其他关联机制的协调

同性质不同体系的机制之间成为监督与被监督、问责与被问责、复议与被复议、检查与被检查之间的关系,相互协调的同时形成权力运行的实质性制约。

二是保证全面守法。要使各关联机制的协调落到实处就必须保证各关联机制在公权力的行使时必须遵守法律的规定,否则由于相互关联性大以至于因为利益互涉而产生的混乱则更加突出。这里要求的各关联机制的全面守法也应该从两个方面去分析:一方面就是关联机制必须从形式上要做到遵循所有涉及关联事项的法律,包括实体内容和程序要求,从而保证在机制运行上做到顺利畅通。另一方面就是要保证各关联机制从价值追求和程序正义上是认同和服从所规定的法律的,这就要求协调行政问责法治化实现机制与其他关联机制之间关系的法律必须是良法,且通过对良法的严格遵守逐步形成各关联机制对法律的自觉自愿的服从,进而形成依法协调关系的内生文化,最终实现实质上的协调。

基于以上分析,即现代法治的核心要义良法善治及其基本要求生产良法和落实良法,是行政问责法治化的实现机制与行政诉讼机制的协调、与行政复议机制的协调、与信访机制的协调、与党的纪律检查机制的协调的关系的根本遵循,是每一对从机制层面具体分析协调关系的理论基础和实践依据,所以以下对行政问责法治化的实现机制与行政诉讼机制的协调、与行政复议机制的协调、与信访机制的协调、与党的纪律检查机制的协调的阐述主要集中在问责构成要素中的彼此间主体、客体、执行机关之间的协调。

第二节　行政问责法治化实现机制与行政诉讼机制的协调

行政问责法治化建设是一个系统工程,行政问责法治化是指由代表公共利益或关联利益的相关主体、通过特定机关、根据多数人的意志、对不履行或不正确履行职责而损害公众权利或公民权利的行政组织或行政工作人员追究责任,并使受损公众权利或公民权利得以最大程度恢复的过程以及该过程的规范化,包括行政外部问责体制、行政内部问责体制两个部分,其中行政外部问责就包括权力机关问责、监察机关问责、司法机关问责、公众问责、媒体问责等形式。行政诉讼是国家司法行为,是指公民、法人或者其他组织认为行政机关或法律法规授权的组织的行政行为侵犯其合法权益,依法向人民法院请求司法保护,人民法院通过对被诉行政行为的合法性进行审查,在双方当事人和其他诉讼参与人的参与下,对该行政争议进行受理、审理、裁判以及执行裁判等,从而解决特定范围内行政争议的司法活动的总和。可见,行政问责法治化中的司法机关问责与行政诉讼的关联性较强,所以行政问责法治化实现机制与行政诉讼机制的协调主要体现在行政问责法治化中的司法机关问责与行政诉讼之间的协调,主要从以下几个方面分析。

一、主体上的协调

从主体上看,行政问责法治化中的司法机关问责的问责主体特指的是司法机关本身,在行政问责法治化的过程中,司法机关是依据规范就不履行或不正确履行职责而损害公众权利或公民权利的行政组织或行政工作人员向问责机关提起问责,从而开展责任追究的机关,而在行政诉讼中司法机关是就诉讼双方当事人之间的诉讼事务进行依法作出判断的机关,可见二者在性质和功能上有不同之处。但作为行政问责法治化过程中行政问责机制与行政诉讼机制的协调,二者确有关联之处,即司法机关在行政诉讼案件的审理过程中发现和掌握的行政组织或行政工作人员不履行或不正确履行职责而损害公众权利或公民权利的行为,而此行为在现有行政诉讼规范中依据法律还不构成追究法律责任的,既是行政问责法治化实现机制中司法机关作为问责主体提起行政问责的问责事由的主要来源。通过制度化的设计可以使行政诉讼中的司法机关规范有效的承担起行政问责中问责主体的职责。

第七章 我国行政问责法治化实现机制与其他关联机制的协调

二、客体上的协调

从客体上看,行政问责法治化实现机制中的问责客体特指的就是行政组织或行政工作人员,而行政诉讼中的行政组织或行政工作人员是诉讼的一方当事人,可见在这两种责任追究机制中,行政组织或行政工作人员要么在行政问责中处于问责客体的位置,要么在行政诉讼中处于诉讼被告的位置。这二者之间的协调主要是基于行政组织或行政工作人员的行政行为的性质而进行的,因行政行为的性质不同,会出现三种状态:一是行政行为已经触犯现有行政法律而必须承担行政法律责任,这种情况下行政组织或行政工作人员仅仅是行政诉讼的被告,而不是行政问责的问责客体;二是行政行为还没有触犯现有行政法律而达到必须承担行政法律责任,这种情况下行政组织或行政工作人员仅可能是行政问责的问责客体,而不是行政诉讼的被告;三是行政行为既有触犯现有行政法律而可能承担行政法律责任,也有没有触犯现有行政法律而只是承担问责责任,这种情况下行政组织或行政工作人员既可能是行政诉讼的被告,也可能是行政问责的问责客体。这三种情况之间的协调现在主要是通过已有行政法律的规范准确划分行政行为的违法边界来完成,随着行政问责法治化的推进,行政问责法律规范的完善将使这三种关系更加明晰且可操作。

三、执行机关的协调

从执行机关看,行政问责法治化实现机制中的问责执行机关特指的是基于问责主体依法对问责客体的不对或不当行为提出的问责诉求,依据问责程序而使问责事务得以具体落实的问责执行机关,而行政诉讼中的诉讼执行机关是法律明确规定的负有审判职责的司法机关。在行政问责法治化进程中,我国行政问责执行机关因为问责性质不同而分为内部执行机关和外部执行机关,都负有执行行政问责程序的职责,所以其与行政诉讼中的司法机关的协调,主要表现在两个方面:一是当行政诉讼的执行机关即司法机关在审理行政案件过程中,若发现有不属于行政诉讼应追究的行政组织或行政工作人员的不对或不当行政行为的事实材料,而此不对或不当行政行为又已经被行政诉讼被告依据规范程序提起行政问责的,行政诉讼的执行机关应依据规范将不对或不当行政行为的事实材料移送至行政问责的执行机关;二是当行政问责的执行机关在处理问责案件过程中,若发现有不属于行政问责应追究而属于行政诉讼应追究的行政组织或行政工作人员的不对或不当行政行为的事实材料,而此不对或不当行政行为又已经被行政问责主体以被告身份依据法定程序提起行政诉讼的,行政问责的执行机关应依据规范将不对或不当行政行为的事实材料移送至行政诉讼的执行机关。这些协调有赖于在行政问责法治化过程中行政问责法律制度和行政诉讼法律制度之间条文的进一步厘清和确认。

以上行政问责法治化实现机制在主体、客体、执行机关等方面与行政诉讼的协调,是一个不断完善的互动、共进的过程,这个过程必须走向以法律的形式体现出来、固定下来,这样的协调才是稳定的、具有权威的,才能更好地体现多数人的意志和利益。

第三节 行政问责法治化实现机制与行政复议机制的协调

行政复议主要是指公民、法人或者其他组织认为行政主体的具体行政行为违法或不当侵犯其合法权益,依法向主管行政机关提出复查该具体行政行为的申请,行政复议机关依照法定程序对被申请的具体行政行为进行合法性、适当性审查,并作出行政复议决定的一种法律行为。行政问责法治化实现机制作为一种对行政组织或行政工作人员的不对或不当行为按照法治化的要求进行责任追究的机制设计,其与行政复议的共同点在于都是对行政权力的行

第七章　我国行政问责法治化实现机制与其他关联机制的协调

使进行监督约束的制度安排,不同之处,一是行政问责法治化既利用已有行政内部机制来进行监督约束,也借助行政外部机制来实现纠偏纠错,而行政复议仅仅是通过行政内部机制来开展对行政行为的监督约束和纠偏纠错;二是行政问责的问责范围比行政复议的复议范围更广、问责的门槛比复议的门槛更低,提起问责的路径比提起复议的路径更加灵活。从二者机制的协调角度看,也可以从主体、客体、执行机关上面分析。

一、主体上的协调

从主体上看,行政问责法治化实现机制的问责主体是多元的,既有行政机关内部组织或公务人员,也包括行政机关外部的组织和个人,行政复议的主体即有资格提起行政复议的公民、法人或者其他组织,主要指的是行政机关外的行政相对人。二者之间的协调主要包括两个方面:一是因行政相对人提起行政复议时是依据行政复议法的规定,当行政复议过程中确定行政组织或行政工作人员的行为不属于行政违法或犯罪行为时,行政相对人可以以此不当或不对行政行为为根据直接提起行政问责,或将不当或不对行政行为的事实材料按规定移交给提起与此行政行为相关的行政问责的问责主体。二是行政问责法治化问责机制中问责主体提起问责的条件和范围的门槛比行政复议要低,所以一个没有完全确定的行政复议事项既可能仅仅是触犯了行政复议规范,也可能仅仅是触犯了行政问责规范,还有可能是既触犯了行政复议规范也触犯了行政问责规范,所以这使提起行政复议的行政相对人既可能提起行政复议、也可能提起行政问责,甚至可以同时提起行政复议和行政问责。所以行政问责的问责主体和行政复议的行政相对人之间的协同承担监督约束的职责要通过规范的形式确定下来,这依赖于行政问责法律规范和行政复议法律规范的内在协调。

二、客体上的协调

从对象上看,行政问责法治化实现机制中的问责客体特指的就是行使行政权的行政组织或行政工作人员,而行政复议中的行政组织或行政工作人员是行政复议的一方当事人,可见在这两种责任追究机制中,行政组织或行政工作人员要么在行政问责中处于问责客体的位置,要么在行政复议中处于复议被申请人的位置。这二者之间的协调主要是基于行政组织或行政工作人员的行政行为的性质而进行的,因行政行为的性质不同,会出现三种状态:一是行政行为已经触犯现有行政复议法而必须承担行政复议责任,这种情况下行政组织或行政工作人员仅仅是行政复议的被申请人,而不是行政问责的问责客体;二是行政行为还没有触犯现有行政复议法而达到必须承担行政复议责任,这种情况下行政组织或行政工作人员仅可能是行政问责的问责客体,而不是行政复议的被申请人;三是行政行为既有触犯现有行政复议法而可能承担行政复议责任,也有没有触犯现有行政复议法而只是承担问责责任,这种情况下行政组织或行政工作人员既可能是行政复议的被申请人,也可能是行政问责的问责客体。这三种情况之间的协调现在主要是通过已有行政法律的规范准确划分行政行为的违法边界来完成,随着行政问责法治化的推进,行政问责法律规范的完善将使这三种关系更加明晰且可操作。

三、执行机关的协调

从执行机关看,行政问责法治化实现机制中的问责执行机关特指的是基于问责主体依法对问责客体的不对或不当行为提出的问责诉求,依据问责程序而使问责事务得以具体落实的问责执行机关,而行政复议中的复议执行机关是法律明确规定的负有复议职责的复议机关。在行政问责法治化进程中,行政问责执行机关因为问责性质不同而分为内部执行机关和外部执行机关,都负有执行行政问责程序的职责,所以其与行政复议中的复议机关的协调,主要表现在两个方面:一是当行政复议的复议机关在审理行政复议案件过程中,若发现有不属于行政复议应追究的行政组织或行政工作人员的不对或不当行政行为的事实材料,而此不对或不当行政行为又已经被行政复议申请人即行

第七章　我国行政问责法治化实现机制与其他关联机制的协调

政相对人依据规范程序提起行政问责的,行政复议的复议机关应依据规范将不对或不当行政行为的事实材料移送至行政问责的执行机关;二是当行政问责的执行机关在处理问责案件过程中,若发现有不属于行政问责应追究而属于行政复议应追究的行政组织或行政工作人员的不对或不当行政行为的事实材料,而此不对或不当行政行为又已经被行政问责主体以复议人的身份依据法定程序提起行政复议的,行政问责的执行机关应依据规范将不对或不当行政行为的事实材料移送至行政复议的复议机关。这些协调有赖于在行政问责法治化过程中行政问责法律制度和行政复议法律制度之间条文的进一步厘清和确认。

同理,以上行政问责法治化实现机制在主体、客体、执行机关等方面与行政复议的协调,也是一个不断完善的互动、共进的过程,这个过程只有以法律的形式体现出来、固定下来,这样的协调才是稳定的、具有权威的,才能更好地体现多数人的意志和利益。

第四节　行政问责法治化实现机制与国家信访机制的协调

我国现行《信访条例》第二条对信访的表述是:指公民、法人或者其他组织采用书信、电子邮件、传真、电话、走访等形式,向各级人民政府、县级以上人民政府工作部门反映情况,提出建议、意见或者投诉请求,依法由有关行政机关处理的活动。由此可见我国信访机制涉及的当事者包括:反映情况、提出建议、意见或者投诉请求的公民、法人或者其他组织即信访人,县级以上人民政府负责信访工作的行政机构和县级以上人民政府工作部门及乡、镇人民政府负责信访工作的机构是信访工作机构,涉及的信访事务包括:向各级人民政府、县级以上人民政府工作部门反映情况、提出建议、意见或者投诉请求,所以信访机制不仅涉及面广而且涉及的内容极为丰富,既有与信访者有直接利益关联的,也有没有直接利益关联的信访事务,既有必须给予信访人明确回复的,也有基于反映情况而不必回复的建议和意见,等等。行政问责法治化实现机制作为一种对行政组织或行政工作人员的不对或不当行为按照法治化的要求进行责任追究的机制设计,其与信访机制无论在涉及的当事者还是涉及的内容方面都有既有重合的地方和也有分野所在。二者之间的协调也可以通过主体、客体和执行机关三个方面做一具体分析。

一、主体上的协调

从主体上看,行政问责法治化实现机制的问责主体就包括行政体制内的组织和个人,也包括行政体制外的组织和个人,从问责的规范化和操作性来说,大致可分为人大、监察、司法、行政机关等组织性问责主体和社会公众、新闻媒体等个体性问责主体,信访机制中信访人指的是反映情况、提出建议、意见或者投诉请求的公民、法人或者其他组织,主要指的是行政行为的相对人,所以行政问责的问责主体与信访机制的信访人之间从范围上讲既有重合也有分野,二者之间的协调主要体现在:信访机制中的信访人与行政问责法治化实现机制中的行政体制外部的组织性问责主体和个体性问责主体在范围上具有重合性,而行政问责法治化的问责范围是由法律理性设置的,信访机制的信访范围比问责范围要广得多,信访事务的一些内容实质上属于行政问责的内容,尤其是信访人提出的投诉请求,所以不断明晰信访事务与问责范围之间的关系,不断突出行政问责的矛盾化解机制的功能,使信访人将符合行政问责范围的信访事项主动通过行政问责机制处理,这时信访人依据规范自动成为行政问责的问责主体承担行政问责机制的职责,这样既可以健全信访机制包罗万象的压力,也可以使矛盾的解决更加专业、更加规范。

二、客体上的协调

从客体上看,信访机制的信访客体是各级人民政府、县级以上人民政府工

第七章 我国行政问责法治化实现机制与其他关联机制的协调

作部门及其公务人员,与行政问责法治化实现机制中的问责客体是基本重合的,二者的协调主要在于建立起相应的规范,当信访人的信访事务依据规范应纳入问责范围时,信访客体依据规范可直接成为行政问责的问责客体,进入行政问责机制承担问责客体应有的职责。这里必须强调的是在符合规范要求的前提下,信访客体转换成问责客体是自动的、必然的,不是可选择的,因为现代民主机制下产生的公权力机构如行政机关及其公务人员,维护好实现好公民的权利既是其现实职责所在、也是根本价值所在,信访客体自动转变为问责客体,是政府维护好实现好公民权利通过制度机制得以落实的内在要求和具体体现。

三、执行机关的协调

从执行机关看,行政问责法治化实现机制中的问责执行机关特指的是基于问责主体依法对问责客体的不对或不当行为提出的问责诉求,依据问责程序而使问责事务得以具体落实的问责执行机关,而信访机制中的信访执行机关是法律明确规定的县级以上人民政府负责信访工作的行政机构和县级以上人民政府工作部门及乡、镇人民政府负责信访工作的机构是信访工作机构。在行政问责法治化进程中,我国行政问责执行机关因为问责性质不同而分为内部执行机关和外部执行机关,都负有执行行政问责程序的职责,所以其与信访机制的信访工作机构的协调,主要表现在两个方面:一是当信访机制的信访工作机构在信访案件过程中,若发现有不属于信访应处理的行政组织或行政工作人员的不对或不当行政行为的事实材料,而此不对或不当行政行为又已经被信访人即行政相对人依据规范程序提起信访的,信访机制的信访工作机构应依据规范将不对或不当行政行为的事实材料移送至行政问责的执行机关;二是当行政问责的执行机关在处理问责案件过程中,若发现有不属于行政问责应追究而属于信访机制应处理的行政组织或行政工作人员的不对或不当行政行为的事实材料,而此不对或不当行政行为又已经被行政问责主体以信访人身份依据法定程序提起信访的,行政问责的执行机关应依据规范将不对或不当行政行为的事实材料移送至信访机制的信访工作机构。这些协调有赖于在行政问责法治化过程中行政问责法律制度和信访法律制度之间条文的进一步厘清和确认。

同理,以上行政问责法治化实现机制在主体、客体、执行机关等方面与信访机制的协调,也是一个不断完善的互动、共进的过程,这个过程只有以法律的形式体现出来、固定下来,这样的协调才是稳定的、具有权威的,才能更好地体现多数人的意志和利益。

第五节 行政问责法治化实现机制与党的纪检机制的协调

《中国共产党章程》第四十六条规定:"党的各级纪律检查委员会是党内监督专责机关,主要任务是:维护党的章程和其他党内法规,检查党的路线、方针、政策和决议的执行情况,协助党的委员会推进全面从严治党、加强党风建设和组织协调反腐败工作。党的各级纪律检查委员会的职责是监督、执纪、问责,要经常对党员进行遵守纪律的教育,作出关于维护党纪的决定;对党的组织和党员领导干部履行职责、行使权力进行监督,受理处置党员群众检举举报,开展谈话提醒、约谈函询;检查和处理党的组织和党员违反党的章程和其他党内法规的比较重要或复杂的案件,决定或取消对这些案件中的党员的处分;进行问责或提出责任追究的建议;受理党员的控告和申诉;保障党员的权利。"可见,党的纪律检查机制是由党内特定机构针对党内违纪违规行为进行的监督检查,而且这种监督检查的手段本身就包括问责这一形式,如2016年6月28日,中共中央政治局审议通过并于2016年7月8日起施行了《中国共产党问责条例》(2019年已修订)。在我国行政公务人员中共产党员占有相当大的比例,所以党的纪律检查机制和行政问责法治化的实现机制之间在很多

第七章　我国行政问责法治化实现机制与其他关联机制的协调

方面也存在着既重合又分野的地方,二者之间的协调也可以从主体、客体、执行机关几个方面来探讨。

一、主体上的协调

在主体上看,行政问责法治化实现机制的问责主体既包括行政体制内的组织和个人,也包括行政体制外的组织和个人,如人大、监察、司法、行政机关等组织性问责主体和社会公众、新闻媒体等个体性问责主体,而党的纪律检查机制中监督检查主体包括党内问责的主体主要是党的纪律检查机关和党的其他机关,一般不包括党外的公权力机关,所以从范围上讲党的纪律检查机制中监督检查主体是行政问责法治化实现机制中组织性问责主体中的一部分。这二者之间的协调主要体现在:一是在行政问责法治化的规范比较成熟的情况下,当党的纪律检查机关或党的其他机关认为自己提起的纪律检查事项不属于纪律检查所涉及的范围,而属于行政问责法治化机制明确的行政问责范围的,这时就应该将提起的纪律检查事项转移后向行政问责机关提出,而且这时的纪律检查机关或党的其他机关的身份就转变成行政问责法治化机制中的问责主体。二是当纪律检查机关或党的其他机关提起的纪律检查事项,实质上既有触及党的纪律检查规范的内容也有触及行政问责规范的内容的时候,纪律检查机关或党的其他机关应该既要提出纪律检查的诉求也要提出行政问责的诉求,相互不可替代。三是纪律检查机关或党的其他机关提起的同一个纪律检查事项同时触犯党的纪律检查规范和行政问责的问责条款,这时要根据多重身份多重问责、一举多犯择重问责原则,从纪律检查和行政问责二者中根据具体情况最后确定承担问责后果的形式,这时的主体同时具有提起行政问责的问责主体身份和纪律检查机制中的纪律检查机关及党的其他机关的身份。

二、客体上的协调

从客体上看,行政问责法治化实现机制中的问责客体一定是行使行政权

243

的行政组织或行政工作人员,而党的纪律检查机制的监督检查对象包括党的组织和党员,这其中,行政组织和党的组织在人员组成上有很多重合的地方,而且行政工作人员中有党员身份的人占有很大的比重,所以在行政问责过程中如何协调好问责客体与纪律检查对象之间的关系不仅影响到问责过程的顺利开展而且会涉及到问责结果的具体落实,进而影响到问责的公信力。协调二者之间的关系,从个体的角度看,首先是明确问责的范围,纪律检查的对象一定是党员和党员领导干部,涉及非党员身份的行政工作人员不能成为纪律检查的对象,但有可能成为行政问责的问责客体;其次,纪律检查追究对象的责任依据的是涉及违反党规党纪的行为而不是违反国家法律的行为,对涉及违反国家法律的行为应当由司法机关追究其责任,行政问责法治化建设的追求目标就是行政问责成为严格依照法律程序包括司法程序追究责任的行政责任追究机制,这将使纪律检查的对象和行政问责的对象得到明确的区分。从组织的角度看,行政组织和党的组织分属不同性质的组织序列,但其人员构成具有很大的重合性,甚至出现人员完全重合的情形,以至于行政问责的对象和纪律检查的对象在具体组织的人员构成上是有重合性的,这容易产生行政问责与纪律检查二者选其一的问责思路,这是对组织追究责任的误读,因为组织的性质不同,就决定其职能和职责不同,因而承担的责任就具有不可替代性,这与个体同一身份同一行为触犯多个规范产生的责任追究具有一定的选择性是不一样的。所以行政组织和党的组织分无论是触犯同一规范还是触犯不同规范,其应承担的责任是不可以相互折抵和涵盖的。

三、执行机关的协调

从执行机关看,行政问责法治化实现机制中的问责执行机关是依据问责程序使问责事务得以具体落实的问责执行机关,我国行政问责执行机关因为问责性质不同而分为内部执行机关和外部执行机关,都负有执行行政问责程序的职责,而党的纪律检查机制中的监督检查机关是党内负有监督检查专责

第七章 我国行政问责法治化实现机制与其他关联机制的协调

的特定机关即党的各级纪律检查委员会,显然是独立于行政体系之外的机关,所以从组织架构上看是与行政问责的外部执行机关具有更大的关联性,但又因为监督检查机关的特殊性决定了其独立于行政体系是相对的,因为各级监督检查机关都会向行政体系内部各机关派驻专门纪律检查人员,可以直接参与行政体系内部的监督检查事务,这与行政问责的内部执行机关之间必然具有职能上的关联,所以行政问责的问责机关与纪律检查的执行机关之间的协调具有自身的特殊性。一是行政问责的问责机关的问责信息来自于问责主体,而纪律检查的执行机关的监督检查信息主要是来自于各级纪律检查机关本身,其次是纪律检查体系外的组织或个人,因此纪律检查执行机关获取的信息既有属于行政问责的外部执行机关范围的可能,也有属于行政问责的内部执行机关范围的可能,所以,当纪律检查的执行机关在审理案件时应把不属于自己职责范围内的且属于行政问责范围内的事务及时与行政问责的问责机关相沟通,由纪律检查的执行机关本身获取的信息主要转移给行政问责的外部问责机关,由纪律检查派驻行政系统内部的专职纪律检查人员获取的信息主要转移给行政问责的内部机关。二是行政问责的问责主体在审理问责案件时,无论是内部问责机关还是外部问责机关审理的案件,只要认为不属于行政问责的问责范围而属于纪律检查机关应处理的案件的,都应当转移给纪律检查机制的执行机关,因为党的纪律检查机关的性质决定了其执行机关的相对独立性和单一性。

同样的道理,以上行政问责法治化实现机制在主体、客体、执行机关等方面与纪律检查机制的协调,也是一个不断完善的互动、共进的过程,这个过程只有以法律的形式体现出来、固定下来,这样的协调才是稳定的、具有权威的,才能更好地体现多数人的意志和利益的法治核心要义。

小　　结

本章对"我国行政问责法治化实现机制与其他关联机制的协调"的研究

是基于现代法治基本要求、行政问责法治化的理想模式以及我国现有处理纠纷机制的具体实践,着重从实践操作层面阐述行政问责法治化与目前已有的与行政问责职能关联度较高的调整公权力与私权利之间矛盾纠纷的制度机制的关系,主要包括行政问责与行政诉讼机制的协调、与行政复议机制的协调、与信访机制的协调、与党的纪律检查机制的协调四个领域,意在为进一步推进行政问责法治化建设营造更加有利的发展环境。本章内容的阐释主要可以分为两个大的部分。

首先,结合现代法治基本要求的两大方面和四大理念阐释各类协调机制运行的内在原理,包括:生产良法是协调行政问责法治化实现机制与其他关联机制之间关系的基本前提,这就要求突出权利本位、促进法制完备;其次,落实良法是协调行政问责法治化实现机制与其他关联机制之间关系的基本路径,包括加强权力制约、保证全面守法。这些为行政问责法治化实现机制与其他关联机制之间主体、客体、执行机关等实体机构的协调机制的建构提供理论指导,从而使行政问责法治化实现机制与其他关联机制之间的协调机制有血有肉,以促进在实践中能够健康持续推进。

其次,着重从实践操作层面阐述行政问责法治化实现机制与关联度较高的调整公权力与私权利之间矛盾纠纷的制度机制的关系。这包括本章的第二至第五节,论述的侧重点都在于从行政问责法治化构成要素中的结构要素即问责主体、问责客体、问责机关与其他关联机制相应机构的联系中发现和构建协调关系和机制,因为无论哪种矛盾纠纷处理机制都必然有类似于主体、客体、执行机关等的实体机构的存在,而且无论何种协调关系的建立和发展都必须依赖主体、客体、执行机关这些实体机构的现实运作才可能真正实现,所以不同纠纷处理机制之间主体、客体、执行机关等的实体机构的协调机制的建立是其他一切协调机制建立和发展的基础和载体,因此本章后四节论述均依此逻辑展开。

结　　语

　　行政问责法治化实质上是一个过程,随着经济社会的发展而不断推进,尤其在我国这样一个由传统管理模式向现代治理结构转换、全社会民主法治意识逐步增强的转型过渡时期,行政问责法治化建设更是处在不断调整、不断纠偏、不断进步的过程中,因此我国的行政问责法治化进程在遵循现代法治主义对行政问责基本要求的前提下必然有着我国自身的鲜明特色,这是理解和研究我国行政问责法治化的基本逻辑和主要视角,本书即在这种思路下进行了具有一定针对性的研究。

　　之所以提出行政问责法治化的研究概念和范畴,是因为行政问责一度甚至一直有被认为仅仅是一个属于政府行政策略层面的、公共管理制度层面的措施和手段,所以从政治学、公共管理学视角去进行"行政问责制"、"行政问责制度"方面的研究无论在热度还是在数量方面都要比法治化视角的研究多得多,这从适应当前形势、满足应急需要、纠正行政行为的角度看具有相当的实用性和合理性,但从行政问责的本质内涵、价值追求以及持续健康发展的根本动力的角度看,显然行政策略、管理制度层面的研究和实践越来越难以满足行政问责深入发展的需要,甚至使行政问责制度性功能的发挥与行政问责根本价值的追求不相吻合乃至背离,严重影响行政问责公信力甚而生命力,因此,进一步推进行政问责建设就必须与现代民主政治的基本治理理念与路径相结合——走法治化道路。

本书首先从现代法治的基本内涵、法治主义的基本要求出发,避免行政问责研究落入一般的制度层面的研究和设计,强调法治主义的现代内涵集中表现为以体现多数人意志和利益的"众人之治"为主导的国家治理理念和模式,进而界定行政问责法治化即指由代表公共利益或关联利益的相关主体、通过特定机关、根据多数人的意志、对不履行或不正确履行职责而损害公众权利或公民权利的行政组织或行政工作人员追究责任、并使受损公众权利或公民权利得以最大程度恢复的过程以及该过程的规范化;因此,行政问责法治化的价值追求在于公众权利或公民权利的实现和保障、根本动力在于公众广泛而有效地参与。经过对现代法治核心要义"良法善治"的分析,以"生产良法"、"落实良法"为坐标构建法治主义研究范式的坐标系,并结合行政问责实践进一步构建行政问责法治化的理想模式。

本书基于行政问责法治化理想模式的基本框架:生产良法上的权利本位和法制完备、落实良法上的权力制约和全面守法,再对照我国行政问责实践的成功经验和客观困境,明确提出我国行政问责法治化:在行政问责法治化的构成要素和实现要件的完善上必须强化问责的异体性、主动性、实质性、个体性;在路径选择上必须坚持五个方面:以突出权利本位为核心塑造问责文化,以保障公众参与为根本更新问责理念,以强化权力制约为关键健全问责体制,以加快统一立法为重点完善问责制度,以促进权利救济为基础提升问责文明;在机制构建上必须突出四个环节:行政问责法治化结构要素的科学界定、规则要素的理性设置、行政内部问责机制的调整完善、行政外部问责机制的优化变革。本书基于以上的研究,本着理论与实践相结合的理路,通过图表的形式设计了我国行政问责法治化实现机制构建的现实图景,以体现行政问责走向法治化的现实性和必然性。

当然,在我国进行行政问责法治化建设的研究,要考虑的因素还很多。如我国体制有其特殊性,若要体现法治的根本性和普遍性,就必然涉及我国党群系统问责法治化与我国行政问责法治化在实现机制上的关系问题,本研究论文以现代法治基本要求和行政问责法治化理想模式及其在我国的具体实践为基础阐述了党群组织问责法治化与行政问责法治化衔接的法理分析、机制构建和主要原则;又如,我国多年来形成了已有矛盾解决机制体系,所以行政问责法治化实现机制的构建必然涉及到与已有关联机制的协调问题,本书在阐释了现代法治基本要求对协调机制的影响的同时,着重从行政问责法治化构成要素中的结构要素即问责主体、问责客体、问责机关与其他关联机制相应机构的联系中发现和构建协调关系和机制。

正是因为行政问责法治化是一个过程,所以在我国开展行政问责法治化建设的研究,无论在理论上还是在实践上都不可能一蹴而就、一劳永逸,本书的研究也不可避免体现了这样的特点。如在我国行政问责法治化实现机制的构建上,虽然论证并设置了问责主体、问责客体、问责机关等相互联系、相互制约的监督检查问责的机制架构,体现权力制约、权利保障的法治化要求,但鉴于我国行政问责的现实状况,又结合实际构建了行政内部问责法治化实现机制和行政外部问责法治化实现机制,使问责机关所处的环境较为复杂、机构自身独立不尽彻底,这在一定意义上会影响行政问责法治化建设所追求的理论预期结果,但这正反映了我国行政问责法治化推进的现实情景和路径,否则很可能出现行政问责法治化进程因脱离实际而导致的欲速则不达甚至停滞不前的尴尬境地。类似的对行政问责法治化研究的过程性特征在本书中还有存在,这里不再列举。同时作者也清醒认识到,由于自身水平以及专业所限,相关问题的研究将在进一步努力学习的基础上继续拓展,并力争结合我国民主政治发展实践将研究不断推向深入,最终使行政问责法治化研究更加全面、更加彻底、更加完善。

参考文献

一、著作类

1. ［美］伯纳德·施瓦茨:《行政法》,群众出版社1986年版。
2. ［美］罗尔斯:《正义论》,中国社会科学出版社1988年版。
3. ［美］麦克尔·巴泽雷:《突破官僚制:政府管理的新愿景》,中国人民大学出版社2002年版。
4. ［美］特里·L.库珀:《行政伦理学:实现行政责任的途径》,中国人民大学出版社2002年版。
5. ［美］菲利普·J.库珀等:《二十一世纪的公共行政:挑战与改革》,中国人民大学出版社2006年版。
6. ［美］阿兰·斯密德:《制度与行为经济学》,中国人民大学出版社2004年版。
7. ［德］马科斯·韦伯:《学术与政治》,广西师范大学出版社2004年版。
8. ［法］卢梭:《社会契约论》,商务出版社2003年版。
9. ［日］青木昌彦:《比较制度分析》,上海远东出版社2001年版。
10. ［美］熊比特:《资本主义、社会主义和民主主义》,商务印书馆2004年版。
11. ［法］托克维尔:《论美国的民主》,商务印书馆1988年版。
12. ［美］汉密尔顿等:《联邦党人文集》,商务印书馆1997年版。
13. ［美］安东尼·唐斯:《官僚制内幕》,中国人民大学出版社2006年版。
14. ［美］艾伦·C.艾萨克:《政治学:范围与方法》,浙江人民出版社1987年版。
15. ［美］乔治·萨拜因:《政治学说史》,商务印书馆1990年版。

16. [美]科斯、诺思、威廉姆森等:《制度、契约与组织》,经济科学出版社 2003 年版。

17. [美]梅里亚姆:《美国政治学说史》,商务印书馆 1988 年版。

18. [美]西里尔·布莱克编:《比较现代化》,上海译文出版社 1996 年版。

19. [古希腊]柏拉图:《理想国》,商务印书馆 2002 年版。

20. [古希腊]亚里士多德:《政治学》,商务印书馆 1983 年版。

21. [法]孟德斯鸠:《论法的精神》(上、下册),商务印书馆 1961 年版。

22. [美]弗里德曼:《法律制度》,中国政法大学出版社 1994 年版。

23. [法]卢梭:《社会契约论》,商务印书馆 1980 年版。

24. [英]洛克:《政府论》,商务印书馆 1983 年版。

25. [美]约翰·罗尔斯:《正义论》,上海译文出版社 1991 年版。

26. [美]塞缪尔·P.亨廷顿:《变化社会中的政治秩序》,三联书店 1988 年版。

27. [美]托马斯·帕特森:《美国政治文化》,东方出版社 2007 年版。

28. [澳]欧文·E.休斯:《公共管理导论》(第二版),中国人民大学出版社 2001 年版。

29. [德]罗伯特·米歇尔斯:《寡头统治铁律》,天津人民出版社 2003 年版。

30. [美]帕特里夏·基利等:《公共部门标杆管理——突破政府绩效的瓶颈》,中国人民大学出版社 2002 年版。

31. [美]L.科塞:《社会冲突的功能》,华夏出版社 1989 年版。

32. [美]曼库尔·奥尔森:《国家兴衰探源——经济增长、滞胀与社会僵化》,商务印书馆 1993 年版。

33. [美]麦考密克等:《制度法论》,中国政法大学出版社 1994 年版。

34. [美]博登海默:《法理学——哲学及其方法》,华夏出版社 1987 年版。

35. [美]戴维·赫尔德:《民主的模式》,中央编译出版社 2004 年版。

36. [美]B.盖伊·彼得斯:《政府未来的治理模式》,中国人民大学出版社 2001 年版。

37. [英]科特威尔:《法律社会学导论》,华夏出版社 1989 年版。

38. [美]斯科特·戈登:《控制国家——西方宪政的历史》,江苏人民出版社 2001 年版。

39. [英]葛德文:《政治正义论》,商务印书馆 1982 年版。

40. [英]约翰·密尔:《代议制政府》,商务印书馆 1982 年版。

41. [美]詹姆斯·M.伯恩斯等:《民治政府》,中国社会科学出版社 1996 年版。

42. [美]F.J.古德诺:《政治与行政》,华夏出版社1987年版。

43. [英]约翰·密尔:《代议制政府》,商务印书馆1982年版。

44. [英]伯特兰·罗素:《权力论——新社会分析》,商务印书馆1991年版。

45. [意]马基雅维利:《君主论》,北京出版社2007年版。

46. [美]道格拉斯·诺思、罗伯特·托马斯:《西方世界的兴起》,华夏出版社1989年版。

47. [美]哈特:《惩罚与责任》,华夏出版社1989年版。

48. [美]约翰·马丁·费舍、马克·拉维扎:《责任与控制——一种道德责任理论》,华夏出版社2002年版。

49. [法]卢梭:《论人类不平等的起源和基础》,商务印书馆1982年版。

50. [英]哈灵顿:《大洋国》,商务印书馆1981年版。

51. [美]罗纳德·德沃金:《认真对待权利》,中国大百科全书出版社1998年版。

52. [美]汉娜·阿伦特:《人的条件》,上海人民出版社1999年版。

53. [法]克劳德·梅纳尔:《制度、契约与组织——从新制度经济学角度的透视》,经济科学出版社2003年版。

54. [美]詹姆斯·M.布坎南、理查德·E.瓦格纳:《赤字中的民主——凯恩斯勋爵的政治遗产》,北京经济学院出版社1988年版。

55. [美]曼库尔·奥尔森:《集体行动的逻辑》,上海人民出版社1995年版。

56. [美]罗伯特·普特南:《使民主运转起来》,江西人民出版社2006年版。

57. 胡建淼等:《领导人行政责任问题研究》,浙江大学出版社2005年版。

58. 胡建淼:《领导人行政责任问题研究》,浙江大学出版社2005年版。

59. 竺乾威主编:《公共行政学》,复旦大学出版社2003年版。

60. 应松年等:《当代中国行政法》(上、下卷),中国方正出版社2005年版。

61. 姜明安等:《行政法与行政诉讼法学》,北京大学出版社、高等教育出版社2007年版。

62. 姜明安:《行政程序研究》,北京大学出版社2006年版。

63. 王太高:《行政补偿制度研究》,北京大学出版社2004年版。

64. 王太高:《行政许可条件研究》,法律出版社2014年版。

65. 马怀德:《行政法制度建构与判例研究》,中国政法大学出版社2000年版。

66. 袁曙宏等:《建构法治政府》,法律出版社2004年版。

67. 张贤明:《论政治责任——民主理论的一个视角》,吉林大学出版社2000年版。

68. 张创新:《中国行政问责制度研究》,吉林人民出版社2006年版。

69. 杨海坤等:《中国行政法基本理论研究》,北京大学出版社 2004 年版。

70. 周永坤:《规范权力——权力的法理研究》,法律出版社 2006 年版。

71. 王名扬:《英国行政法》,中国法制出版社 1995 年版。

72. 王名扬:《法国行政法》,北京大学出版社 2007 年版。

73. 王名扬:《美国行政法(上、下)》,中国法制出版社 2005 年版。

74. 卓泽渊:《法的价值论》,法律出版社 2001 年版。

75. 刘作翔:《法律文化论》,商务印书馆 2001 年版。

76. 陈党:《问责法律制度研究》,知识产权出版社 2008 年版。

77. 王平:《问责权法治化研究》,光明日报出版社 2012 年版。

78. 周亚越:《行政问责制比较研究》,中国监察出版社 2008 年版。

79. 周亚越:《行政问责制研究》,中国监察出版社 2006 年版。

80. 沈宗灵:《法理学》,北京大学出版社 2001 年版。

81. 蔡定剑:《中国人民代表大会制度》,法律出版社 2003 年版。

82. 蔡定剑:《中国选举状况的报告》,法律出版社 2002 年版。

83. 罗豪才、毕洪海编:《行政法的新视野》,商务印书馆 2011 年版。

84. 李军鹏:《责任政府与政府问责制》,人民出版社 2009 年版。

85. 沈宗灵:《现代西方法理学》,北京大学出版社 1999 年版。

86. 张文显:《二十世纪西方法哲学思潮研究》,法律出版社 1996 年版。

87. 张文显:《法学基本范畴研究》,中国政法大学出版社 2002 年版。

88. 孙笑侠:《法律对行政的控制——现代行政法的法理解释》,山东人民出版社 2004 年版。

89. 张永桃:《当代中国政治制度》,南京大学出版社 2002 年版。

90. 姚尚建:《责任政党政府研究》,中央编译出版社 2009 年版。

91. 夏勇:《人权概念的起源》,中国政法大学出版社 1991 年版。

92. 黄学贤、王太高:《行政公益诉讼研究》,中国政法大学出版社 2008 年版。

93. 刘恒:《行政救济法律制度研究》,法律出版社 1998 年版。

94. 翁岳生:《行政法(上、下)》,中国法制出版社 2009 年版。

95. 王锡锌:《行政程序法理念与制度研究》,中国民主法治出版社 2007 年版。

96. 陈新民:《公法学札记》,法律出版社 2010 年版。

97. 费孝通:《乡土中国》,三联书店 1985 年版。

98. 王邦佐:《政治学与当代中国政治研究》,上海人民出版社 2005 年版。

99. 季卫东:《法律程序的意义(增订版)》,中国法制出版社 2012 年版。

100. 陈瑞华:《程序正义理论》,中国法制出版社 2010 年版。

101. 俞可平主编:《西方政治学名著提要》,江西人民出版社 2000 年版。

102. 俞可平:《政治与政治学》,社会科学文献出版社 2005 年版。

103. 张康之:《寻找公共行政的伦理视角》,中国人民大学出版社 2003 年版。

104. 葛荃:《中国政治文化教程》,高等教育出版社 2006 年版。

105. 丁煌:《西方行政学说史》,武汉大学出版社 2005 年版。

106. 蒋劲松:《责任政府新论》,社会科学文献出版社 2005 年版。

107. 韩志明:《行政责任的制度困境与制度创新》,经济科学出版社 2008 年版。

108. 王照东:《政治文明视野中的权力问题研究》,中国社会科学出版社 2006 年版。

109. 孙彩红:《中国责任政府建构与国际比较》,中国传媒大学出版社 2008 年版。

110. 章剑生:《行政监督研究》,人民出版社 2001 年版。

111. 周光辉:《论公共权力的合法性》,吉林出版集团有限责任公司 2007 年版。

112. 向佐群:《政府信息公开制度研究》,知识产权出版社 2007 年版。

113. 周镰:《当代中国政府与政治》,三联书店 2008 年版。

114. 侯志山:《外国行政监督制度与著名反腐机构》,北京大学出版社 2004 年版。

115. 胡肖华:《走向责任政府—行政责任问题研究》,法律出版社 2006 年版。

116. 许新芝等:《舆论监督研究》,知识产权出版社 2009 年版。

117. 王强华等:《新闻舆论监督理论与实践》,复旦大学出版社 2007 年版。

118. 周凯主编:《政府绩效评估导论》,中国人民大学出版社 2006 年版。

119. 吴爱明:《服务型政府职能体系》,中国人民大学出版社 2009 年版。

120. 王进敏:《廉洁高效政府研究》,中国方正出版社 2009 年版。

二、期　刊　类

1．唐铁汉:《我国开展行政问责制的理论与实践》,《中国行政管理》2007 年第 10 期。

2．杨云成:《改革开放 40 年干部问责制度改革》,《中国党政干部论坛》2018 年第 7 期。

3．杨云成:《改革开放以来被问责的部分省部级及以上干部》,《中国党政干部论坛》2018 年第 7 期。

4. 赵东旭:《行政问责制如何更为完善》,《人民论坛》2018年第4期。

5. 曹鎏:《论我国行政问责法治化的实现路径》,《中国行政管理》2015年第8期。

6. 曹鎏:《美国问责的探源与解析》,《比较法研究》2017年第9期。

7. 施雪华:《当前中国行政问责文化的主要问题与解决思路》,《政治学研究》2012年第10期。

8. 胡洪彬:《国内问责制研究的定量定性分析与评价》,《湖北社会科学》2016年第3期。

9. 钟裕民:《行政问责制研究述评》,《中国特色社会主义研究》2011年第2期。

10. 韩志明:《当前行政问责制研究述评》,《云南行政学院学报》2007年第2期。

11. 韩志明:《"制度论"与"道德论":两种行政责任机制的比较分析》,《行政论坛》2013年第3期。

12. 卢智增:《现代行政问责制研究述评》,《中共山西省委党校学报》2016年第10期。

13. 卢智增:《国外行政问责机制研究——我国异体问责机制创新研究系列论文之四》,《理论月刊》2017年第5期。

14. 王太高:《权力清单中的地方政府规章——以〈立法法〉第82条为中心的分析和展开》,《江苏社会科学》2016年第3期。

15. 王太高:《权力清单:"政府法治论"的一个实践》,《法学论坛》2017年第3期。

16. 尚虎平:《激励与问责并重的政府考核之路——改革开放四十年来我国政府绩效评估的回顾与反思》,《中国行政管理》2018年第8期。

17. 高小平:《深入研究行政问责制切实提高政府执行力》,《中国行政管理》2012年第2期。

18. 宋涛:《西方现代行政问责体系及对我国行政问责建设的启示》,《国家行政学院学报》2006年第9期。

19. 宋涛:《新公共管理阶段行政问责的变化特点》,《深圳大学学报(人文社会科学版)》2007年第1期。

20. 史献芝:《形式法治化与实质法治化:行政问责法治化的二维分析框架》,《中国行政管理》2016年第3期。

21. 张成立:《西方国家行政问责法治化对我国的启示》,《当代世界与社会主义》2011年第2期。

22. 张成立:《论我国权力机关行政问责程序建设》,《山东社会科学》2016年第7期。

23．易顶强、周园：《"省直管县"体制改革与行政问责制度构建》，《行政法学研究》2010年第2期。

24．王成兰、定明捷：《当前我国行政问责制研究述评》，《山东社会科学》2007年第6期。

25．周亚越：《行政问责制的内涵及其意义》，《理论与改革》2004年第4期。

26．周亚越：《论我国行政问责制的法律缺失及其重构》，《行政法学研究》2005年第6期。

27．周亚越、虞昊：《被问责官员复出的正义性分析》，《江汉论坛》2017年第12期。

28．余凌云：《对我国行政问责制度之省思》，《法商研究》2013年第5期。

29．庞明礼、薛金刚：《行政问责的困境与出路：基于双外部性的分析视角》，《学习与实践》2017年第6期。

30．王杰：《我国行政问责制理论与实践问题再思考》，《江西师范大学学报（哲学社会科学版）》2016年第9期。

31．张东晔、张顺：《社会治理视野下的公务员行政责任伦理建设路径》，《重庆社会科学》2018年第8期。

32．宋涛：《行政问责模式与中国的可行性选择》，《中国行政管理》2007年第2期。

33．伍洪杏：《无缝隙行政问责制：生成逻辑、理论内涵与实施路径》，《中国行政管理》2016年第9期。

34．陈党：《论构建有效的行政问责法律制度》，《河北法学》2007年第2期。

35．陈党：《行政责任追究制度与法治政府建设》，《山东大学学报（哲学社会科学版）》2017年第5期。

36．唐亚林、陈水生：《中国式无缝隙行政问责制度体系的构建》，《学术界》2010年第6期。

37．厉有国：《网络话语权对行政问责制建设的意义分析》，《求实》2009年第1期。

38．陈洪生：《行政问责制及其构架研究》，《求实》2008年第6期。

39．艾超：《我国行政问责法制化思考》，《政治与法律》2009年第10期。

40．陈国栋：《重大事故行政问责制研究》，《政治与法律》2011年第12期。

41．薛瑞汉：《我国行政问责制存在的问题及对策研究》，《国家行政学院学报》2007年第5期。

42．檀秀侠：《我国绩效行政问责制度建设初探》，《中国行政管理》2013 年第 9 期。

43．张喜红：《完善我国行政问责制的几点思考》，《中国行政管理》2009 年第 10 期。

44．谷志军：《问责政治的逻辑：在问责与避责之间》，《思想战线》2018 年第 8 期。

45．孔祥利、郭春华：《试论异体多元行政问责制的价值理念及其建构》，《陕西师范大学学报（哲学社会科学版）》2008 年第 7 期。

46．吴建依、胡谟敦：《关于行政问责的理论与实践探讨》，《社会科学研究》2008 年第 6 期。

47．宋衍涛、卫旋：《在食品安全管理中加强我国行政问责制建设》，《中国行政管理》2012 年第 12 期。

48．徐祖澜：《论我国"官员问责"法治化的困境与进路》，《扬州大学学报（人文社会科学版）》2010 年第 3 期。

49．吴传毅：《行政问责制的内涵及制度完善》，《理论与改革》2010 年第 1 期。

50．吴传毅：《行政问责的制度困境及完善》，《湘潭大学学报（哲学社会科学版）》2010 年第 7 期。

51．薄贵利：《积极推行行政问责促进政府管理创新——"行政问责制的理论与实践"研讨会综述》，《国家行政学院学报》2007 年第 1 期。

52．邢振江、刘太刚、田黎：《我国行政问责中价值理性缺失问题及其破解之道》，《理论导刊》2017 年第 2 期。

53．徐加喜：《论行政问责客体的权利保障和救济》，《政治与法律》2009 年第 10 期。

54．高志宏：《论我国行政问责制的基本构成——兼评〈关于实行党政领导干部问责的暂行规定〉》，《时代法学》2010 年第 12 期。

55．高志宏：《困境与根源：我国行政问责制的现实考察》，《政治与法律》2009 年第 10 期。

56．王春玺：《健全对地方党委"一把手"的监督与问责机制》，《中共中央党校学报》2018 年第 10 期。

57．孔祥利：《以问责防治"为官不为"：现状特点与制度反思——基于 39 份省级层面的制度文本分析》，《中共中央党校学报》2018 年第 10 期。

58．汪大海、郑延瑾：《行政问责的触发机理——基于 20 例公共突发事件的模糊集定性比较分析》，《兰州大学学报（社会科学版）》2018 年第 3 期。

59．徐西光:《我国行政问责反思:成效、问题与改革思路论析》,《理论月刊》2017年第12期。

60．陈国栋:《行政问责法制化主张之反思》,《政治与法律》2017年第9期。

61．马亮:《信息公开、行政问责与政府廉洁:来自中国城市的实证研究》,《经济社会体制比较》2014年第7期。

62．徐国利:《论行政问责的责任与归责原则》,《上海行政学院学报》2017年第1期。

63．邢振江、刘太刚、田黎:《我国行政问责中价值理性缺失问题及其破解之道》,《理论导刊》2017年第2期。

64．王杰:《我国行政问责制理论与实践问题再思考》,《江西师范大学学报(哲学社会科学版)》2016年第6期。

65．蒋丹、张绘:《建立和完善行政问责下经济责任问责机制的探索》,《管理世界》2016年第9期。

66．张创新、赵蕾:《从"新制"到"良制":我国行政问责的制度化》,《中国人民大学学报》2005年第1期。

67．姜晓萍:《行政问责的体系构建与制度保障》,《政治学研究》2007年第9期。

68．高恩新:《特大生产安全事故行政问责"分水岭"效应:基于问责立方的分析》,《南京社会科学》2016年第3期。

69．史献芝:《形式法治化与实质法治化:行政问责法治化的二维分析框架》,《中国行政管理》2016年第3期。

70．丁利、雷宇晶:《突发公共事件的网络舆情演变及行政问责制实证研究——基于128个相关样本数据的分析》,《现代情报》2016年第2期。

71．李德:《西方发达国家行政问责制的类型及比较研究》,《领导科学》2015年第2期。

72．高恩新:《特大生产安全事故的归因与行政问责——基于65份调查报告的分析》,《公共管理学报》2015年第5期。

73．周孜予:《环境行政问责:基于法治要义的规范分析》,《南京大学学报(哲学·人文科学·社会科学)》2015年第9期。

74．施雪华、胡祥:《行政问责制度的评估体系和评估方法——基于AHP—模糊综合评价法》,《学习与探索》2015年第7期。

75．高梵:《我国行政问责制的现实困境与推进路向》,《新疆社会科学》2014年第11期。

参考文献

76．张润君、金锋:《行政问责视域下地方政府执行力研究》,《理论探讨》2014年第11期。

77．孟姝芳:《清代雍正朝官员行政问责与处分类别》,《内蒙古社会科学(汉文版)》2014年第9期。

78．马亮:《信息公开、行政问责与政府廉洁:来自中国城市的实证研究》,《经济社会体制比较》2014年第7期。

79．姚莉:《20世纪80年代以来西方国家行政问责之研究:一个基本知识层面的分析》,《天府新论》2014年第5期。

80．肖光荣:《中国行政问责制存在的问题及对策研究》,《政治学研究》2012年第6期。

81．刘赫喆:《行政处分在行政责任追究中的落实——以行政主体责任追究与行政处分的衔接为切入点》,《东岳论丛》2018年第6期。

82．吕云超:《行政能力与行政责任的二重奏——中国行政发展进程透析》,《学海》2017年第11期。

83．黎宏:《民事责任、行政责任与刑事责任适用之司法困惑与解决》,《人民检察》2016年第1期。

84．苏忠林:《基于行政责任理论视角的"为官不为"现象探析》,《中国行政管理》2016年第1期。

85．洪向华:《为什么要同时强调问责与容错》,《人民论坛》2017年第9期。

86．陈国栋:《行政问责法制化主张之反思》,《政治与法律》2017年第9期。

87．王自强:《侵犯著作权人承担行政责任问题分析》,《知识产权》2015年第11期。

88．张珏芙蓉:《论行政责任类型的体系建构》,《山东社会科学》2015年第4期。

89．谢治菊:《主客观行政责任的冲突与平衡:理论阐释与实证表达》,《中共福建省委党校学报》2014年第12期。

90．王云海:《日本的刑事责任、民事责任、行政责任的相互关系》,《中国刑事法杂志》2014年第8期。

91．李兆友、师容:《公务员行政决策伦理思考的嬗变——从行政责任到公共利益》,《兰州大学学报(社会科学版)》2014年第7期。

92．李芬芬、陈建斌:《行政伦理与行政道德、行政责任及政治伦理的关系解读》,《江西社会科学》2014年第3期。

93．刘凌旗:《行政文化、行政伦理与行政责任》,《重庆社会科学》2014年第1期。

94．刘志坚、宋晓玲：《政府公务员行政责任价值论》，《西北师大学报（社会科学版）》2013年第5期。

95．刘志坚、宋晓玲：《论行政责任实现的构成要件》，《兰州大学学报（社会科学版）》2013年第1期。

96．任庆伟、张本厚、秦相平：《农民工养老保险中的行政责任诉求与路径选择》，《甘肃社会科学》2013年第1期。

97．武峥、孟宪平：《建国以来党政领导干部问责制的历史探索与完善方略》，《科学社会主义》2018年第6期。

98．张新文、张国磊：《行政人员客观责任与主观责任的权衡——兼评特里·L.库伯的〈行政伦理学：实现行政责任的途径〉》，《长白学刊》2015年第5期。

99．刘金科、张璇：《生态问责制度的国际比较与借鉴》，《环境保护》2018年第5期。

100．盖宏伟、袁佳杭、佟林杰：《美国联邦政府信息安全问责制度体系及借鉴》，《情报理论与实践》2018年第5期。

101．任恒：《论"为官不为"现象的生成逻辑及其问责的构成要件》，《理论月刊》2018年第4期。

102．黄建伟、陈玲玲：《公民问责与政务服务的同步创新——我国地方电视问政的过去、现在和未来》，《新视野》2018年第3期。

103．司林波、聂晓云：《新西兰生态问责制述评及借鉴》，《世界地理研究》2018年第2期。

104．阎波、吴建南：《非正式问责、组织学习与政策执行：J市政府职能转变综合改革的案例研究》，《中国行政管理》2018年第2期。

105．孔祥稳：《重大行政决策终身问责制度的困境与出路——以地方立法样本为素材的分析》，《行政论坛》2018年第1期。

106．任恒：《我国环境问责制度建设中的"党政同责"理念探析》，《北京工业大学学报（社会科学版）》2018年第1期。

107．刘力锐：《网络问责中的抗争表演与法律反制——一种抗争政治学的分析》，《东北大学学报（社会科学版）》2018年第1期。

108．吕永祥、王立峰：《高压反腐下行政不作为的发生机理与治理机制——以问责要素的系统分析为视角》，《东北大学学报（社会科学版）》2018年第1期。

109．吴波：《对"太平绅士"须加强问责》，《红旗文稿》2018年第1期。

110．张贤明、杨楠：《近三十年政治问责研究的新进展——基于国外文献的分析》，《上海行政学院学报》2018 年第 1 期。

111．邢振江：《价值理性视角下我国特大安全事故行政问责探究》，《中国行政管理》2018 年第 1 期。

112．李蕊、赵德铸：《行政主体行政责任阐释——源自责任追究视角》，《内蒙古社会科学（汉文版）》2013 年第 9 期。

113．周利敏、李夏茵：《超越问责：中美应急管理结构比较研究——基于天津港与德州大爆炸分析》，《中国软科学》2017 年第 10 期。

114．吕永祥、王立峰：《健全问责机制：推进我国腐败治理现代化的有效路径》，《求实》2017 年第 10 期。

115．杨宏山：《激励制度、问责约束与地方治理转型》，《行政论坛》2017 年第 9 期。

116．张蕊：《中国式社会问责的特征及其逻辑》，《学术交流》2017 年第 9 期。

117．刘琪、徐志胜：《库珀行政责任伦理及其当代价值研究》，《求索》2013 年第 7 期。

118．张华民：《依法行政的德性要求及其现实观照》，《现代法学》2014 年第 2 期。

119．张华民：《现代法治视域下良法善治的基本要求及其在我国的实现》，《南京社会科学》2018 年第 5 期。

120．张华民：《法治中国建设的科学内涵与实践理路》，《重庆社会科学》2017 年第 9 期。

121．张华民：《我国行政问责的法治化思考》，《行政法学研究》2010 年第 4 期。

122．张华民：《行政问责法治化的构成要素及其现实面相的理性审视》，《中共南京市委党校学报》2019 年第 1 期。

123．张华民：《党政领导干部问责及其法治化建设》，《重庆社会科学》2010 年第 2 期。

124．张华民：《我国行政法治化的中国特色》，《中共云南省委党校学报》2008 年第 8 期。

125．李眉荣：《行政问责制的阻滞因素及其对策分析》，《中南林业科技大学学报（社会科学版）》2009 年第 7 期。

126．蓝俏彦：《中国传统司法理念的现代转型》，《中南民族大学硕士论文》2007 年 5 月。

127．刘潇潇：《人大问责：现实反思与制度建构》，《经济研究导刊》2010 年第 12 期。

128．盛明科、李悦鸣:《改革开放四十年干部问责制度:历史图景与发展逻辑》,《湘潭大学学报(哲学社会科学版)》2019 年第 1 期。

129．曾祥华:《党政领导干部问责制的调查与分析》,《行政法学研究》2010 年第 4 期。

130．胡锐军:《党政领导干部问责制运行模式及其建构路径分析》,《首都师范大学学报(社会科学版)》2010 年第 3 期。

131．王华伟:《行政诉讼立案登记制源流及实施效果再思考》,《湖北社会科学》2018 年第 12 期。

132．马怀德、孔祥稳:《改革开放四十年行政诉讼的成就与展望》,《中外法学》2018 年第 10 期。

133．黄先雄:《我国行政诉讼中必要参加诉讼第三人制度之构建》,《法商研究》2018 年第 7 期。

134．张春莉:《行政复议委员会制度改革的缘起、挑战与图景》,《江西社会科学》2018 年第 12 期。

135．章志远:《行政复议与行政诉讼衔接关系新论——基于解决行政争议视角的观察》,《法律适用》2017 年第 12 期。

136．龚维斌:《正确处理十大关系 推进信访工作科学化》,《中共福建省委党校学报》2018 年第 11 期。

137．刘行:《涉法行政信访诉讼化与行政审判职能定位》,《法律适用》2017 年第 12 期。

138．于水、姜凯宜、徐亚清:《信访工作的价值理念与发展方向——学习习近平同志信访工作会议讲话》,《天津行政学院学报》2017 年第 11 期。

139．江国华:《国家监察体制改革的逻辑与取向》,《学术论坛》2017 年第 8 期。

140．陈世润、胡喜如:《中国共产党纪律检查的历史沿革、特点与经验》,《南昌大学学报(人文社会科学版)》2017 年第 8 期。

141．龙太江、陈伟波:《执纪与反腐:纪检机关两大职能的张力与协调》,《湖南社会科学》2017 年第 1 期。

142．陈朋:《推动容错与问责合力并举》,《红旗文稿》2017 年第 7 期。

三、外 文 类

1. Anne Marie Goetz, Rob Jenkins. *Reinventing accountability: making democracy work for*

*human development.*New York:Palgrave Macmilian,2005.

2. Lawton, Alan and Rose, Aidan. *Organisationa and Management in the Publie Sector.* London:Pitman.1991.

3. Romzek, Barbara S. *Where the Buekstops:Aceouniability in Reformed Publie Organizations in Patrieia.* SanFraneiseo:Jossey-Buss,1998.

4. John Ehrenberg. *Civil Society:the Critical History of an Idea.* New York:New York University Press,1999.

5. Jay M. Shafrits. *Iniernational eneyelopedia of Public Policy and administration.* Colorado:Westview Press,1998.

6. Harlow Carol. *Accountability in the European Union.* Oxford:Oxford University Press,2002.

7. Frank Anechiarico, James B.Jacobs.*The pursuit of absolute integrity:How of corruption control makes government ineffective.* Chicago:University Chicago Press,1996.

8. Behn, R. D. *Rethinking Democratic Accountability.* Washington, D. C.:Brookings Institution Press,2001.

责任编辑：洪　琼
封面设计：石笑梦
版式设计：胡欣欣

图书在版编目(CIP)数据

从规制走向法治——行政问责法治化研究/张华民 著.—北京：人民出版社，2021.12

ISBN 978-7-01-023751-0

Ⅰ.①从… Ⅱ.①张… Ⅲ.①行政管理-责任制-法律-研究-中国 Ⅳ.①D922.104

中国版本图书馆 CIP 数据核字(2021)第 188379 号

从规制走向法治
CONG GUIZHI ZOUXIANG FAZHI
——行政问责法治化研究

张华民　著

人民出版社　出版发行
(100706 北京市东城区隆福寺街99号)

北京中科印刷有限公司印刷　新华书店经销

2021年12月第1版　2021年12月北京第1次印刷
开本:710毫米×1000毫米 1/16　印张:17.5
字数:270千字

ISBN 978-7-01-023751-0　定价:69.00元

邮购地址 100706　北京市东城区隆福寺街99号
人民东方图书销售中心　电话 (010)65250042　65289539

版权所有·侵权必究
凡购买本社图书，如有印制质量问题，我社负责调换。
服务电话:(010)65250042